중국의 溫州商人 성공창업비결

머 리 말

　중국이 개혁 개방한지 올해로 30년이 된다. 이 30년 동안 중국은 매년 10% 이상의 고도경제 성장을 이루어 왔다. 이 발전 과정에서 우리가 눈여겨 보아야 할 특정 지역 사람들이 있는 데 그들이 바로 원조우(溫州) 사람들이다.
　원조우는 저지앙성(浙江省) 가장 남쪽에 위치한 지역으로 푸지앤성(福建省)의 북쪽에 있고 동쪽은 바다이며 육지는 전부 산악 지대이다. 인구는 약 750만 명으로 산악 지대이기 때문에 농지가 매우 적어 일 인당 농지 면적이 100평 미만으로 중국의 공업화 이전에는 경제가 매우 낙후한 도시 중 하나 였었다. 기후는 아열대성 기후를 띠고 있으나 여름에서 가을 까지 중국에 상륙하는 태풍의 절반 정도가 이곳을 휩쓸고 지나가 매년 홍수와 태풍 피해를 피할 수 없다.
　이러한 자연적인 악조건은 원조우 사람들을 잡초처럼 강한 생존력을 갖게하여 다른 지역 사람들이 감히 엄두도 내지 못하던 시기인 개혁개방 이전 부터 몰래 양봉 상자를 이용하여 장사를 하여 부를 축적하기 시작하였다. 개혁개방 10여년이 지난 90년대 초에는 중국 주요 도시 상권을 장악하였다.
　이들은 사업을 처음 시작할 때 학력 수준이 매우 낮았고 자본금 역시 없이 장사를 시작했다. 그들은 처음에 구두 수선을 하거나 재봉사 또는 공장의 공원을 하다 아주 적은 자본으로 사업을 시작하였다. 그들은 공원으로 일 할 때나 장사를 할 때나 고생을 마다 않고 돈을 벌었으며 돈을 어느정도 번 이후에도 자만하지 않고 계속 질주하고 있다. 이는 원조우가 중국에서 그다지 큰 도시가 아니며 정치적인 기반도 없는 원조우 출신이 운영하는 기업이 중국의 100대 기업 중에 9개나 있다는 것이 이를 증명한다.

  원조우 사람들은 중국내에서의 성공을 기반으로 이들은 전 세계를 누비고 있다. 현재 전 세계에 진출하여 활동하고 있는 원조인은 약 50여 만명으로 추산되고 있다. 이들은 미국, 유럽 등지의 유태인들의 상권을 야금 야금 빼앗아 자기들의 아성으로 만들어 가고 있다.

  중국 사람들이 장사 수완이 우리나라 사람들 보다 우위에 있다는 것은 모두가 인정하고 있다. 그럼에도 그중에서 장사 수완이 특출한 사람은 원조우 사람들이다. 이에 우리도 이들의 장사 또는 사업을 하는데 있어 그들이 어떻게 장사를 시작하여 성공을 하게 되었는 지를 살펴 보고 그들과의 경쟁을 어떻게 하여야하는 지를 진지하게 생각하여야 하겠다.

2008. 10.

이 승 국

추천의 글

중국은 올 8월 "하나의 세계, 하나의 꿈" 이라는 슬로건으로 중국인들이 100년간 염원하던 올림픽을 전 세계인들의 찬탄 속에 훌륭히 치러 내었다. 이와 같이 지구촌의 행사를 성공적으로 개최할 수 있었던 저력은 1978년 개혁개방 이래 30년간 이루어낸 경제기적에 바탕을 두고 있음은 누구도 부인하기 어려울 것이다. 이러한 경제기적에는 중국의 유태인이라 불리는 원조우(溫州) 사람들이 있다. 이들은 개혁개방 정책에 따라 시장경제 체제가 도입되자 기업가 정신을 발휘하여 앞 다투어 창업 대열에 나섰고, 이들이 일구어낸 부와 성공은 중국 중소기업 성장모델의 하나로 학자들의 연구의 대상이 되고 있다.

원조우 사람들은 천부적인 상인기질과 실패를 두려워하지 않은 창업정신을 지니고 있다. 또한 원조우 사람들은 고향 사람이라는 사실 하나만으로 점포를 빌려주고, 거래처를 소개하며, 대출도 알선하는 끈끈한 인적 유대감을 지니고 있다. 이와 같은 불굴의 창업정신과 인적 네트워크는 전 세계 어디를 가든지, 어떤 사업을 하든지 간에 그들의 성공을 이끄는 '원초적인 본능'이라고도 할 수 있겠다.

저자는 중소기업청 재직 시절, 원조우가 위치한 저지앙성(浙江省)의 절강대학에서 경제학 석사과정을 이수하였고, 중소기업청이 중국 칭다오(青島)에 설치한 중소기업지원센터의 초대 소장을 역임한 바 있다. 저자가 6년여의 중국 현지생활에서 체득한 지식을 토대로 중국 중소기업의 독자적인 성장모델로 인정받고 있는 원조우인들의 성공비결에 대해 쓴 이 책은 보는 이로 하여금 생생한 현장감과 잔잔한 감동을 자아내게 하리라 믿는다. 또한, 창업을 꿈꾸는 청년들이나 도약을 원하는 중소기업인들에게도 유익한 간접 경험이 될 것으로 확신한다.

2008. 10.
중소기업청장

목 차

제1장 왜 원조우 상인 인가 ···1
1. 소상품으로 큰 시장을 형성한 원조우 상인 ················3
2. 모두가 사장이 되고자 하는 열망 ·····························5
3. 빈부는 생각의 차이 ··12
4. 간이 큰 원조우 상인 ··22

제2장 원조우 사람의 타고난 장사 기질 ·······················33
1. 강렬한 욕망이 돈 벌 수 있는 근원 ·······················35
2. 돈을 벌려면 돈의 능력을 알아야 ····························40
3. 돈은 쓸 줄 아는 방법 터득이 중요 ························43
4. 푼 돈은 큰 돈의 모태 ··49
5. 돈은 벌 수 있는 데까지 ···58

제3장 고생을 사서하는 원조우 사람 ·····························67
1. 얼굴이 두꺼운 원조우 사람 ·····································69
2. 고생은 성공의 소금 ··77
3. 인내는 돈 벌 수 있는 필수 요소 ····························86
4. 성공의 밑거름은 의지력 ··93

제4장 머리로 승부하는 원조우 상인 ····························101
1. 기회는 발견 즉시 내 것으로ㅇ ·································103
2. 승자는 스스로 기회를 창조 ···································110
3. 원조우 사람만의 장사 수완 ···································121
4. 과감하게 포기 ···131

제5장 사업은 사람이 되고 부터 ·············139
1. 성실, 신용, 성공, 실패의 원조우 사람 ·············141
2. 사람은 인품과 덕성을, 제품은 품질을 ·············149
3. 착실하고 성실 ·············154
4. 햇빛만 받으면 빛을 발산 ·············163

제6장 철저히 영리를 추구하는 원조우 상인 ·············173
1. 세밀한 계산은 상인의 본성 ·············175
2. 멀리 보아야 멀리 간다 ·············183
3. 정세에 순응 ·············190
4. 제일 적합한 길을 선택 ·············198

제7장 승부 근성이 강한 원조우 상인 ·············207
1. 미리 깨닫고 신중한 행동 ·············209
2. 예리한 안목과 민첩한 행동 ·············219
3. 남보다 한 발 빠른 행동 ·············226
4. 이인자의 철학 ·············233

제8장 하나로 뭉쳐 천하 제패를 목표로 하는 원조우 상인 ·······239
1. 돈은 같이 벌어야 ·············241
2. 단결이 곧 힘 ·············249
3. 협력하고 이윤을 공유 ·············258
4. 더불어 이겨야 진정한 승리 ·············266

제1장
왜 원조우 상인 인가

원조우시 전경

1. 소상품으로 큰 시장을 형성한 원조우 상인

 원조우는 중국 동해의 자그마한 현에 불과했다. 이 곳 주민들은 농업이나 어업으로 생계를 유지하고 있었다. 옛날 원조우 주민들은 가난 때문에 위험을 무릅쓰고 해적으로 나서기도 했었다. 20여년 전 원조우 주민의 2/3는 빈곤층으로 연평균 수입은 200원에도 미치지 못했었다.

"平陽討飯, 文成人販, 洞頭靠貸款吃飯"(평양에서는 비럭질하고 문성에서는 인신매매를 하고 동두에서는 대출금으로 밥을 먹는다). 이는 원조우 사람들의 가난한 현실을 표현하였다. 이러한 현실에서 벗어나고 생계를 유지하기 위하여 원조우 사람들은 타 지역으로 살길을 찾아 나섰다. 그때의 중국 도시의 곳곳에서는 솜을 타거나 신발을 수선하는 소리가 들렸고 미용실에서는 저지앙성 서부지역 억양을 띤 표준어를 들을 수 있었다.

 심지어 머나먼 신지앙아얼타이산(新疆阿爾泰山)지역에서도 원조우 사람이 방목하는 목축민의 뒤를 따라 다니면서 신발을 수선해 주는 모습을 볼 수가 있었다. 그 당시 어떤 사람들은 무서운 원조우 사람이라고 경탄을 금치 못했다. 20여년이 지난 현재 원조우(溫州)는 자랑스럽게도 중국에서 제일 잘사는 도시가 되었다.

 자원이 결핍하고 교통도 불편한 이 비좁은 땅이 어떻게 민간 경제의 성지로 발전하였을까? 원조우 사람의 기를 살려준 한 가지 예가 있다. 1998년 일본에 세계에서 유명한 라이터 제조업체가 있었다. 그 업체는 원조우 사람이 라이터 사업에 뛰어들면서 부터 부도의 위기에 직면하게 되었다. 원조우의 라이터 소매단가가 일본의 1/10에 불과했기 때문이다. 터무니없이 낮은 단가의 원인을 파악하고자 이 업체는 원조우에 경제무역시찰단을 파견하였다. 원조우의 한 라이터 공장 사장의 설명을 들은 일본인들은 경악하였다. 똑같은 라이터 부품이 일본에서의 원가는 1위안에 달하였지만 이 공장에서 구매하는 원가는 0.1위안이었고 이 공장에 납품하는 가내공장의 제조 원가는 0.01위안밖에 안된다고 하였다. 시찰단이 일본으로 돌아간 뒤 그 일본 업체는 바로 문을 닫았다.

원조우 사람이 자금도 기술력도 부족한 현실 속에서 어떻게 낮은 원가로 높은 이윤을 창출할 수 있었을까? "小商品(소상품)이 큰 시장을 창조한다." 이것이 바로 원조우 사람이 돈을 버는 비결이라고 할 수 있다. 의류, 펜, 단추, 지퍼, 안경, 라이터, 플라스틱, 면도기, 인쇄포장, 자물쇠는 원조우 사람이 부를 축적하게 한 10대 小商品(소상품) 이다.

원조우는 현재 1,300여개의 라이터 기업이 있으며 연간 5~6억개의 라이터를 제조하고 있으며 연 생산액이 20억 위안에 달한다. 원조우에서 1년간 생산된 라이터를 배열하면 지구를 두 바퀴 돌고도 남는다. 그리고 전국 85%이상의 구두시장은 원조우 상인이 장악하고 있다.

미국인이 하이테크로 전 세계가 그들을 위해서 일을 하게 하였지만 미국인들은 원조우 사람이 만든 셔츠를 입고 있고 그들이이 만든 라디오를 듣고 있고 아침에 미국인의 잠을 깬 자명종도 원조우 사람이 만든 것이다. 또한 원조우 사람이 만든 라이터로 담뱃불을 붙이고 원조우 사람이 만든 안경을 쓰고 있다.

2. 모두가 사장이 되고자 하는 열망

원조우 사람은 세상에 돈벌이가 안 되는 업종이 없다고 생각한다. 창업 정신만 있으면 기회는 얼마든지 있다고 생각한다. 창업 정신이 없다면 돈을 어떻게 벌 것인가?

가난할 때 사람들은 두 가지의 선택이 있다. 첫째, 참고 견디어 현실을 비관하고 투자하여 돈 벌 생각을 안 한다. 그 결과 영원히 부자가 될 수가 없다. 둘째, 모든 수단과 방법을 가리지 않고 투자를 하여 돈을 번다.

창업은 독립성을 키워준다. 자신이 사장이 된다는 것은 매우 기분 좋은 일이다. 또한 창업으로 많은 돈을 벌 수 있으며 회사에서 해고될 걱정을 안 해도 된다. 뿐만 아니라 일가친척들에게 일자리를 제공할 수 있다.

하지만 창업에는 많은 리스크가 따르기 마련이다. 수입이 일정하지 않다. 오늘은 3만 위안을 벌 수 있지만 내일은 2만 위안의 손실을 볼 수도 있다. 시장 경쟁이 치열하며 책임이 막중하여 창업자는 영업, 구매, 인사관리, 경리 등 수 많은 일들을 겸직해야 한다. 또한 업무시간이 길고 일정한 휴식시간도 없다. 뿐만 아니라 사장이라는 신분 때문에 많은 법률, 법규의 규제를 받는다. 이러한 문제점을 제대로 대응하지 못하면 돈을 벌지 못할 뿐만 아니라 많은 애로사항에 부딪치게 되어 손해를 볼 수 있다.

원조우 사람이 과감히 창업을 단행할 수 있었던 것은 창업에 따른 리스크 보다는 긍정적인 효과를 중요시했기 때문이다.

원조우 사람은 창업 정신과 열정을 가지고 태어났을지도 모른다. 원조우 사람은 누구나 자기 사업을 꿈꾸며 기회만 된다면 창업을 시도한다. 원조우에서는 거의 누구나 자기 사업을 가지고 있다. 시골에서도 집집마다 장사를 하거나 아니면 고향을 떠나 발전을 모색한다. 이에 이 곳의 회사에 근무하는 직원들은 거의 타 지역 사람들이다. 원조우 사람은 회사에서 관리직을 담당하더라도 남의 밑에서 일하는 것을 부끄럽게 생각하여 평복으로 갈아입고 출퇴근한다. 원조우 사람의 이러한 창업 정신과 도전 정신이 원조우를 중국의 제일 부자 도시로 급 부상시켰다.

개혁개방 초기 원조우 사람은 자금 부족으로 창업을 하지 못하였다. 돈이 조금 있는 사람들은 자기 집에 설비를 들여 조그마한 공장을 만들었고, 돈이 없는 사람들은 외지로 나가서 신발을 수선하거나 솜을 타거나 노점상으로 고생을 마다하지 않고 한 푼, 두 푼 돈을 모았다. 이들은 고난을 두려워하지 않고 모든 기회를 잡아 기초 자본을 축적하였다. 일정한 투자 여력이 생기면 재 투자를 감행하여 회사규모를 늘린다. 이러한 환경 속에서 원조우 사람은 너도 나도 할 것 없이 창업을 모색하게 되었다.

원조우 사람은 창업 정신만 있으면 세상에 돈 벌이가 안 되는 업종이 없다고 생각한다. 창업에 대한 욕망이 없으면 돈을 벌 수가 없다고 생각하는 것이다. 원조우 사람은 주인 의식과 도전 정신이 강하여 오늘의 직원이 내일은 자금을 투자하여 주주가 되고 그 다음 날은 어쩌면 경쟁자가 될지도 모른다.

원조우 사람의 창업에 대한 욕망은 환상에만 그치지 않고 용기와 도전 정신으로 그 꿈을 현실화시킨다. 그들은 사고와 의식이 개방되고 생각이 앞서고 모험을 두려워하지 않는다. 예를 들면 일자무식의 사람이 기업을 설립하고 구두 수선공이 공장을 차리고 맨손으로 시작하여 대기업까지 성장시키고 외국어도 모르는 할머니가 외국으로 나가는 등 수많은 창업 실화가 있다.

개혁개방 초기 원조우의 한 시골 할머니는 토끼털을 사들이면 돈을 벌 수 있다는 것을 알게 되었다. 하지만 이 할머니는 일자무식일 뿐만 아니라 표준어를 한마디도 할 줄 몰랐다. 고민 끝에 할머니는 다른 사람에게 "저는 원조우 펑양 사람입니다. 차표를 사는데 도움을 부탁드립니다.", 또 한 장은 "토끼털을 구입하는데 한 근에 얼마입니까?"라고 쪽지 두 장을 써달라고 부탁하였다. 이 두 장의 쪽지로 할머니는 전국 각지를 다니면서 십여 만 위안이라는 돈을 벌게 되었다.

원조우의 창업자 가운데는 적지 않은 고위 공직자들도 있다. 그들은 직위와 권리를 탐하지 않고 평생 직업을 과감히 버리고 창업에 도전하였다.

또한 수많은 과학기술자들도 학자의 틀에서 벗어나 회사를 설립하여 창업을 하거나 기술, 특허 등 성과로 주주가 되어 과학기술과 기업의 효율적인 협력으로 기업의 발전을 가속화 하였다. 이는 경제발전을 촉진시킬 뿐만 아니라 과학을 산업에 접목시키는 역할을 하였다.

원조우 사람의 창업 목적은 매우 단순하다. 바로 돈을 벌기위한 것이다. 웨이리(威力)라이터유한공사의 쉬용수이(徐勇水)는 "창업성공의 동력은 무엇인가?" 라는 질문에 "돈을 많이 벌어 잘 살기 위한 것입니다." 라고 답하였다.

원조우 사람의 창업 정신은 그들로 하여금 수많은 고난과 실패를 이겨낼 수 있게 하였다. 그들은 마음에 거리낌이 없고 부지런하고 성패에 연연하지 않고 과감히 앞으로 나아간다.

창업에는 기술, 자금, 경험 및 인재 이 4가지 조건이 따라야 한다. 하지만 원조우 사람이 초기에 창업을 할 때 이러한 조건 중에 한 가지도 구비하지 못하였다. 억지로 한 가지를 갖다 붙인다면 바로 창업 인재라는 조건이다.

원조우 사람은 돈에 욕심이 많고 모든 기회를 놓치지 않고 돈을 벌려고 한다. 자금이 없으면 신발을 수선하거나 솜을 타거나 해서 자금을 마련하고, 기술력이 없으면 라이터 등 기술 수준이 낮은 것부터 시작한다.

원조우 사람은 부자가 되려는 욕망과 창업 정신이 매우 강하다. 돈을 벌기 위해 그들은 고생을 마다하지 않고 모험을 두려워하지 않는다. 열악한 환경에서도 그들은 살 길을 찾을 수 있으며 뿌리를 내려 발전한다. "낮에는 사장이고 되고 밤에는 마루에서 잠을 잔다."는 말이 떠돌 정도로 그들은 고생을 두려워하지 않았다. 예를 들면 정타이(正泰) 그룹의 난춘후이(南存輝) 회장, 더리시(德力西) 그룹의 후청쭝(胡成中)회장은 신발 수선과 노점상부터 시작하였다. 창업을 위하여 그들은 붐비는 기차에 몸을 비빈 적 있고 옥탑 방에서 잠을 청한 적이 있고 라면으로 배고픔을 달랜 적이 있다. 이런 사례들은 돈을 벌고 싶어 하고 돈을 벌기 위해 노력을 하고 돈을 벌기 위해 고생을 마다하지 않는 원조우 사람의 정신을 말해준다.

원조우 경제는 원조우 주민들의 경제이다. 원조우 경제를 이끄는데 제일 중요한 부분이 바로 원조우 사람의 독립 정신과 창업에 대한 열정과 패기이다. 원조우 사람의 사전에는 실직 이라는 단어가 없으며 대신 실직을 창업의 발판으로 삼는다. 외지인은 실직하면 정부를 찾지만 원조우 사람은 실직하면 자신 만의 의지로 일어선다. 원조우 사람은 모든 일을 남에게 의지하지 않고 찾아서 한다. 이것이 바로 원조우 사람의 정신이다.

◐ 역사 문화적 차이

중국역사를 살펴보면 남과 북이 농업과 상업에 대해 다른 인식을 가지고 있다는 것을 알 수 있다. 남방인은 상업을 중요시 해왔기에 광동상인(粤商), 복건상인(閩商)이 존재해 상업 활동이 끊임없이 이어져왔다. 하지만 북방인은 농사를 짓지 않고 장사를 하는 것은 나태하고 게으르다고 생각한다. 이러한 중농억상(重農抑商, 농업을 근본으로 하고 상업을 억제한다.)의 가치관은 전국시기(戰國時期)의 상앙변법(商鞅變法)이 채택된 시기부터 계속되었으며 또한 북방인의 사고로 고착되었다. 중국은 역사적으로 경제중심은 북방에서 시작 되었다. 하지만 동진(東晋)부터 전란이 일어날 때마다 백성들이 남쪽으로 이동함에 따라 경제도 자연히 남쪽으로 이동되었다. 송나라가 저지앙성(浙江省) 항조우(杭州)로 도피하여 남송을 재건하면서 부터 남방은 경제가 제일 활발한 지역으로 부상하였다.

비록 원나라, 명나라, 청나라 때 정치중심은 북방으로 이전되었지만 경제는 여전히 남방을 중심으로 발전하여 지앙쑤성 (江蘇省), 저지앙성(浙江省) 일대가 경제발전의 중심지가 되었다.

북방인은 유교문화의 영향으로 자식교육에 열심히 하고 상업을 수치로 생각하며 무상불간(无商不奸, 간교하지 않은 상인이 없다.), 군자불언리(君子不言利, 군자는 이익을 논하지 않는다.) 등 유교사상을 신봉해왔다. 오늘날 원조우 경제의 빠른 발전과 원조우 사람이 상업분야에서 두각을 나타내는 것은 이러한 역사적 원인과 상관관계가 있다.

◐ 열악한 자연환경

원조우는 남방의 다른 지역과 달리 구석지고 교통도 불편하여 자연조건이 매우 열악하다. "3일 연속 맑은 날이 없고, 3자(尺)이상의 평지가 없고, 3푼의 은을 지닌 사람이 없다"라는 말이 있을 정도로 자연조건이 열악하다.

빈곤은 원조우 사람으로 하여금 모험, 도전, 창업 정신 특히 고생을 두려워하지 않는 끈기를 키우게 했으며 이러한 환경 속에서 원조우 사람들은 생계를 유지하기 위하여 예로부터 고향을 등지고 전국 각지를 돌아다니면서 장사를 하게 되었고 또한 이를 자랑스럽게 생각하였다. 장기간 집에 들어앉은 청년이 있으면 출세하지 못할 것이라며 비난하기도 하였다.

열악한 환경은 원조우 사람으로 하여금 규칙에 얽매이지 않고 독자적인 사고 방식을 키우고 모험을 두려워하지 않고 현재에 만족하지 않고 늘 도전하도록 하였다.

개혁개방의 열풍이 일기 시작하자 사회주의 시장경제라는 특정 환경 속에서 사람들은 사회주의와 자본주의 사이에서 우왕 좌왕 할 때 원조우 사람은 열심히 노력하여 자기 자신을 발전시켜 초기 자본을 축적하였다.

개혁개방 전 원조우의 사회경제는 매우 낙후했다. 일인당 분배 받은 경작지는 0.5畝(약 100평)밖에 안 되었다. 또한 국가의 원조우에 대한 투자는 1981년까지의 30여 년간 6.55억 위안에 불과하였다. 또한 자연자원이 부족하고 교통이 험악하여 공항도 없었고 기차도 없었다. 상해로 통하는 수로와 104 국도만이 유일한 교통노선이었다.

이러한 잔혹한 현실 속에서 원조우 사람은 생계를 유지하기 위하여 할 수 없이 고향을 떠났다.

◐ 영리하고 현실적인 성격

전통적으로 사람의 성격은 토양과 밀접한 관계가 있다고 하였다. 북방의 황토고원과 검은 토지((黑土地)는 북방인에게 호탕함을, 남방의 붉은 토지는 (紅土地) 남방인에게 끊임없는 열정을 부여하였다. 북방은 광활한 광야로 북방인은 강인하고 굳세며 대신 남방인은 민첩함을 가지고 있다. 또한 지형의 특성상 남방인은 배를 타고 북방인은 말을 탄다.

원조우 사람은 성격이 쾌활하고 온화하며 지혜롭고 부드러움으로 강함을 이길 수 있다고 믿는다. 또한 친구를 사귐에 있어서 호탕함보다는 남을 배려하는 것을 중요시 하며 충동적이지 않다. 매사에 경솔하지 않고 강한 의지를 가지고 있다.

원조우 사람은 자신만의 개성을 가지고 있다. 모험을 두려워하지 않고 체면치레를 중요시 하지 않고 고생을 두려워하지 않고 명석한 두뇌를 가지고 있고 세심하다. 이러한 원조우 사람의 성격은 장사하기에 적합하며 또한 창업을 즐기는 성격이다.

3. 빈부는 생각의 차이

　가치관은 한사람의 사고와 소질을 결정한다. 동일한 객관적인 조건에서 사람마다의 가치관이 다르기에 능력을 발휘함에 있어서도 다르며 장사에 대한 활동도 다르다. 개혁개방초기 원조우 사람은 기회를 기다리지 않고 남에게 의지하지 않았다. 그들에게 있어서 돈을 버는 것이 창업의 유일한 목적이며 이를 위해 끊임없는 개척과 노력으로 시장을 장악하였다.

　원조우 사람은 장사에 관한 정보를 누구보다도 빠르게 접한다. 원조우 사람이 정확한 시장의 흐름을 읽을 수 있고 남들이 발견하지 못한 것에서 기회를 찾을 수 있었던 것은 그들의 사상관념과 가치관이 남다르기 때문이다.

　중국인의 전통적인 가치관은 바로 근검하게 살림을 하여 돈을 모으는 것이다. 근검 소박한 것이 잘못된 것은 아니지만 새로운 가치관과 사고방식이 뒤따르지 않으면 영원히 부자가 될 수 없다. 예를 들면 평생 회사원으로 살아온 직장인의 월급은 몇 천 위안밖에 안 된다. 몇 십 년 동안 아껴 써도 집 한 채 마련하지 못한 사람들이 많다. 같은 하늘 아래에서 왜 어떤 사람들은 월수입이 몇 만 위안에서 몇 십만 위안에 달하고 어떤 사람들은 겨우 먹고 살만한 수준밖에 안될까?

　어떤 사람은 지식이 운명을 바꾼다고 생각한다. 하지만 이것만으로는 부족하다. 부자와 가난한 사람의 수입은 몇 만 배 차이가 날 수 있다. 그렇다고 그들의 지식은 몇 만 배 차이가 나지는 않는다. 또한 스스로 재능이 풍부하고 지식이 뛰어난 사람들 중에서도 여전히 가난한 삶에서 벗어나지 못하는 사람들이 있고 일자 무식이지만 억대의 몸값을 자랑하는 사람들도 있다. 그 원인은 바로 융통성과 가치관의 차이 때문이다.

　가치관이 앞서면 남들이 생각하지도 못했던 것을 실천에 옮길 수 있고 자연적으로 많은 기회를 발견할 수 있고 동시에 그 기회를 놓치지 않고 돈을 벌 수가 있다. 때문에 가치관은 인생 역전의 기초이자 기점이며 돈을 벌 수 있는 선결 조건이다.

　시장경제의 흐름에 따라 사고방식도 변화되어야 살아남을 수 있다. 남을 따라 잡는 시대는 이미 지났다. 성공은 항상 낡은 틀에 얽매이지 않고 사고방식이 빠르게 변화하는 사람들의 몫이다. 한 무더기의 목재를 만일 땔감으로 사용한다면 한 푼 어치 값도 안 되지만 목재로 그냥 팔게 되면 몇 십 위안을 받을 수 있다. 만일 그 목재로 가구를 만들어 팔게 되면 몇 백 위안, 손재주가 있어서 목재를 고급 병풍으로 만들면 그 가치는 몇 천 위안에 달한다.

　가치관은 시대에 따라 끊임없이 변화되어야 한다. 때문에 시장 경제에서는 물을 거슬러 올라가는 배처럼 혁신이 따르지 않으면 후퇴하는 수 밖에 없다. 돈을 벌고 싶으면 용기를 내어 개척하고 끊임없이 변화하여 자신의 발전을 위해 광활한 새로운 천지를 만들어야 한다. 돈의 출처는 두뇌이다. 돈은 머리를 잘 쓰는 사람의 주머니로 들어가기 마련이다. 이른바 머리가 비어있으면 주머니도 비어있고, 머리가 잘 돌아가면 주머니도 가득 찬다.

　인간과 인간의 제일 큰 차이는 바로 머리이다. 어떤 사람들은 생각을 잘못하고 있다. 돈을 벌려면 공장을 설립하던지 아니면 가게를 열어야한다고 생각한다. 이런 사고방식을 바꾸지 않으면 수많은 기회를 놓치기 쉽다. 성공과 실패, 부유와 가난은 한 순간의 생각에 따라 엇갈린다. 서로 다른 가치관은 서로 다른 인생의 길을 만든다.

알리바바는 "열려라, 참깨"라는 비밀 주문으로 금은보화가 가득한 바위의 문을 열었지만 현대인은 새로운 사고방식으로 부를 향한 문을 열어야 한다.

시골의 두 사람이 일자리 찾으러 외지로 갔다. 한 명은 상하이로, 또 다른 한 명은 베이징으로 가려고 역에서 기차를 기다리고 있었다. 그들은 우연히 대합실에서 상하이인은 교활하여 외지인이 길을 물어봐도 돈을 받고 베이징인은 소박하고 인정이 있어 밥을 굶는 사람이 있으면 빵을 줄 뿐만 아니라 헌옷가지도 준다는 말을 듣게 되었다. 이 말을 듣자 상하이로 가려던 사람은 아무래도 굶을 걱정이 안 되는 베이징을 선택하는 것이 좋겠다고 생각했고 베이징으로 가려던 사람은 상하이는 길 안내만 해도 돈을 벌수 있으니 상하이로 가야겠다고 생각했다. 두 사람은 차표 환불 창구에서 우연히 만났고 서로 차표를 교환하게 되었다. 베이징으로 간 사람은 첫 한 달 동안 아무것도 하지 않았지만 굶지 않았다. 은행 홀에서 공짜로 생수를 마실 수 있고 대형 마트의 시식 코너에서 이것저것 공짜로 먹을 수 있고 넝마를 주어 돈도 조금씩 모을 수 있었다.

상하이로 간 사람은 상하이가 황금이 널린 도시라고 생각했다. 열심히만 하면 뭘 해도 돈을 벌 수 있었기 때문이다. 길 안내를 하거나, 화장실 문을 지키거나, 또 사람들이 세수를 할 수 있도록 시원한 물을 준비해도 돈을 벌 수 있었다.

그는 상하이 사람들이 꽃 재배에 취미가 있다는 것을 발견하였다. 다음 날 그는 근처 시골에서 흙을 10포 포장하여 "화분토"라는 이름을 붙여서 순식간에 팔아버렸다. 그 날 그는 시골에서 수차례 흙을 실어다 팔아서 50위안이라는 돈을 벌게 되었다. 순식간 그는 창업의 열정과 자신감이 생겼다. 그는 여러 가지 토양에 대해서 연구하기 시작하였고 어떤 꽃이 어떤 토양에서 잘 자라는지를 연구했다. 차츰 그의 "화분토"는 인기가 많아지기 시작했다. 얼마 후 그는 상하이에 자신의 가게를 소유하게 되어 편안한 생활을 할 수 있었다.

하지만 현 상황에 만족하지 않고 끊임없이 새로운 기회를 찾으려고 노력했다. 그는 문뜩 거리의 먼지로 얼룩덜룩한 간판들을 발견하였다. 그때의 청소 회사는 건물 청소만 취급했기 때문이다. 그는 이 틈새를 이용하여 사다리와 물통, 걸레를 몇 개 사서 작은 청소회사를 차려 간판 청소 업무를 시작하였다. 틈새 시장을 선점하였기에 회사는 빠른 속도로 발전하여 150여 명의 직원을 보유하고 업무는 상하이뿐만 아니라 항조우, 난징 등 주변 도시까지 확장하였다.

몇 년 후 그는 기차를 타고 베이징에 시장조사 하러 가게 되었다. 베이징 역에서 한 넝마주이가 그에게 빈 맥주병을 달라고 손을 내밀었다. 순식간 두 사람은 멍해졌다. 그 넝마주이가 바로 5년 전 그와 기차표를 교환했던 사람이었기 때문이다.

서로 다른 가치관 때문에 두 사람의 인생은 천양지차가 되었다. 가치관은 인생에 크나큰 영향을 끼치며 결국에는 우리의 운명을 바꿀 수 있다.

가치관은 또한 시간의 흐름에 따라 변화되어야 한다. 시대가 발전하고 사회가 발전하기에 어제의 진리는 오늘은 어쩌면 잘못된 것 일수도 있다. 가치관을 시대의 발전에 발맞추려면 끊임없이 변화되어야 한다.

60년대 말 사람들은 서로 통신가능한 주소를 남겼고 80년대에는 전화번호, 90년대에는 호출기, 핸드폰 번호를 남기곤 했다. 21세기 현재 사람들은 이메일, 메신저 등을 이용한다. 이것이 바로 시대의 발전이라고 할 수 있다.

만일 한사람이 몸은 디지털시대에 들어섰는데 사고방식이 여전히 아날로그 시대에 해당된다면 영혼이 없는 육체에 불과하다. 그렇다면 어떻게 사람과 교류를 하고 창업하여 돈을 벌 수 있을까?

몇 천 위안으로 주식시장에 뛰어든 사람들은 몇 년 후 백만장자가 되었고 몇 백 위안으로 시작한 노점 상인들은 10년 후 사업가가 되었다. 그들의 성과를 많은 사람들은 아니꼽게 생각하며 그 당시 자신이 나섰으면 그들보다 훨씬 좋은 성과를 올렸을 거라고 말한다. 어쩌면 틀린 말이 아닐 수 있다. 하지만 그 당시 왜 그런 용기가 없었을까? 이것이 바로 용기와 가치관의 문제이다. 전통적인 가치관이 용기와 모험정신을 묶어버렸기 때문이다. 때문에 가치관은 10년 후의 인생을 결정한다.

원조우 사람이 돈을 벌 수 있었던 것은 시대에 따른 빠른 가치관의 변화로 이익을 창출했기 때문이다.

◐ "소유제"의 가치관. 원조우 사람은 덩시아오핑이 사회주의 체제에서 시장경제 체제로 전환하면서 남방 지역을 순회하면서

제창하였던 "검은 고양이든 흰 고양이든 쥐만 잘 잡으면 된다."는 생각을 가지고 있다. 생산성을 향상시킬 수 있는 소유제는 정확한 것이고 아닐 경우에는 버려야 된다고 생각한다. 70년대 말에서 80년대 초에 원조우 사람은 가내공장과 전문시장, 개인사업, 주식합자 등을 시작하였다. 하지만 그때는 그에 대한 명확한 정책이 제정되지 않았다. 하지만 이는 발전에 필요하며 땅이 작고 인구가 많고 국가의 지원과 생산성 수준이 낮은 실제상황에 꼭 필요했고 또한 원조우 주민들로 하여금 근본적인 이익을 창출할 수 있게 하였다. 자신들의 발전을 위해 원조우 사람들은 용기를 내어 도전하였다.

◑ "시장"에 대한 가치관. 오래전 많은 기업가들은 사업을 진행하는 도중 문제가 생기면 정부가 도와줄 것을 바랬다. 심지어 특별 우대정책으로 문제점을 해결해주기를 바라기도 했다. 이는 어쩌면 제일 빠른 방법일지도 모른다. 하지만 정부는 어느 기업에 특별한 혜택을 부여하는 것이 아니라 시장경쟁이라는 규칙의 공평성을 유지하는 것이기에 그 선을 넘어서는 안 된다. 경제발전을 위해서는 과감히 시장경쟁의 도전에 맞서야 하며 시장규칙을 열심히 연구하고 시장동향을 살펴 시장경제의 개념으로 자신의 사업을 해야 한다. 원조우 사람은 시장경제에서 탈출구를 찾는 것이 근본적인 도리라고 생각하며 문제점이 있으면 정부를 찾는 것이 아니라 시장을 찾았기에 하나 또 하나의 상업기적을 이루어냈다.

◑ "평생직업"에 대한 가치관. 타 지역 사람들이 "철밥그릇" 하나를 얻기 위해 싸우고 있을 때 원조우 사람은 안정적인 공직

자리를 박차고 나가서 돈벌이를 하거나 창업을 했다. 1980년, 원조우통영기계공장에서 요직을 담당하고 있던 정시우캉(鄭秀康)은 과감히 사퇴하고 시계며 자전거 등 집안의 값진 물건을 팔아 구두 만드는 것을 배우기 시작했다. 그때 사람들은 미친 짓이라고 하였다. 하지만 그러한 용기와 모험정신이 있었기에 정시우캉(鄭秀康)의 캉나이(康奈)그룹은 원조우 제화업계의 선두기업이 되었다.

◐ "말과 행동"에 대한 가치관. 원조우 사람은 기회가 바로 돈이라고 생각하며 한 번 잡은 기회는 놓치지 않는다. 원조우 사람은 기회가 올 때 재빨리 잡지 못하면 영원히 사라진다고 생각한다. 또한 원조우 사람은 스스로 기회를 만들기도 한다. 세심한 연구와 분석을 통해 과감히 개척하며 불리한 요소는 자기발전에 유리한 조건으로 전환시킨다.

◐ "실사구시"에 대한 가치관. 원조우 사람은 정부의 정책에 대해서 실사구시의 태도를 취한다. 어떤 사람들은 정치 및 정책을 지나치게 의식하여 정책의 권위성을 지키려고 노력하여 실사구시의 중요성을 소홀히 한다.

◐ "관직과 장사"의 가치관. 원조우 사람은 장사를 하는 것은 인생가치를 실현하고 인간의 존엄을 실현할 수 있다고 생각한다. 하지만 어떤 사람들은 장사를 하는 것이 다른 사람들보다 열등하다고 생각하며 정부기관의 높은 위치에 있거나 책을 저술하여 이름을 날리는 것만이 인생가치를 실현할 수 있다고 생각한다. 원조우 사람이 장사에 대한 이러한 태도는 유교문화에 대한 일종의 반항과 도전이다.

◐ "체면"에 대한 가치관. 원조우 사람은 돈을 버는 것이 바

로 체면을 세우는 것이라고 생각한다. 예를 들면 그 당시 전국 도시마다 떠돌아다니는 구두 수선공은 대부분 원조우 출신 이었다. 그 당시 대도시의 많은 사람들은 낡아빠진 전통적인 가치관을 버리지 못하고 실직을 당해 집에서 빈둥거리면서도 거리 청소부나 구두 수선공 등은 체면을 깎는 일이라면서 하지 않았다. 하지만 원조우 사람은 고향을 등지고 머나먼 곳까지 그 지역 사람들이 하기 싫어하는 일들을 하면서 돈을 벌었다.

◐ "인재"에 대한 가치관. 원조우 기업은 새로운 인재와 능력 있는 인재를 과감히 채용한다. 회사를 발전시킬 수 있으면 과감히 승진시켜 실력을 발휘하게 한다. 또한 한번 채용하면 의심하지 않고 확실히 믿으며 그의 장점을 발휘할 수 있게 권한을 부여한다. 그 목적은 바로 그 인재가 능력껏 실력을 발휘하여 자신의 사업발전에 도움이 되길 바라기 때문이다.

◐ "실천"에 대한 가치관. 원조우 사람은 창업함에 있어서 기다리거나 남에게 의지하지 않는다. 조건이 안 되면 조건을 창조한다. 객관적인 이유로 자신의 나약함을 감추려 하는 사람들과는 달리 주관적인 원인에서 문제점을 발견하여 해결한다. 원조우 사람은 형세를 살피며 기다리면 실천을 위한 첫 발을 내디디기 힘들다고 말한다.

◐ "선점"에 대한 가치관. 새로운 사업 기회가 있을 때 사람들이 망설이며 결단을 내리지 못하는 사이를 이용해서 원조우 사람은 큰돈을 번다. 사업 기회를 선점하게 되면 시장을 장악하여 선도자가 된다. 예로부터 "귀신이 되더라도 제일 앞에서 뛰어야 한다."는 말이 있을 정도로 남들보다 앞서나가는 것이 매우 중요하다.

◐ "직업 선택"에 대한 가치관. 원조우 사람은 돈만 벌 수 있다면 무슨 일이든지 가리지 않는다. 하지만 많은 사람들은 직업을 선택함에 있어서 마음에 안 들고 힘들고 지저분한 일은 하지 않으려고 하며 항상 급여가 많고 일이 적고 집과 가까운 직업을 찾으려 한다. 이런 가치관과 마음가짐은 많은 사람들로 하여금 현재의 경쟁사회에서 수많은 기회를 놓치게 한다. 가치관과 마음가짐만 변화되면 이 넓은 땅에서 나날이 발전하고 있는 경제사회에서 취업이란 매우 쉬운 일이다. 가치관만 바꾸면 자신의 능력을 발휘할 수 있는 직장을 찾을 수 있으며 자신의 가치를 실현시킬 수 있을 것이다.

◐ "단체" 가치관. 원조우 사람은 사업을 하면서 매우 튼튼한 단결정신을 발휘하고 있다. 서로가 열심히 미래를 향해 뛰어가고 있고 각자 자신의 돈을 번다. 하지만 필요에 따라서는 서로 상부상조하면서 남을 시기하거나 헐뜯지 않는다. 하지만 어떤 사람들은 남을 시기하거나 내부분쟁을 일으켜 서로의 협력이 어려워지고 또한 남들이 자기보다 잘되는 것을 싫어한다.

◐ "큰돈과 작은 돈"에 대한 가치관. 원조우 사람은 돈이 되기만 하면 벌려고 한다. 그 돈의 액수에 상관없이 늘 작은 돈에서부터 시작해서 큰돈을 벌며 큰돈을 벌고 난 뒤에도 작은 돈을 놓치지 않는다. 하지만 많은 사람들은 작은 돈은 성에 차지 않아서 그냥 무시하고 큰 돈은 기회가 되지 않아서 못 번다.

◐ "경쟁"의 가치관. 원조우 사람은 경쟁을 두려워하지 않고 과감히 대응하여 경쟁이라는 단어가 그들의 일상 생활 습관이 되어버렸다. 많은 사람들은 안일한 생활 속에서 현재에 만족하여

경쟁의식이 부족하다. 때문에 새로운 형세에 따른 기회와 도전은 피하려고 한다.

가치관은 한 사람의 운명에 크나큰 영향을 끼칠 뿐만 아니라 한 나라와 한 민족의 발전에 있어서 꼭 필요로 한 원동력이다. 가치관의 변화는 언제나 경제발전의 초석이다.

중국이 집체화의 사상에서 벗어났을 때 중국의 농촌은 나날이 발전하였고 쇄국정책에서 벗어나 나라의 문을 활짝 열고 대외개방 정책을 실행하자 해외교류는 생기발랄하게 진행되었다. 공유제 사상에서 벗어나 경제발전을 위해 수 많은 개혁정책을 시행하자 중국의 경제는 놀라운 속도로 발전하였다. 계획경제의 사상에서 벗어나 시장경제 체제로 전환하면서 시장경제가 번창하였다.

개혁개방 후 수많은 사례들이 시대의 흐름에 따른 가치관의 변화가 필요하다는 소박한 진리를 깨닫게 하였다.

4. 간이 큰 원조우상인

인생은 한번뿐이다. 도전정신만 있으면 이길 수 있다. 돈을 벌려면 꿈이 있어야 하고 용기가 있어야 한다. 원조우 사람은 이 두 가지를 다 가지고 있다.

어떤 사람이 창업에 제일 적합한가? 답은 바로 용기를 내어 도전하는 사람이다. 창업 자체가 일종의 모험이기 때문이다. 용기를 내어 도전하려하고 돈을 벌려는 욕망이 있고 또한 실패하는 것을 두려워하지 않는 자만이 창업하기에 제일 적합하다. 심리학자는 연구를 통해 도전 정신을 가지고 있는 사람이 심리적으로 이겨낼 수 있는 능력이 보통사람들에 비해서 높다는 것을 발견하였다. 창업은 바로 이런 능력이 필요하다.

개혁개방 이래 중국에서는 세 번의 큰 돈을 벌 수 있는 기회가 있었지만 많은 사람들은 그 기회를 그냥 지나쳐 놓치고 말았다. 첫 번째는 직장을 그만두고 장사를 하는 것이었다. 하지만 그 당시 많은 사람들은 이를 정당한 직업에 종사하지 않고 투기거래를 한다고 비난하였다. 두 번째는 주식 투자였는데 사람들은 이를 사기라고 생각했다. 세 번째는 부동산 투자였는데 이는 본전도 못 찾을 것이라고 생각했지만 결과는 정 반대였다. 그때 열심히 직장 생활을 하던 많은 사람들은 지금 실업자가 되었다. 때문에 용기를 내어 첫 발을 내디며 고생을 마다하지 않고 열심히 노력하면 돈을 벌지 못할 이유가 없는 것이다.

원조우 사람이 돈을 버는 과정에서 나타낸 용기와 지혜는 사람들로 하여금 찬탄을 아끼지 않게 했다. 원조우 사람은 문화대혁명 기간에도 남몰래 돈을 벌었다.

  60~70년대 원조우 사람은 전국 각지를 돌아다니면서 돈을 벌었다. 그 당시 원조우에는 수많은 양봉가들이 생겨났다. 그들은 기차를 타고 꿀벌을 쫓아 전국 방방곳곳을 다녔다. 만일 그들이 양봉만을 목적으로 하고 고생을 무릅쓰고 전국을 누볐다면 큰 오산이다. 양봉가들이 들고 다니는 그 조그마한 양봉상자에는 크나큰 비밀이 담겨져 있었다. 그 당시 중국은 농업을 중요시 했고 양봉 또한 농업이었기에 양봉 상자를 운송하는데 있어 운송비용을 아주 저렴하게 특혜를 주었다. 원조우 사람은 이 기회를 이용하여 전국 각지를 다니면서 몇 십 개의 양봉 상자에 각 지역의 공급이 부족한 물품들을 다른 지역에서 구해서 판매하였다. 예를 들면 윈난성의 담배를 신지앙으로 운송해서 팔고 신지앙의 건포도를 티앤진에 공급하기도 했다.

  원조우는 60년대 말부터 제조업을 시작하여 기초적인 시장경제를 형성하였다. 용지아(永嘉)의 농업생산청부제는 전국에서 유명하다. 하지만 원조우에서 농업생산청부제를 실시한 지역은 용지아(永嘉)뿐이 아니다. 많은 농촌지역에서는 겉으로는 집체가 통일적으로 일을 하여 수익을 배당하지만 몰래 자신이 분배받은 밭을 경작하였다. 소형 상품의 생산도 꾸준히 작은 규모로 진행되었다. 예를 들면 진썅(金鄕)진에서는 문화대혁명 초기에 어록패 등을 만들었다. 50년대부터 민간 공상업은 정부의 억제를 받아왔지만 원조우 홍치아오일대 농민들은 여전히 여러 가지 방식으로 정기적인 재래시장 열어 거래를 했으며 장날만 되면 이삼만 명이 모였고 거래품목은 400여 종에 달했다.

사람들의 주목을 끈 원조우의 경제 패턴은 바로 원조우 사람의 용기와 도전정신이 만들어 낸 것이다. 3만 위안으로 시작한 창업이 현재 년 생산액이 15억 위안에 달하는 기업으로 발전시킨 아오캉(奧康)그룹의 사장 왕전타오(王振滔)의 사례를 보면 알 수 있다.

1998년 운명에 굴하지 않는 왕전타오(王振滔)는 여기저기에서 3만 위안을 마련하여 용지아오린(永嘉奧林)구두공장을 설립하여 험난한 민영제화업에 힘든 첫걸음을 내디뎠다. 16년간의 끊임없는 노력과 도전으로 끝내 자산 총액이 6억 위안, 연 생산액이 15억 위안에 달하는 중국 최대 민영제화그룹 중 하나인 아오캉(奧康)으로 성장시켰다. 왕전타오(王振滔)의 창업사는 한 중국기업가의 후회 없는 인생을 말해주었으며 사람들에게 꿈은 도전정신과 노력으로만 이루어진다는 도리를 깨닫게 하였다.

원조우 사람은 돈을 버는 용기는 창업정신과 결정적 순간에는 최후의 승부를 거는 모험 정신을 가지고 있다. 똑같이 10만 위안으로 창업을 준비한다면 많은 사람들은 만일의 경우를 생각하여 3만 위안을 남겨두고 투자를 하지만 원조우 사람들은 10만 위안을 더 대출 받아 창업 한다. 캉나이(康奈)그룹의 정시우캉(鄭秀康)이 바로 이런 사업가였다. 80년대 공직 자리를 사퇴하고 구두 공장을 설립하기로 한 정시우캉(鄭秀康)은 시계며 자전거 그리고 부인이 시집올 때 해 온 혼수까지 팔아서 자금을 마련하였다. 뿐만 아니라 옆집 노인의 전 재산인 500위안까지 빌려서 창업하여 현재 중국 제화업계의 선두기업인 캉나이(康奈)그룹으로 발전시켰다. 현재 연 매출액은 7억 위안에 달한다.

수많은 사례의 성공한 인사들은 도전 정신을 가지고 있다는 것이다. 이런 도전 정신은 바로 용기라고 할 수 있다. 용기가 있는 자는 창업초기 금지구역이라 할지라도 과감히 부딪치며 또한 결정적 순간에는 남은 판돈으로 최후의 승부를 거는 모험 정신을 가지고 있다. 그들은 돈을 벌어야 한다는 욕망이 있을 뿐만 아니라 실패도 두려워하지 않는다. 때문에 개혁개방 초기에는 간덩이가 큰 사람들이 돈을 벌었다.

원조우 사람은 "생각하지 못하는 것이 두렵지, 못할 것이라는 두려움은 없다."는 것과 같이 생각이 나는 일을 노력했는데 해내지 못했을 경우에는 후회하지 않는다. 하지만 해낼 수 있는 일을 하지 않았을 경우에는 영원히 후회할 것이다. 이 세상에는 수많은 일들은 노력만 하면 얼마든지 성과를 이룰 수 있다.

원조우 사람이 잘살게 된 것은 바로 그들이 남들보다 몇 년 빠르게 행동했기 때문이다. 일찍 일어난 새가 벌레를 많이 잡는다는 말이 있다. 그들이 남들보다 빨리 돈을 벌 수 있었던 것은 가치관의 빠른 변화와 도전적인 용기가 있었기 때문이다.

경제사회에서 용기가 부족하여 돈을 벌 수 있는 기회를 놓치는 사람들이 있는가하면 정통적인 가치관이 머릿속에 박혀 돈을 벌 수 있는 기회를 발견하지도 못하는 사람들이 있다. 하지만 원조우 사람은 돈을 벌려는 용기와 도전정신을 가지고 있을 뿐만 아니라 돈벌이 눈 또한 예리하다.

한 제화업체가 해외시장을 개척하기 위해 영업사원을 아프리카로 시장조사를 하라고 출장을 보냈다. 그 영업사원은 아프리카에 도착하자 마자 회사에 "아프리카 사람들은 신을 신지 않기에 시장이 없다"라고 보고를 하였다. 하여 이 업체는 다른 영업사원을 다시 아프리카로 파견하였다. 이 영업사원은 "아프리카 사람들은 아직 신을 신지 않기에 시장이 매우 넓고 가능성이 많다."라고 회사에 보고했다. 동일한 조건이지만 두 사람 서로 다른 가치관을 가지고 있기에 결론은 상반된다.

경제 분야에서 원조우 사람은 항상 남들보다 앞서며 남들이 두려워하는 사이에 돈을 벌고 또한 수 많은 성공신화를 만들어 냈다. 이것은 바로 원조우 사람이 낡은 틀에 얽매이지 않고 남다른 사고방식으로 시장을 분석하였기 때문이다. 현재 사람들은 가치관이 바뀌지 않으면 성공할 수 없다는 것을 알고 있지만 20여 년 전 원조우 사람은 이런 점들을 이미 깨닫고 있었다. 가치관이 성공 여부를 결정하며 서로 다른 가치관이 서로 다른 효과를 발생한다. 전통적인 가치관 등의 원인으로 돈을 벌 수 있는 기회를 사람들은 늘 지나치고 만다. 만일 그때 머리를 조금만 돌리면 큰 돈을 벌 수 있음에도 불구하고 그냥 지나친다.

중국이 처음으로 증권을 발행했을 때 많은 사람들은 이것이 국채와 같은 종류로 생각하고 국가 발전을 위해 자금을 모으고 있다고 생각했다. 또한 어떤 사람들은 해방 전 상하이의 증권거래소를 생각하면서 장개석이 바로 그 증권거래소를 이용하여 돈을 벌었으며 증권이라는 것은 자본가들의 놀음이라고 생각했다. 또한 왜곡된 교육의 영향으로 자본주의 국가에서 수 많은 사람들이 주식으로 전 재산을 다 날려 자살 소동도 일으켰다고 생각했다. 따라서 사람들은 주식에 투자하는 것을 싫어했다. 하지만 이것을 기회라고 생각하는 사람들이 있었다. 공모 주식을 사들이면 무조건 돈을 벌 수 있다고 생각하여 여기 저기서 돈을 빌려서 사들여 적지 않은 수입을 올리게 되었다.

그때의 한 주식 투자자는 이렇게 말하였다. 그가 사들인 주식이 증권거래소 밖에서 잠간 서있으면 100위안이 400위안으로 오르고 잠시 후 또 800위안으로 올랐다고 말했다. 중국 최초의 주식시장은 수 많은 백만장자를 만들어냈다.

선쩐(深圳)에서 장사를 하던 한 원조우 사람은 그때 주식투자로 부자가 되었다. 선쩐 증권거래소에서 주식을 발행하자 정부기관은 가끔 계약 구매를 진행했다. 이에 많은 사람들은 불만을 나타내면서 주식을 사들이기를 거부했다. 이 소식을 접한 그는 정부기관 공직자들이 할당제로 사들여야 할 주식을 전 재산을 다 털어서 사들였다. 그는 중국이 개혁개방정책을 실시하였기에 모든 경제행위가 세상의 흐름과 연결이 될 것이라고 생각했다. 이러한 배경을 바탕으로 주식은 무한한 발전이 있을 것이며 주식으로 돈을 버는 것은 시간 문제라고 생각했다. 그때 그가 4만 위안으로 사들인 "선쩐발전"과 TCL회사에서 발행한 공모주식은 1998년 300만 위안까지 올랐다.

모든 행동은 생각으로부터 비롯된 것이다. 가치관의 다름에 따라 사물에 대한 태도가 다르며 또한 행동도 자연적으로 다르다. 주식을 놓고 볼 때 주식투자를 하면서 인생을 느끼고 깨닫는 것도 아름답고 즐거운 일이다. 왜냐하면 주식시장은 인생의 가속기라고 할 수 있기 때문이다. 주식투자를 하면서 많은 것을 섭렵하고 지식을 넓히고 인생 경험을 쌓을 수 있다. 또한 매번의 짧은 실패로 고통을 겪게 될 것이며 그 고통을 겪음으로 성공의 희열을 배로 느끼게 할 수 있다. 또한 주식투자를 장기간 한 사람들은 금전과 기타 사물에 대해 생각이 비교적 깨어있고 또한 이지적인 태도를 취한다.

사람들은 수 많은 사업 기회에 관심을 가지지 않고 또한 많은 문제점에 대해서 속수무책이다. 이는 바로 낡은 가치관에 얽매어 자신이 익숙한 환경에서만 해결책을 찾으려 하기 때문이다. 하지만 현재의 경제 환경은 너무나 많은 변화가 일어나고 있다. 예전에 생각지도 못했던 기회들이 사업 기회로 전환되었다. 이러한 상황에서는 전통적인 사고방식에서 벗어나야만 새로운 희망이 생기고 낡은 사고방식에서 벗어나려면 가치관의 변화가 필요하다. "지난행역(知難行易, 알기는 힘들고 하기는 쉽다)라는 이 말의 도리를 진정으로 깨닫게 되면 실천으로 옮기기에는 매우 쉬운 것이다.

용기는 상인에게 있어서 필수의 조건이다. 수많은 사례들이 증명하다시피 아이큐가 높고 머리가 좋다고 해서 성공하는 것은 아니다. 이는 단순한 우세조건일 뿐 자신의 잠재된 능력을 발휘하지 못하면 아무런 소용이 없다.

또한 사업을 함에 있어서 용기가 지능보다 더 필요하다고 과학적으로 증명되었다. 경영인에게 실시한 조사 결과 용기가 사업의 성패에 주는 영향이 크고 다음으로 인간관계로 나타났고 지능이 미치는 영향은 매우 미약했다.

만일 인생, 사업, 재물을 첩첩산중이라면 용기가 있는 사람은 어려움을 두려워하지 않고 모든 고난을 도전과 기회로 생각하고 열심히 최고봉까지 오를 것이다.

용기 있는 상인을 말하면 원조우의 8대王을 빼놓을 수 없다. 오늘 우리가 알고 있는 부자가 된 영웅들은 누구나 다 패기와 용기를 가지고 있지만 원조우의 8대王과는 비교가 안 될지도 모른다. 원조우의 8대王이 처한 경영환경이 그들과 비교했을 경우 하늘과 땅차이었기 때문이다.

8대王은 80년대 초 원조우의 류스(柳市)진의 여덟 명의 소형 상품 유통업자들이다. 소형가전제품대왕 후다린(胡大林), 나사대왕 류다위앤(劉大源), 광산용 램프대왕 청부칭(程步靑), 목록대왕 예지앤화(叶建華), 코일대왕 정쌍칭(鄭祥靑), 계약대왕 리광핑(李方平), 중고품대왕 왕마이치앤(王邁仟), 기계전자대왕 정위앤쫑(鄭元忠)이다. 이 여덟 명은 그 지역에서 유명한 부자이다.

8대왕은 유통영역의 뛰어난 인재들이다. 그들이 취급하는 나사, 광선용 램프, 코일, 철물 등은 자질구레한 일상용품에 불과하다. 하지만 그들은 안목이 뛰어나서 시장 유통 중 격차를 발견하는데 능숙하고 또한 담력이 있으며 계획경제 하에서 "금지구역"에서 돈을 버는 것도 마다하지 않았다. 그들은 돈도 벌었고 재난을 당하기도 했다.

1982년 "경제 분야의 범죄활동을 엄격히 단속한다."라는 운동이 벌어질 때 8대왕은 한편으로는 부러움의 눈길도 샀지만 또 한편으로는 사법기관의 조사를 받게 되었다.

류스(柳市)진은 그 당시 단속 순위 1위로 꼽혀 저지앙성위원회에서는 류스(柳市)진에 조사단을 파견하여 진상 조사에 나섰고 성공안청(省公安廳)에서는 책임자를 비롯한 30여명을 파견하여 3개월간 이 지역에서 단속 활동을 했다. 결과 8대왕은 투기매매죄로 그 중 7명은 실형을 선고받았고 한 명은 도주하여 돌아오지 않았다.

8대왕 사건으로 상업의 길로 막 들어서려던 원조우 농민들은 크나큰 피해를 입었다. 그 사건으로 공장은 폐쇄되고 가게는 문들 닫고 사람들은 두려움에 떨게 되었다. 그 당시 류스(柳市)진의 산업 생산은 대폭 하락하였고 전기 업종도 폭락하였다.

1984년 중앙정부 "1호"문건에서는 "세일즈맨은 유통 영역의 중요한 세력이며 또한 농촌상품생산의 발전에 중요한 작용을 하고 있고 또한 농촌발전생산의 촉매제로 국영상업과 합작 상업으로는 대신할 수 없기에 인정을 받아야 하며 지원을 아끼지 말아야 한다."라고 명시하였다.

원조우시위원회, 시정부 등 정부기관에서는 이 문건을 토대로 8대왕의 죄명을 벗겨주었다. 그 당시 원조우시위 서기 위앤팡리에(袁芳烈)는 8대왕의 죄명을 벗겨주지 않는 한 원조우 경제는 희망이 보이지 않는다고 생각했다. 이리하여 이 사건을 재조사하여 가벼운 탈세 행위를 제외하고 8대왕들의 모든 영업행위는 중앙정부의 경제정책에 어긋나지 않는다고 결정하였다. 8대왕은 모두 죄명을 벗고 석방되었고 압수당한 재산을 모두 돌려받았다.

8대왕은 영웅대접을 받으면서 집으로 돌아왔고 원조우일보, 저지앙일보, 중궈농민보, 런민일보 등 신문에 게재된 그들의 기사는 나날이 확대되어 정보전문업자, 농촌경영인재, 향토영웅 등 단어로 그들을 묘사하였다. 역사와 원조우 주민들은 고난을 두려워하지 않은 지혜로운 이 8명의 선구자들을 잊지 않을 것이다.

수많은 원조우 사람들은 8대왕들처럼 강렬한 창업욕망과 창업

정신, 노련한 창업지혜를 빌어 장사에 첫 발을 내디뎠다.

이 첫 걸음이 원조우 사람의 휘황찬란한 인생 시작의 초석이라고 할 수 있다. 그들은 돈을 벌게 되면 그 자리에서 만족하는 것이 아니라 그 돈을 이용하여 더 큰 사업 기회를 찾으려고 노력한다. 첫 걸음이 그들에게 가져다 준 자금, 경험, 자신감 등은 또다시 성공하는데 크나큰 원동력이 되었다. 원조우 사람은 하나가 열이 되고 열이 백이 되고 백이 천이 되며 천이 만이 되는 방식으로 재물을 모았다.

제2장
원조우 사람의 타고난 장사 기질

奧康 제화공장

1. 강렬한 욕망이 돈 벌 수 있는 근원

　인류사회발전의 역사가 증명하다 시피 돈은 어느 사회나 어느 사람에게 모두 중요하다. 돈은 유익하며 또한 사람들로 하여금 많은 보람 있는 일들을 하게 한다. 개인은 부를 창조하는 동시에 타인과 사회에도 공헌을 한다.

　현 사회에서 돈으로 많은 것을 살 수 있다. 또한 인생목표의 80%이상은 돈으로 살 수 있으며 위법 행위만 아니라면 부자가 되는 것이야말로 성공적인 인생이라고 할 수 있다.

　사람이 돈을 버는 욕망이 없다면 어떻게 돈을 벌 수 있을까? 마음을 먹어야만 일이 이루어진다는 말도 있듯이 먼저 생각을 해야 한다. 즉 강렬한 욕망이 있어야 한다.

　욕망은 성공의 원동력이며 생명이 존재하는 중요한 요소이다. 사람은 욕망이 있으면 힘의 원천이 생기는 것이다.

　높은 것을 목표로 하면 중간 것을 얻을 수 있고 중간 것을 목표로 하면 아랫것을 얻을 수 있다. 즉 목표를 높게 잡으면 높은 것을 골라서 중간 것을 얻게 되고, 목표를 중간으로 잡게 되면 한 단계 아래의 것을 얻게 된다. 때문에 무슨 일을 하던지 욕망은 커야 한다.

　한 사람이 자신의 운명을 바꾸려는 욕망이 있어야만 성공적인 인생을 걸을 수 있다. 또한 돈을 벌려는 욕망의 크기에 따라 나중에 돈을 얼마나 버는 가를 결정한다.

　탐욕스러운 욕망이 무조건 나쁜 것은 아니다. 아니, 어쩌면 상반될 수도 있다. 우리 주위를 살펴보면 부자가 된 대부분의 사람들은 극도로 탐욕스러운 반면, 법을 준수하며 규칙과 도덕 정의를 지키는 사람들은 부자들의 충성스러운 직원이 된다.

중국 개혁개방초기에 부자가 된 돈을 많이 번 사람들 중에 많은 사람들은 앞길이 막막하고 궁지에 빠진 농민이거나 도시의 실업자들 이였다. 그들은 생계를 유지하는데 필요한 만큼 돈을 벌려는 욕망이 컸기 때문이다. 원조우 사람도 열악한 자연조건에서 생계를 유지하기 위하여 돈을 벌지 않으면 안 되었기에 돈을 벌려는 욕망이 남달리 강했다.

성공하려면 시종일관 노력과 도전정신이 필요하다. 이러한 정신은 성공에 대한 욕망의 크기에 달렸다. 욕망의 불씨를 지피고 서서히 불길을 일궈야 한다. 우리가 지금 호화로운 주택과 자가용이 없다고 창피한 것이 아니다. 단만 나중에 꼭 내 소유로 만들어야 하겠다는 욕망마저 없다면 이것이야말로 창피한 것이다. 인생의 최대 비극은 바로 꿈이 사라진다는 것이다. 한 사람이 꿈이 없다면 바로 그 사람이 생명의 원동력을 잃었다는 것을 뜻한다. 모든 사람들은 꿈이 있어야 하며 꿈이 없다면 생명력도 고갈된다. 꿈이야말로 성공을 위한 선결 조건이다.

인간의 잠재력은 무궁무진하다. 아인슈타인과 같은 위대한 천재도 잠재된 능력을 10%밖에 발휘하지 못했다고 한다. 인간의 잠재된 능력이야말로 제일 소중한 재물이라고 할 수 있다. 한 유명인은 이런 말을 남겼다. 제일 큰 비극은 지진도 아니고 수년간 끊이지 않는 전쟁도 아니고 히로시마에 떨어진 원자탄도 아니라 바로 인간이 태어나서부터 죽기까지 자신에게 잠재된 능력이 존재한다는 것 조차 모른다는 사실이다. 그렇다면 어떻게 해야만 잠재된 능력을 최대한 발휘할 수 있을까? 그것은 바로 성공에 대한 강렬한 욕망을 유지하는 것이다.

욕망이야말로 삶의 목표 중 하나이며 꿈이기도 하다. 돈을 벌려는 욕망을 실천하고자 하면 현재의 생활 방식에서 벗어나 그 틀을 깨트려야만 가능하다. 어떠한 애로사항에 부딪쳤을 경우 원조우 사람은 과감하게 앞으로 나아간다. 하지만 어떤 사람들은 전통적인 가치관과 사고방식의 작용하에 현 상태만을 유지하기를 바라며 우유부단하여 결단을 내리지 못한다. 이런 사람들의 공통점은 바로 개혁이 없이 매달 월급이 꼬박꼬박 나오기를 소망하는 것이다. 그들의 학식, 능력과 사회경험으로 사업에 뛰어들기에는 충분하다. 하지만 그들에게 부족한 것은 바로 욕망과 도전정신이다.

한 인사는 "유태인의 하느님은 바로 돈이다."라고 말했다. 돈은 유태인에게 있어서 천국의 하느님보다 높다고 말할 수 있다. 현실을 중요시하고 돈에 의지하여야만 살 수 있는 유태인에게 있어서 돈은 육체의 생존을 유지하는데 필수적인 조건이다. 육체가 생존해야만 정신적으로 의지할 만한 종교가 필요하고 고귀한 정신 생활을 추구할 수 있다.

유태인은 돈을 버는 것은 불변의 진리이며 제일 자연스러운 일이라고 생각한다. 벌 수 있는 돈을 벌지 않는 것은 돈에게 범죄를 저지르는 것과 같다고 생각한다. 유태인은 지혜로 돈을 벌 것을 강조하며 돈과 지혜 사이에서 양자택일을 하라면 무조건 지혜를 선택한다. 지혜가 있어야만 돈을 벌 수 있기 때문이다. 즉 돈을 벌 수 있어야만 지혜가 있는 것이다. 이렇게 돈은 지혜의 표준이 되었고 지혜를 돈으로 변화시켜야만 그 가치를 실현할 수 있다.

투자계의 큰 손으로 불리는 워렌 버핏은 돈을 어떻게 벌 것인가에 대해 분석을 끊임없이 하고 있다. 어느 하루 그는 신문경영자인 허스트의 호화로운 주택을 참관하게 되었다. 안내자는 그에게 커튼은 얼마나 고가이고 카펫도 한 장당 엄청 비싸다는 등등 이 주택이 고급품으로 꾸며졌다고 소개했다. 이에 워렌 버핏은 안내자에게 나는 허스트가 돈을 어떻게 사용했는가 보다는 돈을 어떻게 벌었는지에 더 관심이 많다고 말했다.

욕망은 재물을 쟁취하는 원동력이다. 원동력이 클수록 그로 인한 행위도 커지며 강력한 힘을 발휘하게 되어 부자의 꿈을 이룰 수 있는 확률이 더 커진다. 이 모든 것은 정비례한다. 부자가 되고 싶으면 먼저 자신의 욕망을 키워야 한다. 욕망이 커야만 꿈을 달성하기 위해 도전을 멈추지 않을 것이다.

돈에 너무 빠져들지만 않고 돈에 좌지우지 되지 않는다면 돈을 추구하고 부의 축적을 숭상하는 것은 고상한 품성이며 숭고한 신념이다.

돈 밖에 모른다면 성공할 수 없다. 하지만 돈을 모르는 사람은 그야말로 바보라고 할 수 있다. 창업을 막 시작한 사람에게 있어서 돈은 열심히 일하고 노력하게 하는 근본적인 원동력이다. 한 때 가난 때문에 겪어야 했던 어려움, 그리고 부자들이 살아가는 모습은 많은 사람들을 자극하여 창업하게 하였고 또한 돈을 벌어야한다는 확고한 신념을 심어주었다.

아오캉(奧康)그룹의 왕전타오(王振滔)가 바로 돈을 기피하지 않고 이윤을 추구했다. 그는 장사를 함에 있어서 이윤을 창출할 수 있는지가 매우 중요하다고 했다. 또한 자신이 없거나 돈을 벌 수 없는 장사는 안한다고 했다.

1995년 원조우의 한 사람이 20만 위안을 가지고 상하이에서 작은 미용실 하나로부터 시작하여 현재는 상하이에만 30여개의 대형 미용실이 있고 전국에 300여개의 체인점을 냈다. 또한 바이오제약회사, 화장품회사 및 미용직업전문학원까지 소유하고 있다. 그는 꿈의 크기에 따라 사업의 규모가 결정된다고 했다.

창업자의 경지와 소양은 돈을 벌기 전에는 잘 나타나지 않는다. 충분한 기본적인 바탕이 없이는 창업의 성공을 느낄 수 없기에 일반인과 다를 바가 없으며 자신의 가치와 꿈을 실현할 수 없다. 때문에 창업자는 자신이 실천해야할 목표를 결정했으면 돈이라는 지렛대로 회사를 발전시켜야 한다.

돈을 벌 수 있는 아이디어는 있지만 자신이 처한 신분, 지위, 조건 때문에 실천할 수 없지만 원조우 사람들은 주저앉지 않고 창업하고 도전하여 성공까지 이른다.

2. 돈을 벌려면 돈의 능력을 알아야

어떤 사람은 아이큐가 높고 총명하고 재능도 많고, 또 어떤 사람들은 정이 많아 인간관계가 원활하다. 하지만 그들 중에서는 수입 보다 지출이 많고 빚에 시달리는 사람들을 어렵지 않게 찾아볼 수 있다. 그들도 어쩌면 거액의 수입이 있었을지도 모른다. 하지만 돈의 소중함을 모르고 물 쓰듯 하여 결국에는 가산을 탕진하여 오갈 곳이 없는 처량한 신세가 되었다. 이의 근본적인 원인은 바로 그들은 지혜도 있고 정도 있지만 돈에 대한 지혜가 없었기 때문이다.

그렇다면 돈에 대한 지혜란 도대체 무엇일까? 돈의 지혜와 능력을 깨닫고 파악하는 것이다. 두 가지 내용으로 설명할 수 있다. 첫째는 금전을 깨달아야 한다. 둘째는 돈을 유용하게 쓸 줄 알아야 한다.

주머니에 돈이 많다고 해서 부자가 아니다. 주머니와 머리가 다 부자여야 진정한 부자라고 할 수 있다. 부자와 가난한 사람, 그리고 일반인의 차이는 바로 돈에 대한 지혜의 차이라고 할 수 있다.

한 사람이 돈을 벌고 쓰고 저축하는 방식으로 그 사람의 돈에 대한 지혜를 측정할 수 있다. 인간이 제일 중요한 품성이 바로 돈을 사용하는 것과 관련이 있기 때문이다. 예를 들어 절약하고 강개가 있고 성실하고 공명하며 자기희생정신 등이다. 또한 인간의 약점인 탐욕, 사기행위, 이기적인 성격도 돈을 사용하는 것에서 표현이 된다.

유태인이 제일 부유한 민족이 된 것은 바로 그들이 매우 풍부한 금전지혜를 가지고 있기 때문이다.

유태인은 학자, 철학자의 지혜를 진정한 지혜라고 볼 수 없다고 생각한다. 금전 앞에서 머리 숙여 순종하는 지혜가 돈보다 중요하다고 할 수 없기 때문이다. 부자는 학자들의 그런 지혜가 없다. 하지만 돈을 관리하고 재물을 끌어 모으는 지혜가 있으며 돈으로 학자의 지혜를 부리는 지혜가 있다. 이러한 지혜가 있으면 가난으로부터 벗어나 부자가 될 수 있고 없는 지혜도 생기게 된다. 이것이야말로 진정한 지혜가 아닐까?

삶을 어떻게 대하는가에 따라 삶도 우리를 대한다. 내가 남을 어떻게 대하면 남들도 나를 그렇게 대한다. 또한 우리가 돈을 대하는 태도에 따라 돈도 우리를 똑같이 대한다.

만일 하루밤 사이에 1억 원이 생겼다면 어떻게 쓸 것인가? 이것은 금전지혜에 대한 일종의 검증이다. 어떤 사람들은 공짜로 생긴 돈이기에 아끼지 않고 짧은 시간에 탕진해버린다. 하지만 원조우 사람은 이를 하늘이 내린 소중한 기회로 생각하고 이 1억 원을 본전으로 길지 않은 시간 내에 1억 원을 벌 것이다. 이것이야말로 진정한 지혜라고 할 수 있다.

돈을 관리할 줄 모르면 돈도 사람을 따르지 않는다. 돈을 좋아해야만 재물도 사람을 따른다. 돈의 필요성을 느껴야만 돈을 벌려고 노력할 것이며 그 돈을 자본금으로 하여 더 많은 돈을 벌 것이다.

부자가 되는 과정은 바로 돈에 대해 정확하고 완벽하게 인식하는 과정이다. 가난한 사람들은 늘 돈을 벌게 되면 하고 싶은 대로 해야지 하는 생각을 한다. 하지만 고생스레 돈을 벌고 나면 절대로 낭비하지 않는다. 이것이 바로 많은 부자들이 근검절약하면서 살아가는 원인이다. 홍콩의 최대 부자인 리카싱(李嘉誠)은 돈이 아무리 많아도 낭비해서는 안 되며 실제에 맞게 사용해야 한다고 말했다. 또한 당장 1억 위안을 투자하라면 눈 깜빡 안하고 할 수 있지만 누군가가 자신의 앞에서 1위안을 떨어트리면 바로 주을 것이라고 말했다.

중국인은 금전을 경멸하는 전통적인 인식이 있다. 군자는 의를 얻으려 하고 소인은 이득을 얻으려 한다고 하지만 막다른 지경에 이르고 궁지에 빠지게 되면 돈이 있으면 귀신도 부릴 수 있다는 것을 깨닫게 된다. 동전이나 지폐나 돈은 돈일뿐이며 그 돈으로 자선사업을 하던 마구 탕진해버리던 돈은 선과 악 그리고 정사(正邪)의 구분이 없다.

가난한 사람일수록 입으로는 재물에 대해서 욕심이 없다고 하면서도 사소한 이익을 위해서 몸을 아끼지 않으며, 부자일수록 돈을 벌기위해 수단과 방법을 가리지 않지만 사회공익 사업을 위해서는 돈을 아끼지 않는다. 이것이 바로 가난한 사람과 부자의 금전지혜의 차이점이며 또한 이 차이점이 빈부격차를 만들었다.

여러 가지 문화의 습관과 영향으로 중국인은 금전에 대한 감정은 사랑과 미움이 뒤엉켜있다. 한편으로는 돈으로 신을 살 수 있다고 하고 또 한편으로는 부자가 되려면 착한 마음이 있을 수가 없고 착한 사람은 부자가 될 수 없다고 한다.

원조우 사람이 돈에 대한 갈망과 돈을 벌기위한 끝없는 노력은 모든 사람들이 다 알고 있는 사실이다. 그들은 돈에 대한 "탐욕"을 부정하지 않으며 이러한 욕망을 이루기 위해 그들은 신발수선 등 사람들이 하찮게 여기는 일들도 마다하지 않았다. 원조우 사람의 이러한 정신을 우리들은 감탄하지 않을 수가 없다.

3. 돈은 쓸 줄 아는 방법 터득이 중요

어떻게 돈을 벌고 또 어떻게 쓸 것인가는 우리가 풀어야 할 영원한 과제이다.

돈을 버는 목적은 바로 그 돈을 쓰기 위해서이다. 하지만 돈을 쓰는 방법의 차이에 따라 인생에 대한 인식도 다르다. 어떤 이는 평생을 취생몽사 흐리멍덩하게 보내고 어떤 이는 아무런 계획이 없이 하루하루를 살아가고 어떤 이는 늘 발전을 추구하며 어떤 이는 삶을 음미하면서 살아간다.

돈을 사용하는 과정에서 한 사람의 판단력, 교제 능력을 가늠할 수 있다. 이러한 능력은 사회생활을 함에 있어 꼭 필요한 기본 요소이다. "돈을 버는 것은 능력이고 돈을 쓰는 것은 예술이다." 라는 말도 있다.

돈 쓰기를 고통스러워하는 사람은 일도 수월하게 하지 못한다. 이런 사람들의 업무 처리방법과 성과는 사장과 회사 동료들로 부터 인정 받기 어렵다. 돈을 유용하게 쓰는 사람들은 그렇지 안은 사람과 다르다. 이런 사람들은 돈을 쓰는 것을 삶의 쾌락으로 여기며 또한 돈을 버는 것은 매우 뜻 깊고 즐거운 과정이라고 생각한다. 때문에 늘 가벼운 마음으로 일을 하며 자그마한 이득이나 손해 등에 집착을 하지 않는다. 이러한 심리 상태는 이들에게 일을 하는데 활력을 불어 넣어 준다.

돈을 쓸 줄 아는 사람들에게 있어서 일은 소극적으로 고통스레 할 수 없이 하는 것이 아니라 늘 주동적이고 적극적인 태도를 취한다. 일을 하는 과정을 즐기기에 지겹다고 생각하지 않는다.

이런 느낌은 쇼핑하는 것과 비슷하다. 쇼핑하는 사람들을 두 종류로 나눌 수 있다. 첫째, 아무런 생각도 없이 거리를 돌면서 힘들다고만 호소한다. 둘째, 모든 상품에 호기심을 가지고 둘러보고 감상하고 고른다. 이런 과정에 시대의 변화와 시장의 수요를 알아볼 수 있고 값을 흥정하면서 자신의 교섭 능력을 키울 수 있다. 똑같은 돈을 쓰지만 심리 상태에 따라 확연히 다른 결과를 만들어 낸다.

어떤 사장은 직원을 채용할 때 특이한 방법으로 면접을 본다. 전문 분야에 대한 질문이 아니라 돈을 어떻게 쓰는지를 물어본다. 취업 지망생들의 대답에 따라 그들의 품위, 안목 및 업무에 대한 태도 등을 알 수 있다.

돈을 잘 번다고 그 사람이 돈에 대한 가치관이 좋은 것은 아니다. 돈은 잘 벌 줄 알아야 할 뿐만 아니라 올바르게 쓸 줄도 알아야 한다.

◑ 기회를 놓쳐서는 안 된다

남들보다 더 많은 시간을 일한다고 돈을 많이 벌 수 있는 것은 아니다. 밤낮 끊임없이 일을 한다고 해도 받을 수 있는 보수는 한정되어 있다. 지혜를 이용해야만 큰돈을 벌수 있다. 자신을 위해 일을 할 줄 알아야 하며 자기사업을 시작해야 한다. 돈을 버는 것도 학문의 일종이기에 재무관리, 금융지식, 투자 및 관리 등 분야에 대한 지식이 필요하며 법률과 정책의 동향을 파악하고 있어야 한다.

개혁개방 과정에서 수차례의 돈을 벌 수 있는 기회가 있었다. 80년대에 노점상, 90년대 주식투자는 정책변화에 따른 돈을 벌 수 있는 좋은 기회였지만 이를 기회로 생각하는 사람은 극소수였다. 때문에 돈에 관련된 지식과 정보 및 추세를 파악해야만 돈을 벌 수 있다.

◐ 유통으로 돈을 벌다

원조우 사람은 유통으로 재산을 불릴 줄 안다. 원조우 사람은 이윤이 적다고 제품을 묵혀서 자금을 묶어 두기보다는 그 시간을 이용하여 여러 번의 유통과정을 거쳐 더 많은 이윤을 창출한다.

선쩐의 유명한 완순창(万順昌)전자제품매장은 원가판매에 유명하지만 밑지지 않고 여전히 많은 돈을 번다. 그 까닭은 무엇일까? TV, 세탁기 등 큰 가전제품은 원가로 판매하여 이윤이 없지만 그로 인한 인기로 다른 소형 전자제품과 부품을 판매하여 높은 이윤을 창출한다. 매출이 날로 증가하자 제조업체는 완순창을 위하여 네온사인광고판 등 광고서비스를 제공하였고 판매량에 따라 이윤을 반환해 주었다.

◐ 업종제한이 없다

원조우 사람은 돈을 벌 수만 있다면 어떤 업종이든 마다하지 않는다. 선쩐에 이징화위앤(怡景花園) 주거 단지가 건축되자 원조우 사람들은 인테리어 수요가 많을 것으로 판단하고 주거 단지 주위에 인테리어 자재, 커튼 등 가게를 차려 많은 돈을 벌었다. 2년 정도 지나자 식당, 약방, 미용실 등으로 업종을 교체하였다.

◐ 형세에 따라 변화한다

원조우 사람은 한 길을 어두워질 때까지 달리지 않는다. 돈을 벌 수 없다면 과감히 포기하고 다른 기회를 찾는다.

1992년 왕지(王集)는 선쩐에 식품가게를 하고 있었으며 수입 또한 짭짤했다. 선쩐에 건축 붐이 불자 왕지는 은행에서 70만 위안을 대출받아 선쩐의 세 곳에 건축 자재 가게를 차렸다. 이렇게 업종을 바꾸면서 큰돈을 벌었다. 몇 년 후 건축 자재 가게가 많아져서 장사가 힘들어 지자 왕지는 업종을 고급 가구로 바꿨다. 이번의 업종 전환으로 왕지는 선쩐의 이름난 갑부가 되었다. 1997년 선쩐의 가구 시장이 포화상태로 이르자 그는 과감히 업종을 가구에서 인테리어로 전환하였다. 왕지는 남들이 손해를 봐야 내가 돈을 벌 수 있으며 또한 큰돈을 벌 수 있다고 말한다.

◐ 욕심이 끝이 없다

사람들은 일정한 돈을 벌게 되면 안정을 찾고 만족한다. 그러나 원조우 사람은 돈에 대한 욕심이 끝이 없다. 10만 위안이 있으면 백만 위안을 벌고 싶고, 백만 위안이 있으면 천만 위안을 벌고 싶어 한다. 하지만 그들의 이런 꿈은 단지 환상이나 꿈에 그치지 않고 실천으로 옮긴다. 원조우 사람의 이러한 돈 욕심이 바로 경제 기적을 만들어낸 원동력이다.

원조우 사람은 돈을 벌게 되면 대부분 투자를 하거나 소비를 하며 은행에 저축하는 것은 극소수이다. 그들은 50만 위안이 있으면 몇 백만 위안의 사업을 하고 싶어 하며 10만 위안을 벌게 되면 9만 위안은 써버린다. 돈은 써야만 벌 수가 있다고 생각한다.

원조우 사람은 돈을 쓰는 것을 아까워하지 않아야 큰돈을 벌 수 있다고 생각한다. 필요에 따라 금액을 따지지 않고 쓴다. 원조우 사람의 이런 대범함은 이해가 안갈 때도 있다. 쫭지(庄吉) 의

류회사는 연봉 100만 위안으로 이탈리아 6대 디자이너 중 한명을 고문으로 초빙하였고 아오캉(奧康)그룹은 연봉 수백만 위안에 이탈리아의 전문 경영인을 초빙하여 생산라인을 관리하게 하였다. 이들의 연봉은 이탈리아에서 버는 것 보다도 많았다.

원조우 사람은 이에 대해 독특한 이론을 가지고 있다. "시장경쟁은 큰 강물의 흐름을 막는 것과도 같아 한 번에 많은 흙이나 모래를 투입해야만 막을 수 있다. 만일 적은 양의 모래나 흙은 강물에 휩쓸려 내려가 아무 소용도 없게 된다.

하지만 돈 쓰는 것을 아까워하지 않는다 하여 낭비하는 것은 절대 아니다. 돈을 쓰는 것을 단순한 소비로 생각하면 안 된다. 이는 투자의 의미도 포함되어야 한다. 즉 돈을 어떻게 쓰는가에 따라 그 사람의 돈에 대한 인식을 나타낸다.

어떤 사람들은 돈을 많이 벌지만 재산을 따져보면 값이 별로 안 나가는 물건을 빼고는 남는 것이 별로 없다. 그 원인은 바로 원숭이가 옥수수를 따듯이 하나를 따고 하나를 버렸기 때문이다. 돈으로 자산을 산 것이 아니라 오히려 부채를 사들인 셈이다.

예를 들어 승용차를 사게 되면 유류비, 수리비, 도로비, 주차요금, 보험 등 만만치 않은 차량 유지비를 부담해야한다. 때문에 승용차는 자산이 아니라 부채라고 할 수 있다.

중국인은 돈의 가치를 최대화 하는 것이다. 하지만 중국 전통적인 소비 습관은 이와 상반된다. 소농경제의 조건하에 중국인은 빈곤한 생활에 습관 되었고 근검절약을 주장했다. 하지만 체면을 세우기를 좋아하기에 돈을 아까지 않고 함부로 쓰기도 해서 결국에는 평생 아무런 자산도 남지 않는다.

큰돈을 벌고 싶다면 아래와 같은 소질을 갖추어야 한다.
- 사업기회를 발견하면 신속히 실천으로 옮겨야 한다. 또한 용기와 결심이 따라야 기회를 잡을 수 있다.
- 사업가가 될 뜻을 품어야 큰돈을 벌 수 있다. 만일 직장에 다니면서 월급을 꼬박꼬박 은행에 저축한다고 해도 그것은 한정된 금액에 불과하다. 큰돈을 벌고 싶으면 사업가가 될 뜻을 품어야 하며 목표도 10만, 20만, 100만, 500만 이렇게 차츰 높여야 한다.
- 현 상태에 만족하지 않고 늘 발전하려고 노력해야 한다. 사람들은 시작 단계에는 열심히 노력하지만 조그마한 성과를 달성하면 현 상태에 만족을 느끼며 긴장을 풀고 게을리 하기에 실패를 하게 된다. 이러한 정신 상태로는 한 번 넘어지면 일어서기 힘들다.
- 머리를 많이 쓰고 남들과는 다른 방법으로 이겨야 한다. 남들이 생각지 못한 계책이 많을 수록 큰 돈을 벌 기회가 많다.
- 돈을 벌고 싶다면 수치스러운 마음을 가지지 말아야 한다.
- 자신감으로 자신의 잠재력을 최대화 한다.
- 창의력이 있어야 한다. 새로운 것을 개발한 사람은 천재이고 그것을 처음으로 따라 한 사람은 용재이고 두 번째로 따라한 사람은 바보이다. 안목이 독특하고 남들이 생각지도 못한 아이디어를 발견해야 돈을 벌 수 있다.
- 결단력이 있어야 하며 우유부단해서는 안 된다.
- 친구, 동료, 직원들의 의견이나 충고를 귀담아 들어야 한다.

4. 푼 돈은 큰 돈의 모태

큰 사업을 하든 작은 장사를 하든 원조우 사람은 돈을 벌려는 강한 의지와 욕망을 가지고 있고 한 푼이라도 벌 수 있으면 기회를 놓치지 않는다.

현재 많은 백만장자들은 적은 돈벌이부터 시작하여 자수성가 하였다. 통계에 따르면 전 세계 90%이상의 부자들은 자수성가했거나 적은 돈으로 사업을 시작하였으며 유산을 물려받아 부자가 된 경우는 10%미만에 불과하다. 중국은 개혁 개방 전에는 대부분이 가난한 삶을 살았으며 현재 부자가 된 사람들 중 99%는 적은 돈을 모아 자수성가했다.

사람들은 언젠가는 돈을 많이 버는 위풍당당한 사장이 되는 꿈을 가지고 있지만 대부분은 평생 그 꿈을 이루지 못한다. 그 원인은 돈을 벌려는 조급한 마음 때문에 잘못된 가치관을 가지고 있기 때문이다. 그들은 큰 돈만을 벌고 싶어 하기에 적은 돈을 벌 수 있는 기회는 아예 쳐다보지도 않는다. 그들은 티끌모아 태산이라는 진리를 깨닫지 못했기 때문이다.

돈이 적다고 싫어하지 말라. 어떤 사람은 큰 돈은 벌 수가 없고 적은 돈은 벌려고 하지 않다가 평생 돈 걱정을 하며 산다. 사실 적은 돈은 큰 돈을 벌기위한 필수 과정이다. 적은 돈을 버는 과정에서 경험, 식견, 경력, 돈에 대한 의식, 돈을 버는 능력 등을 배우게 되고 인간관계를 넓힐 수 있기 때문이다. 만일 적은 돈도 못 버는 사람이 어떻게 큰 기업을 경영할 수 있겠는가? 때문에 큰 돈을 벌고 싶으면 대박을 꿈꾸지 말고 착실하게 적은 돈부터 모아야 한다.

원조우의 구두 수선공은 한 켤레 당 몇 푼의 적은 수선비를 받았지만 그들의 1년 수입은 놀랍게도 수만 위안에 달했다. 그들은 남들이 무시하는 적은 돈을 벌면서 차근차근 모아 고향으로 돌아와 신발 제조 공장이나 다른 기업을 설립했다. 이것이 바로 남방인의 전형적인 창업 방식이다.

한 푼 한 푼 모아 부자가 된다. 허황하고 터무니없게 들릴지 모르겠지만 티끌모아 태산과 같은 도리이다. 한 푼의 이윤은 보잘 것 없겠지만 생산량이 늘고 규모가 커지면 발생하는 이윤은 어마어마할 것이다. 많은 미국 기업들이 중국 13억의 소비 시장에 큰 관심을 가지고 있다. 아스피린을 판매하는 한 경영인은 "세상에 만일 중국에서 한사람이 아스피린을 한 개씩만 사도 판매량이 배로 늘어날 것이다." 라고 감탄한 적이 있다.

원조우 사람은 몇 푼만 벌 수 있어도 그 기회를 놓치지 않는다. 그들의 사업 가치관은 매우 특이 하다. "한 푼만 벌어도 영광이다."라는 구호를 열심히 외친다. 예를 들어 단추 하나를 팔면 이윤이 한 푼도 안 되지만 원조우 사람들은 열심히 만들어 돈을 한푼 두푼 모은다. 이렇게 모은 돈을 기본 자본으로 하여 제2, 제3의 창업을 위해 자금을 마련하며 기초를 닦는다.

원조우 사람이 보잘 것 없는 단추 장사를 큰 사업으로 발전시키는 모습은 그들이 액수와 상관없이 돈을 소중이 여긴다는 것을 잘 보여준다. 사람들은 보통 적은 이윤보다 큰 이윤이 생길 때 더 열심히 노력하며 이윤이 없으면 아예 아무것도 하지 않는다. 하지만 원조우 사람은 돈의 액수와 상관없이 이윤만 생긴다면 열심히 번다. "티끌모아 태산", 이것이 바로 원조우 사람의 장사 철학이며 돈을 벌어 부자가 되는 기술이다.

70년대 말에서 80년대까지 원조우 사람이 취급하고 있는 업종은 거의 적은 돈만을 벌 수 있는 구두수선, 재봉, 단추 등이었다. 그들은 적은 이윤에도 열심히 노력하는 창업 정신이 향후 기업 경영에 꼭 필요로 하는 끈기, 용기와 백절불굴의 정신을 키워주었다. 또한 원조우 경제 발전을 촉진하여 결국에는 소상품으로 큰 시장을 장악하였다. 현재 원조우에는 전국에서 제일 큰 신발 생산 기지가 있으며 연간 생산량은 20억 켤레, 매출액은 20억 위안에 달한다. 안경 제조업도 전국 1위를 차지하고 있으며 연 매출액이 200억 위안에 달하고 의류업의 연 매출액도 500억 위안에 달한다. 또한 라이터 산업도 전국에서 1위를 차지한다.

원조우 사람은 적은 돈도 열심히 벌려고 노력할 뿐만 아니라 현재에는 이윤이 없지만 장래에 이윤이 생긴다면 똑같은 열정으로 열심히 노력한다.

"한 푼이라도 열심히 번다.", 이런 경영방식은 원조우 사람이 돈을 벌려는 열정과 그들만의 돈에 대한 관점이다.

현재 시장은 갈수록 체계적으로 바뀌고 경쟁도 나날이 치열해지고 있다. 하루아침에 돈벼락을 맞아 부자가 된다는 것은 이젠 있을 수 없는 일이다. 또한 업종을 불문하고 돈벌이가 좀 된다 싶으면 순식간에 경쟁이 치열해 이윤이 줄어든다. 전 세계 사업가들은 저이윤시대를 극복해야 하는 애로사항에 직면하였다.

"이윤은 적게, 판매는 많이"는 저 이윤 시대를 대처하는 최상의 방법이다. 이러한 방법은 상품을 최대한 빨리 시장에 공급하여 종합 효율을 높일 수 있다. 또한 기업의 생산성을 최대한 높여 생산량을 늘리며 자금회전을 가속화하여야 이윤을 효과적으로 높일 수 있다.

그 역할은 다음과 같은 방식을 통해 나타난다.

- 상품은 생명력이 있다. 하지만 판매가 저조한 경우 적은 이윤을 택하여 판매량을 늘려 고객의 구매 욕구를 자극하여 수급 주기를 단축하고 상품의 잠재력을 발굴하여 기업의 입지를 다진다.
- 상품이 시장에서 도태되어 좋아질 가능성이 없을 경우 이윤을 줄이고 판매를 늘려 본전을 찾는 것을 원칙으로 기업의 손실을 최소화하고 시간을 벌어 신상품을 개발한다.
- 시장에 유사한 제품이 많고 경쟁이 치열할 경우 이윤을 줄이고 판매량을 늘여 유사제품의 고객을 확보하여 시장 점유율을 높인다.
- 신제품 시험판매 단계에도 이윤을 줄이고 판매량을 늘려 시장에 신속히 진입시켜 영향력과 지명도를 높이고 시장 신뢰도를 구축한다.
- 소비 시장이 위축될 경우 이윤을 줄이고 판매량을 늘리면 자금을 신속히 모을 수 있고 시장 구매율을 높이고 기업의 제품에 유리한 경영 환경을 조성할 수 있다.
- 원자재 공급이 충분하고 제조과정이 간단하며 높은 기술력이 필요 없고 생산량이 많고 시장 및 기업의 물동량이 많은 제품일 경우 "이윤은 적게, 판매는 많이"라는 원칙으로 "원자재-제품-자금-원자재"의 선순환을 가속화하며 기업

설비, 자금, 기술력의 효과를 충분히 발휘하여 생산, 공급, 판매를 일체로 하는 기반과 실력을 갖출 수 있다.

1993년 상반기 원조우의 라이터 시장은 이미 포화상태였다. 200여개 뿐이던 라이터공장이 3,000여개로 늘어났다. 원조우에서는 라이터가 10위안이었으나 일본이나 한국 등 다른 나라에서는 같은 종류의 라이터가 300위안에서 500위안에 달했다. 이러한 가격 차이 때문에 그 당시 원조우에는 라이터를 구매하러 온 외국인들이 많았다. 그 당시 라이터 가격을 몇 십 위안 올려도 장사는 여전히 잘 되었을 것이다. 하지만 그렇게 하지 않았다. 원인은 무엇일까? 그들은 바로 "이윤은 적게, 판매는 많이"라는 원칙을 고수했기 때문이다. 결과 현재 원조우에서 생산되는 라이터는 연간 5억 개에 달하여 전 세계 생산량의 70%를 차지한다.

원조우 사람은 매우 영리하다. 그들은 두 가지를 사업의 목표로 한다. 바로 이윤과 시장이다. 원조우 사람은 바로 저 이윤으로 시장을 장악했다.

중국이 계획경제 시대를 벗어난 현재 저 이율, 저 인플레이션은 이미 저 이윤 시대에 들어섰다는 것을 의미한다. 원조우 사람은 "한 푼이라도 열심히 번다.", "한 푼만 벌어도 영광이다."의 사업 가치관이 저 이윤 시대에 필요로 하는 필수 조건이라고 인식하고 있다.

원조우 사람뿐만 아니라 이우(義烏)상인들도 "한 푼이라도 열심히 번다."라는 사업가치관을 가지고 있다.

이쑤시개를 예로 들어 보자. 이우 사람들은 이윤이 한 개에 1위안이 아닌 100개에 1전일 경우를 선택한다. 원인은 무엇일까?

만일 한 개에 1위안이라는 높은 이윤일 경우 너도 나도 할 것 없이 이쑤시개 장사를 할 것이다. 하지만 100개에 이윤이 1전일 경우에는 누구나 이쑤시개 장사를 할 수 있는 것이 아니다. 일정한 판매량이 없으면 아마 인건비도 건지지 못할 것이다.

원가를 최대한 줄이고 신뢰도를 높여 단골 고객을 확보하는 것이 바로 이우 상인들의 사업 전략이다. 경쟁이 치열한 경제 사회에서 자신만의 공간을 개척하고 적은 이윤으로 판매량을 늘려 시장을 확보한다.

경제학자는 이우 상인들은 소상품의 대가라고 말했다. 이우 상인들의 핵심 경쟁력은 바로 저가 상품에 있다. 종류, 브랜드, 품질이 같은 상품이라도 도매가는 일반 상점의 1/3밖에 안되며 심지어 공장도 가격보다 더 낮다고 한다. 무엇 때문일까? 보통 제조업체는 대리점에 7%~8%의 수수료를 제공하는데 이우 상인들은 이 수수료를 고객에게 돌렸기 때문이다.

"소규모 사업이 큰돈을 번다.", 이러한 경영 전략으로 이우 상인들은 치열한 시장 경쟁 속에서도 경쟁 상대가 없이 성공적으로 사업을 이끌어 나간다.

많은 사람들은 돈을 벌어 부자가 될 꿈을 꾸고 있다. 그들은 돈을 많이 버는 사장이 되는 꿈을 가지고 있지만 그 꿈을 이룬 사람은 극소수에 불과하다. 무엇 때문일까? 돈을 벌려는 조바심 때문에 잘못된 가치관을 가지고 있기 때문이다. 그들은 큰 돈만을 벌어 부자가 되고 싶어 하기에 적은 돈을 벌 수 있는 기회는 아예 쳐다보지도 않는다.

한 번에 몇 백만 위안에 당첨될 기회는 매우 적지만 일상생활에서 자신의 노력으로 적은 돈을 벌 수 있는 기회는 하늘에서 비가 오듯이 많다. 가업을 물려받거나 기술 특허 등 방식으로 큰 돈을 번다면 더 없이 좋겠지만 이러한 조건이 구비되지 않았을 경우에는 착실하게 노력하여 적은 돈부터 벌어야 한다. 적은 돈을 많이 벌고 사업 경영에 익숙해지면 바로 큰 돈을 버는 것이다. 매일 부자가 될 허황된 꿈만 꾸고 하늘에서 돈벼락이 떨어지기를 기다리기 보다는 실제 행동으로 적은 돈을 벌면서 경험을 쌓는 것이 바람직하다. 그래야만 큰 돈을 벌 기회가 생기면 그동안 쌓은 경험과 능력으로 대처하여 돈을 벌 수 있기 때문이다.

현재 많은 기업들은 사업을 결정할 때 규모가 크고 수준이 높고 첨단 기술을 필요로 하는 업종을 택한다. 그들은 잡화나 일용품 사업은 시장이 작고 이윤도 적어 크게 성공하지 못할 것이라고 생각한다. 하지만 이것은 잘못된 사고방식이다. 보기에 하찮은 장사가 큰 돈을 버는 경우가 수 없이 많다.

많은 사실들이 작은 상품을 얕봐서는 안 된다고 말해준다. 작은 상품이라도 끊임없이 신제품을 개발하면 남들이 부러워하는 성공을 거둘 수 있다. 세계 500대 기업인 질레트와 맥도날드도 취급하는 상품이 면도기와 햄버거, 포테이토에 불과하다.

사실 많은 사업가들은 부자가 된 후에도 적은 돈을 벌 기회를 놓치지 않는다.

미국의 석유재벌은 석유사업으로 큰 돈을 벌지만 이윤이 몇 전뿐인 연필 사업도 똑같이 중요시 한다. 러시아에 방문하게 된 그는 그곳의 연필이 매우 비싸다는 것을 알게 되었다. 그 당시 러시아 인구는 1억에 달하여 연필 수요량이 어마어마했다. 미국으로 돌아오자 그는 공장을 설립하고 기계 설비를 구입하여 연간 1억 개에 달하는 연필을 러시아로 수출하여 큰 돈을 벌게 되었다.

월마트는 하루 매출액이 수 억달러에 달하며 맥도날드도 매출액이 어마어마하다. 그들은 모두 티끌 모아 태산이라는 진리로 적은 이윤으로 부를 축적하였다.

적은 돈을 대하는 태도로 한사람의 인생관과 사업 안목을 가늠할 수 있다. 원조우 사람은 현실적이고 영리하기에 적은 돈을 하찮게 생각하지 않다. 그들은 주변의 적은 돈을 잡을 줄 알며 돈을 벌 수 있는 기회가 있으면 액수를 떠나서 자신의 손에서 빠져나가지 않도록 붙잡는다.

원조우 사람은 벌 수만 있다면 적은 돈이라도 마다하지 않는다. 비록 이윤이 적지만 높은 판매량으로 큰 돈을 번다. 만일 한 사람에게 1전씩만 번다면 13억 인구인 중국 또는 전 세계의 60억 인구에게서 얼마나 많은 돈을 벌 수 있을까?

만일 현재 취급하고 있는 업종이 이윤도 적고 매출도 적으면 어떻게 할 것인가. 원조우 사람은 돈을 더 많이 벌 수 있는 업종을 찾기 전에는 인내심을 가지고 계속하여 낙숫물이 댓돌을 뚫듯이 돈을 모을 것이다.

대학 졸업생 한 명이 취직을 위하여 남쪽으로 내려갔다. 그는 환경이 좋고 월급도 많이 주는 안정적인 직장을 원했지만 결국에는 찾지 못했다. 하루는 노점에서 아침을 먹으면서 주인 아줌마와 이런저런 얘기를 나누게 되었다. 그는 큰 장사를 하고 싶은데 밑천이 없고 작은 장사는 돈 벌이도 안 되고 하면서 주인 아줌마에게 푸념을 늘어놓았다. 그러자 주인 아줌마는 돌멩이 하나를 주어들고 "돈 벌기가 그렇게 어려운건 아니네. 자네가 오늘부터 매일매일 돌멩이를 주어서 다시 팔면 장사 밑천이 만들어질 거네."라고 말했다. 이 말을 들은 대학 졸업생은 속으로 그렇게 어느 세월에 돈을 벌 것인가 하면서 아줌마를 비웃었다. 그 후 그는 취직도 했고 몇 번 직장도 바꿨지만 큰 돈을 벌지 못했다. 몇 년 후 그는 우연히 노점에서 장사를 하던 그 주인 아줌마와 마주치게 되었고 얘기를 나누는 과정에서 크게 놀랐다. 그 주인 아줌마는 티끌 모아 태산이라는 생각으로 열심히 장사를 하여 자식 셋에게 아파트도 장만해 주었고 또한 막내 아들에게 개인택시도 사주었다. 그는 자신이 몇 년이라는 세월을 낭비했다는 것을 느꼈으며 돈을 벌 수 있는 기회를 기다리기보다는 적은 돈이라도 착실하게 모아야 한다는 것을 깨달았다.

5. 돈은 벌 수 있는 데 까지

　원조우 사람은 적은 돈을 버는 동시에 그 큰돈을 벌려고 한다. "큰 돈만이 큰 돈을 벌 수 있다."는 전통적인 경영 이념이며 또한 우리들의 사고방식을 속박하고 있다. 때문에 "적은 돈으로 큰 돈을 벌다."라는 가치관은 많은 사람들이 이해를 못하며 비현실적이라고 생각한다. 변화무쌍한 현재의 시장 경쟁 속에서 큰 돈만이 큰 돈을 벌 수 있다는 사고방식은 이미 도태되었다. 시장을 장악하고 기회를 잡아서 특출한 방법으로 승리를 거두게 된다면 본전이 적더라도 큰 돈을 벌 수 있다.

　원조우의 바이보어(白博)이라는 일상용품을 판매하는 청년이 있었다. 그는 수중에 있는 돈으로 신문과 잡지에 일상용품 판매 광고를 냈다. 가격이 몇 위안 밖에 안하고 또한 일상생활에 꼭 필요로 하는 실용적인 상품이기에 광고가 나가자 주문이 끊이지 않지만 몇 위안 밖에 안하는 제품들이기에 이윤이 매우 적거나 아예 없었기에 돈을 거의 벌지 못했다. 하지만 그는 제품을 보낼 때 백여 종의 20위안이상의 고가 상품 목록과 송금 용지를 동봉하여 고개들이 고가의 제품을 구매하도록 "유혹"하였다. 처음 몇 위안짜리 상품으로 돈을 벌지 못했지만 고객들의 신용을 얻었으며 또한 고객들로 하여금 고가의 상품을 구매하게 하였다. 또한 고가 상품이 이윤도 만만치 않아 순식간에 많은 돈을 벌게 되었다.

　대다수 사람들은 생활이 조금 나아지면 현실에 안주하며 더 이상 일을 하려고 하지 않는다. 술집에 드나들고 도박을 일삼다가 결국에는 사업부도, 심지어 모든 것을 잃게 된다.

수입이 많은 사람일수록 자신이 가난하다고 생각하며 수입이 증가함에 따라 지출도 늘어나기 때문에 종종 지출이 더 많다고 생각한다. 수입이 많은 사람일수록 이성적이며 자신의 몸값이 아직 최고조에 이르지 않았다고 생각한다. 조사에 따르면 월수입이 1,000위안 이하인 대부분 사람들은 자신들의 생활에 만족한다고 답했고 월수입이 3,000~5,000위안인 일부 사람들은 생활수준이 아직 중산층에 도달하지 못했다고 대답했다.

원조우 사람이 바로 그렇다. 그들도 처음에 돈을 조금 벌어서 가난에서 벗어나려고 생각했을지도 모른다. 하지만 돈을 조금 번 후 그들은 만족을 느끼지 못하고 더 큰 기회를 찾기 시작했다.

캐주얼 브랜드 Metersbonwe의 조우청지앤(周成建) 사장은 작은 산골 마을의 빈곤한 가정에서 태어났다. 14세 되던 해에 누나의 혼수로 재봉틀 한 대를 샀다. 그때 그는 독학으로 재봉틀 사용법을 익혀 옷을 만들어 팔았고 또한 단추와 작은 제품들도 팔았다. 1985년 스무 살이 되던 해 조우청지앤은 혼자 집을 나와 60km 떨어진 원조우시의 미아오궈쓰(妙果寺)시장에서 옷을 만들어 팔았다. 이때 그는 처음으로 어느 정도 돈을 벌게 되었고 1993년 그는 400만 위안의 부자가 되어 있었다.

가난한 청년이 부자가 되었다. 식구들이 조우청지앤의 금의환향을 기다릴 때 그는 놀라운 결정을 하였다. 전 재산을 털어 Metersbonwe회사를 등록하여 캐주얼 옷을 전문적으로 만들기 시작했다. 그는 생산 가공을 하청 업체에 주고 브랜드 이미지 제고에 주력하였다. 10여년이 흐른 뒤, 그는 드디어 년 매출액 20억 위안에 달하는 "왕국"을 만들었다. 하지만 여기서 만족을 하지 않고 수억 위안을 투자하여 원조우에 본사 건물을 짓고 상해 포동의 32,000여평 부지에 현대식 의류 디자인 센터를 건설했다. 그는 언제나 "발보다 긴 길은 없고, 사람보다 높은 산은 없다."라고 말한다.

중국에서 원조우는 의심할 바 없이 가장 부유한 도시 중 하나이다. 이곳에는 하룻밤 사이에 십여 개의 기업이 생긴다. 또한 등록 자본금이 1,000만 위안 이상인 기업도 매년 3자리수로 끊임없이 늘어난다. 저지앙성 남부에 위치한 이 도시의 민간 자산이 얼마나 되는 지는 아직까지 아무도 모른다.

빈민촌에서 태어난 유태인 한명이 있었다. 그는 그 곳의 여느 아이들과 마찬가지로 주먹질에 술, 또한 학교도 무단결석하기가 일쑤였다. 유일하게 다른 점이 있다면 바로 그가 돈을 버는 안목이 있다는 것이다. 그는 남들이 버린 완구차를 주워 수리하여 친구들에게 0.5센트씩 받고 빌려주었다. 그는 일주일 만에 새 완구차를 살 수 있는 돈을 벌게 되었다.

중학교를 졸업자 그는 진정한 장사꾼이 되었다. 보통 나사, 철사 등 작은 쇠붙이와 건전지, 레몬즙 등을 팔았다. 그를 부자로 만든 것은 바로 한 무더기의 옷가지들이다. 실크로 만들어진 이 옷들은 일본에서 건너왔는데 운송 도중에 폭풍을 만나 염료가 새어 나와 1톤에 달하는 옷들이 물들어 버려 일본 상인들의 골칫거리가 되었다. 처리하고 싶어도 어느 누가 나서서 도와주지 않았고 항구로 가지고 가서 쓰레기장에 버리자니 환경보호 부서의 단속에 걸릴 것 같았다. 생각 끝에 일본 상인들은 그 옷들을 귀국하는 길에 바다에 던지기로 결정하였다.

어느 날 이 유태인은 항구의 한 선술집에서 술을 마셨다. 술이 거나하게 취해 일본 선원들의 옆을 지나 가다가 우연히 그 물든 비단옷에 대한 불평을 늘어놓는 소리를 듣게 되었다. 다음날 그는 외항선에 찾아와서 손으로 항구에 주차되어 있는 트럭을 가리키며 일본 선장에게 그 옷을 대신 처리해주겠다고 말했다. 그는 아무런 대가도 지불하지 않고 염료에 오염된 비단옷을 얻게 되었다. 그것으로 위장복 스타일의 의류, 넥타이, 모자를 만들어 팔아 하룻밤 사이에 10만 달러를 벌었다.

이젠 그는 더 이상 장사꾼이 아닌 상인이다. 한 번은 교외에 있는 땅을 봐두고 주인을 찾아가 10만 달러를 줄 테니 그 땅을 팔라고 말했다. 주인은 10만 달러에 그 땅을 팔면서 속으로 상인을 비웃었다. 주인은 외진 곳에 외치한 그 땅을 바보가 아닌 이상 돈을 주고 사지 않을 것이라고 생각했다.

그러나 뜻밖에도 1년이 지난 후 교외 순환도로 건설계획 발표로 그 땅은 150배로 껑충 뛰어올랐다. 도시의 한 부자가 그 땅에 별장을 지으려고 상인을 찾아와 2,000만 달러에 땅을 사려고 했다. 하지만 상인은 팔지 않았다. 그는 상인에게 웃으면서 "저는 더 기다릴 것입니다. 그 땅값이 더 오를 것입니다."라고 말했다.

3년 후, 그 땅은 2,400만 달러에 달해 그 도시의 새 지주로 등극했으며 상류층 인사들처럼 높은 자리에 드나들었다. 많은 사람들은 그가 어떻게 정부계획을 미리 알게 되었는지를 궁금해 했고 심지어 시정부의 고위급 관료와 왕래하고 있다고 의심하기까지 했다. 상인의 부자가 된 전설은 수수께끼처럼 풀리지가 않았다.

아우슈비츠 수용소에서 한 유태인은 아들에게 "남들이 1 더하기 1이 2라고 생각할 때 너는 2보다 크다고 생각해야 한다."라고 말했다.

　1946년 생존하게 된 부자는 미국으로 가서 휴스턴에서 동제품 장사를 시작했다. 하루는 아들에게 동 1파운드의 가격을 묻자 아들은 35센트라고 대답했다. 그러자 그는 아들에게 "누구나 다 동 1파운드의 가격이 35센트라는 것을 알고 있다. 하지만 유태인은 3.5달러라고 대답해야 한다. 동 1파운드를 손잡이로 만들면 3.5달러의 가치를 지니게 될 것이다."라고 아들에게 말했다.

　20년 후, 아버지가 죽고 아들 혼자서 가게를 운영해나갔다. 그는 동으로 구리테 소고, 시계, 올림픽 상패도 만들었으며 심지어 1파운드의 동을 3,500달러 가치의 상품도 만들어서 팔았다. 그러나 그의 이름을 날린 것은 바로 한 무더기의 쓰레기이다.

　1974년 미국정부는 자유의 여신상 수선 중에 나온 폐물들을 정리하기 위해 입찰공고를 냈는데, 몇 개월이 지나도록 아무도 입찰에 응하지 않았다. 프랑스로 여행을 가 있던 그는 이 소식을 듣자마자 뉴욕으로 와서 쓰레기에 동 덩어리, 나사못, 목재 등이 가득한 것을 보고 아무런 조건도 없이 처분하겠다고 계약했다.

　이를 본 사람들은 그를 비웃었다. 그 당시 뉴욕의 쓰레기 처리 규정이 엄격하여 잘못 처리할 경우 환경당국의 기소를 받기 때문이다.

　그는 우선 사람들을 고용하여 쓰레기를 종류별로 분리하기 시작했다. 분리된 쓰레기들 가운데 동은 용해시켜 작은 자유의 여신상을 만들고 시멘트와 목재로는 여신상 받침대를 아연과 알루미늄으로는 뉴욕의 광장을 본뜬 열쇠를 만들어 팔았다. 나중에는 심지어 자유의 여신상에서 나온 석회가루를 포장하여 꽃가게에 팔았다. 3개월도 안 되는 사이에 그는 쓰레기더미에서 350만 달러의 수익을 얻게 되었다.

　원조우의 한 농민도 이 유태인 못지않은 안목을 가지고 있다. 작은 물고기를 큰 물고기보다 고가에 판다는 것은 거의 불가능한 일이다. 하지만 원조우의 어민 츠진쥔(池進軍)은 이를 실천으로 옮겼다. 그는 한 근에 몇 십전씩 하는 잡어를 구입하여 물고기 조미료로 가공하여 5배에서 6배에 달하는 가격에 판매하였다. 1킬로에 85위안에 판매한 적도 있었다.

　맛이 떨어지지만 버리기에는 아까운 잡어들은 값이 안 나가기에 어민들은 이를 어분으로 가공하여 팔았다. 하지만 5kg의 잡어로 가공한 1kg의 어분의 가격은 5위안밖에 안 되었으며 또한 환경오염도 심했다.

　1997년 한 고객이 건어물 장사를 하던 츠진쥔(池進軍)에게 시장에서 구하기 힘든 물고기 조미료를 사달라고 부탁했으며 1kg에 60위안을 지불하겠다고 했다. 만일 20kg의 잡어를 1kg의 물고기 조미료로 가공한다면 5배 이상의 이윤을 얻을 수 있다는 계산이 나왔다. 수요가 있고 이윤 또한 높기에 그는 바로 물고기 조미료를 생산하기 시작했다.

　동일한 잡어를 원료로 하지만 어분과 물고기 조미료의 가격 차이는 엄청나다. 관건은 바로 가공 기술이다. 츠진쥔(池進軍)은 우시경공업대학의 교수를 초빙하여 바이오효소의 기술을 이용하여 물고기 조미료를 가공하였다. 몇 년 사이에 츠진쥔(池進軍)은 3개 종류, 몇 십 개의 제품을 개발하여 베이징,티앤진,상하이, 광동 등 십여 개 성의 시장을 확보하였다. "統一", "華丰", "康師傅"

등 기업에 제품을 공급하며 또한 한국 등 외국에도 수출을 하여 연 매출액이 2,000만 위안에 달한다.

원조우 사람에게는 늘 행운이 따르는 것 같다. 자산의 증가 속도가 빨라 십여 년 심지어 몇 년 사이에 자수성가하여 억만 장자가 된다.

유태인의 사업 법칙중 하나가 바로 "본전이 필요 없는 장사 부터 시작한다."이다. 원조우 사람은 솜을 타거나 구두를 닦는 등 하찮은 일부터 시작하여 돈을 한 푼씩 모았다. 예를 들면, 난춘후이(南存輝)는 신발을 수선해서 번 돈으로 저기압 전기기구 작업장을 만들었다. 처음 한 달에는 35위안을 벌었지만 10년 후 그는 정타이그룹을 소유한 억만 장자가 되어 직원 수가 7,300명, 총자산 8억 위안에 달했다.

한 동북인은 원조우 사람이 동북에서 다섯 단계를 거쳤다고 말했다. 80년대 초기에는 구두를 닦고 솜을 탔고, 80년대 후반기에는 골목골목 다니면서 단추 등 일상용품을 팔았다. 90년대 초기에는 가게를 임대하여 장사를 했고 중기에는 브랜드 의식을 가지면서 자신이 제품을 팔기 시작하여 오늘날에는 다원화 경영의 길을 걷고 있다.

이렇듯 원조우 사람은 빵을 부풀리는 능력을 가지고 있다. 그 원인은 여러 가지가 있다. 예를 들면 기회, 안목, 고생을 마다하지 않는 정신력 등이다. 또한 운도 따라야 한다. 하지만 제일 중요한 것은 바로 원조우 사람이 돈에 대한 끝없는 갈망이다. 수많은 원조우 사람들은 이미 부자가 되었지만 지금도 여전히 사업에 필사적으로 매달린다. 그들의 자산은 자손 몇 십대까지는 충분히 먹고살 수 있지만 여전히 고생스레 돈을 버는 이유는 무엇일가? 이는 "평생 돈을 벌어야 한다."라는 그들의 가치관으로 해석할 수 있다. 하지만 "돈을 번다"는 의미를 속되게 하지 말아야 한다.

제3장
고생을 사서하는 원조우 사람

大虎라이터공장

1. 얼굴이 두꺼운 원조우 사람

중국 사람은 체면을 매우 중요시 한다. "사람을 때릴 때에는 얼굴을 때리지 않고 욕할 때는 단점을 들추지 않는다."라는 속담이 생긴 원인이 바로 체면의식이 중국인의 사고방식에 뿌리 박혀 있기 때문이다.

중국은 예로부터 상인을 비천한 직업이라고 여겼다. 전통적인 4대 직업, 소위 말하는 "사농공상에서 상인이 마지막 자리를 차지한다. 그래서 어떤 사람은 창업을 시작할 때 상인과 연관시키는 것을 수치스럽게 생각하여 사업을 한번 해보기 위해 장사를 한다고 둘러댄다. 하지만 현실을 추구하는 원조우 사람들은 장사를 하는 목적이 돈을 벌기 위한 것이라고 숨김 없이 드러낸다. 웨이리(威力)라이터 주식회사 사장 쉬용수이(徐勇水)는 창업 성공의 원동력이 무엇이냐는 질문에 "돈을 벌고 풍족한 삶을 위해서 입니다."라고 대답했다.

체면이 있고 없고는 상대적인 것일 뿐이다. 서로 다른 세계관, 인생관, 가치관이 있는 이상 체면에 대한 생각도 다를 수 있다. 원조우 사람은 두 손으로 열심히 일하여 자신의 가치를 창조하여 돈을 번다. 어떤 일을 하든지 성과를 얻을 수만 있다면 바로 체면이 서는 일이고 생각한다.

중국인이 체면을 따지고 지키려는 것은 천하 사람이 다 알고 있는 사실이다. 체면은 중국 문화의 독특한 일부분이다. 중국인은 체면과 자존심을 연계시켜 생각하거나 체면을 아예 자존심으로 간주하기도 한다.

자존심이란 바로 자기 자신을 존중하며 다른 사람에게 비굴하게 아첨하지 않고 다른 사람이 자신을 무시하거나 모욕하는 것을 참지 못하는 마음이다. 또한 정확한 언행으로 자신의 인격과 존엄을 보호하고 모욕을 당했을 경우 반격을 하며 순종하지 않는 것이다. 자존심이 지나치면 체면이 되어 정신, 영혼의 족쇄가 되어 정상적인 사고와 행동을 방해한다.

지난날 중국인의 공부하는 목적은 언젠가는 과거시험에 합격하여 조상을 빛내고 집안의 체면을 지키는 것이다. 또한 손아랫 사람은 손윗 사람이 잘못을 해도 손윗 사람의 체면을 고려하여 단도직입적으로 잘못을 지적하지 못하고 빙빙 돌려서 말하는 경우가 많으며 이것을 효도라고 생각한다. 때문에 중국에는 "천하에는 불효한 자녀가 있을 뿐 잘못한 부모는 없다."라는 말이 있다.

체면의식은 중국인의 사상 속에 뿌리박혀 있기에 일자리를 구할 때도 오류를 범하기 쉽다.

- 더럽고 힘든 일은 회피한다. 이런 일은 체면을 깎아내리는 일이라고 생각하여 실직하여 놀고 있어도 환경미화원 등의 일은 하기 싫어한다.
- 맹목적으로 남들과 비교한다. 친구가 좋은 직장을 구했다면 그 친구보다 더 좋은 직장을 구해야만 체면이 선다고 생각한다.
- 청렴하고 고상한 척한다.
- 비현실적으로 높은 곳만 바라본다. 유명 대학을 졸업했고 전문지식이나 자질이 남들보다 뛰어나다고 생각하여 대기업에 취직하기만을 원한다.

원조우 사람도 체면 의식을 가지고 있지만 오래전에 체면이라는 심리적 장애에서 벗어났다. 80년대 초기, 원조우 사람들은 지게를 지고 전국 곳곳을 누비며 다른 지역사람들에게 익숙하지 않은 사투리로 호객 행위를 하며 신발 수선 등 남들이 하찮게 여기는 잡일을 했다. 많은 사람들은 그들이 겨우 몇 푼을 벌려고 그런 하찮은 일을 한다고 생각했고 농민들도 그들이 하는 일을 천박하게 여겼다. 하지만 원조우 사람들은 그렇게 생각하지 않고 세속의 따가운 눈총을 받으면서 묵묵히 돈을 모았다.

돈을 벌려면 얼굴이 두꺼워야 한다. 원조우 사람은 상품 판매에 있어 얼굴이 철판보다 더 두껍다. 그들은 벽에 부딪치는 것을 두려워하지 않고 상대방이 자신을 어떻게 평가하든 꼭 그 사람의 돈을 벌고 말 것이라는 생각을 가지고 있다. 그들은 웃는 얼굴로 수 없이 많은 말을 해가면서 자신들의 상품을 전국으로 전 세계로 판로를 확장한다.

원조우 사람들은 상품 견본을 지니고 전국을 누비면서 수많은 실패를 거듭하지만 목적을 이루기 위해 노력을 다한다. 일부는 귀찮아서 그냥 상품을 구매하기도 하지만 어쨌든 원조우 사람은 목적을 이루었으며 돈을 벌었다.

다른 각도에서 보면 얼굴이 두껍다는 것은 시련을 이겨낼 수 있는 강인한 정신이 있다는 것이며 좌절과 실패를 정확이 인식하고 이겨낸다는 것이다. 만일 한 남자가 사랑하는 여자에게 사랑을 고백할 때 여자가 거절하면 어떻게 할 것인가? 열 번 찍어서 안 넘어 가는 나무가 없다고 경험이 있는 남자들은 절대 포기하지 않을 것이다. 그런 용기도 없이 포기하여 사랑하는 여자가 결혼하는데 신랑이 자신이 아니라면 그때 후회해도 소용이 없다.

오래전에 원조우 사람은 중국인의 체면을 이용하여 돈을 벌었다. 원조우 사람은 가게를 찾아온 손님에게 차를 대접하면서 정성을 다하여 맞이한다. 이렇게 손님의 체면을 세워주어 손님은 미안한 마음에 뭐라도 사게 된다.

한 원조우 사람이 홍콩에서 고급 음식점을 차렸다. 그는 일부러 음식점 입구에 커다란 고급 진열장을 만들어 전 세계의 유명한 고급 양주를 진열하였다. 진열된 고급 양주는 손님이 마시다 남은 것이었으며 또한 손님들의 이름을 카드에 예쁘게 새겨서 술병에 붙였다.

알고 보니 일종의 경영전략이었다. 손님들 대부분이 이 음식점에서 비싼 고급 양주를 마시다 남으면 들고 가자니 체면이 깎이는 것 같고 버리자니 아깝게 생각한다. 음식점 사장은 입구에 진열장을 마련하여 마시다 남은 술을 손님의 이름을 표기하여 진열하고 그 손님이 다시 음식점을 방문할 때 마실 수 있게 하였다. 덕분에 단골 고객이 많아 졌으며 장사가 날로 번창하였다. 또한. 손님들은 진열장에 진열된 고급 양주에 자신의 이름이 새겨져 있는 것을 체면 세우는 일로 생각하여 고급 양주의 매출도 날로 늘어났다.

중국인이 돈에 대한 태도도 체면 때문에 미묘해진다. 또한 어느 정도 사람들이 돈을 벌고 싶어 하는 욕망을 구속한다. 예를 들어 입으로는 "군자는 의를 중시하고, 소인은 이익을 중시한다."라고 말하지만 속으로는 "돈만 있으면 귀신도 부릴 수 있다."고 생각한다. 늘 돈을 많이 벌어 부자가 되는 꿈을 꾸고 있고, 돈을 벌고 싶으면 늘 망설이고, 돈을 벌고 나서는 그 사실을 감추기에 급급하다. 그리고 주위의 사람들이 돈을 벌게 되면 부러워하거나 질투한다.

하지만 원조우 사람은 이들과 달리 얼굴이 두껍다. 무엇 때문일까? 첫째, 원조우 사람은 자신감을 가지고 있다. 둘째, 필승의 결심을 가지고 있다. 실패를 하더라도 언젠가는 꼭 성공할 것이라고 믿는다. 셋째, 목표에 도달하지 않으면 결코 포기하지 않는 용기를 가지고 있다. 마지막으로 성공후의 성취감이다.

원조우 사람은 얼굴이 두껍기에 직업에도 귀천이 없다고 생각한다. 그리고 전국을 떠돌아다닐 만큼의 담력은 남들이 눈여기지 않는 영역을 개척하여 소리 소문 없이 돈을 벌기 시작한다. 얼마 지나지 않자 원조우의 10만여 명의 농촌출신 영업 상인들이 전국의 남과 북을 누비기 시작했다. 류스(柳市)의 금속 저압 전기 제품 전문 시장의 상품 영업상인 4,000 여명은 매년 전국을 돌아다니며 활동하고 있다. 동방의 최대 단추 시장인 치아오싱(橋興) 단추 시장에는 약 만 여명의 농촌출신 영업맨들이 전국적인 판매망을 구축하였으며 7,000여명이 타 지역에서 상품을 판매한다. 이산구(宜山區) 아크릴 섬유 시장에는 5,000여명이 보따리를 짊어지고 산 넘고 물 건너 전국을 누비며 물건을 판다.

1987년 "훠시아오우링먼(火燒武陵門)" 사건 이후, 원조우 신발의 신용이 바닥으로 떨어졌다. 캉나이(康奈)그룹의 사장 정시우캉(鄭秀康)은 그 당시 납품하러 상하이에 갔는데 결국 거부당하고 말았다. 상점에서는 신발의 품질이 안 좋아서가 아니라 원조우 신발이기 때문이라고 했다. 이러한 악조건에서 정시우캉(鄭秀

康)은 자신만의 브랜드를 만들기로 결심하고 브랜드명을 "캉나이(康奈)"라고 지었다. 그리고 품질 향상에 전력을 다하여 상품의 품질을 높였다.

1993년 전국 유명한 신발 기업인들이 상하이에서 10대 신발왕을 선출하는 회의를 가졌다. 캉나이(康奈)그룹의 부회장은 새로 연구 개발한 유럽 스타일 신발을 들고 회의에 참석하였지만 59개 신발 기업 사장들은 그를 배척했고 입장 시키지 않았다. 대회 주최 측은 캉나이(康奈)그룹 부회장의 체면을 무시한 채 그를 회의실 들어오지 못하게 했다. 다행히 부회장은 얼굴이 두껍고 체면 따위를 고려하지 않는 사람이기에 회의실 문 옆에 서서 회의에 참석하여 투표 자격을 확보했다. 후보 선정 시간이 돌아왔다. "캉나이((康奈)"그룹의 품질은 모든 회의 참석자들의 상상을 초월했다. 부회장이 얼굴이 두껍고 체면을 고려하지 않았기에 다행이지 남들처럼 모욕을 참지 못하고 박차고 나가 버렸으면 캉나이(康奈)그룹이 제아무리 실력을 갖춘들 10대 신발왕에 선출될 기회마저 박탈당했을 것이다.

원조우 사람들은 돈을 벌기 위해 체면을 버리고 고생을 마다하지 않는다. 그리고 사장이 되려는 꿈을 이루기 위해 기꺼이 맨 바닥에서 잠을 잔다. 그뿐만 아니라 사장이 된 후에도 필요하다면 맨 바닥에서 잠을 잔다.

일 억 위안 이상의 자산을 가지고 있는 웨이리(威力)회사의 사장 쉬용수이(徐勇水)는 타 지역에서 장사를 할 때 낮에는 차가운 빵 쪼가리로 배를 채우고 밤에는 버스 터미널이나 부두에서 잠을 청했다. 또한 동북 지역에서 알루미늄 장사를 할 때 직접 운반하고 차에 실었다. 옷은 하루 종일 땀에 젖어 있었고 손과 발은 부르터서 피망울이 생길 정도였다.

캉나이(康奈)그룹의 사장 정시우캉(鄭秀康)은 창업 당시 1,500위안으로 작은 작업장을 빌려 낮에는 작업 현장으로, 밤에는 그와 몇 명의 직원이 잘 수 있는 공간으로 사용하였다.

원조우의 평범한 여자 아이도 체면을 따지지 않고 재활용 쓰레기 회수업에 종사하였다. 창업 초기 그녀는 인건비를 절약하기 위해 직접 쓰레기를 주우러 다녔다. 그는 온갖 비난을 참아내면서 자신만의 길을 걸어 지금은 자산 천만 위안 이상인 부자가 되었다.

원조우 상인의 대부분이 창업 초기에 이러한 시기를 겪었을 것이다. 만일 그들이 체면 따위를 고려했다면 오늘 같은 날이 오지 않았을 것이다.

북방 어느 지역에 40대의 실직자가 정부를 찾아가 보조금을 요구하고 또한 일자리를 줄 것을 요구했다. 처음에는 경비로 취직했는데 낮과 밤이 바뀐다고 일주일을 하고 그만뒀다. 다음에는 환경미화원 자리를 마련해 주었지만 힘들고 더러운 일이고 체면이 깎인다고 거절했다. 구정 연휴 기간 정부의 관련자들이 저소득층을 방문할 때 그에게 "아직 젊은데 왜 작은 장사라도 할 생각을 하지 않으세요?"라고 물었다. 그러자 그는 "야채 도매를 해 봤지만 너무 힘들고 하루 종일 해도 몇 푼밖에 벌지 못합니다. 대신 정부의 보조금을 받으면 비록 생활이 좀 어렵지만 마음이 편합니다."라고 대답했다.

가여운 사람이 미운 구석도 있다는 말이 있다. 정부의 보조금을 받아서 생활하면서도 자신이 체면 따위를 고려하여 노력조차 하지 않는 사람들은 가엽기도 하지만 얄밉기도 하다.

전국적으로 실업자들이 천만 명에 달한다. 각 지방의 관련 정부 기관에서 머리를 싸매고 이를 해결하려고 애를 쓰지만 원조우의 정부기관에서는 실업자 우대 정책을 실행하지 못해서 안달이다. 원인은 바로 원조우에서는 너도 나도 창업을 하기에 실업자들을 찾아보기 힘들기 때문이다.

원조우 사람들이 고생스레 창업을 할 때 많은 사람들은 편하게 의자에 앉아서 햇볕을 쬐고 있었다. 지금도 사람들은 낡은 사고방식에 사로잡혀 차라리 가난하게 살면 살았지 도로 청소나 화장실 청소, 구두닦이 등 체면 깎이는 일은 하기 싫어한다.

원조우 사람들도 원래는 빈털터리였다. 하지만 체면을 벗어던지고 열심히 돈을 벌려고 노력하니 하늘이 스스로 돕는 자를 도왔다. 때문에 원조우 사람이 돈을 벌 수 있었던 것은 당연한 것이었다.

체면이 있고 없고는 상대적인 것이다. 서로 다른 세계관, 인생관, 가치관이 있기에 체면에 대한 사고방식도 다르다. 원조우 사람은 두 손으로 열심히 일하여 자신의 가치를 만들어 낼 수 있다고 생각하며 돈을 벌 수 있다고 생각한다. 어떤 일을 하든지 성공할 수 있다면 체면은 자연스럽게 서는 것이다.

원조우의 민영 기업가 대부분은 구두를 닦거나 솜을 타거나 두부를 팔아서 생계를 유지하였다. 지금에 와서 그들은 부자가 되었을 뿐만 아니라 정타이(正泰), 더리시(德力西) 등 유명기업을 설립하여 전국, 전 세계로 활동영역을 넓혔다. 이는 개인뿐만 아니라 한 나라의 체면을 세우는 일이다.

2. 고생은 성공의 소금

주방장들은 요리를 만드는데 있어서 소금의 중요성을 알고 있다. 마찬가지로 사람의 정신도 소금이 필요하며 이 소금이 바로 고생이다.

현대인은 비교적 풍족한 생활을 하고 있다. 하지만 자신의 삶에 소금을 첨가해야 한다. 만일 우리가 고생을 무릅쓰는 정신을 발휘하고 육체 및 정신적 고통을 두려워하지 않고 사업을 함에 있어서 실패를 두려워하지 않는다면 돈을 못 벌 이유가 없을 것이다.

원조우 사람이 무엇 때문에 돈을 잘 벌 수 있는 것일까? 그것은 바로 그들이 고생을 두려워하지 않고 고생을 낙으로 생각하기 때문이다.

한 산에 같은 돌멩이가 있지만 몇 년 뒤 확연히 다른 결과가 있을 것이다. 하나는 사람들이 공경하고 다른 하나는 거들떠보는 사람도 없을 것이다.

사람들이 하찮게 여기는 이 돌멩이는 다른 돌멩이에게 "우리가 같은 돌멩이인데 왜 운명이 이렇게 다른 것일까?"라고 불만을 털어놓았다. 그러자 사람들의 공경을 받는 돌멩이는 "몇 년 전 조각가가 우리를 찾아왔는데 그 당시 자네는 자신의 몸에 칼을 대는 고통을 두려워했지만 나는 그 모든 고통을 이겨내어 끝내는 불상으로 조각되었다네. 때문에 사람들은 나한테는 무릎 꿇어 절하고 자네는 본 척도 안한다네."라고 대답하였다.

비바람이 없이는 무지개를 볼 수 없다. 원조우 사람의 돈은 하늘에서 떨어진 것이 아니라 그들이 전국을 누비며 천신만고 끝에 피땀 흘려 번 돈이다.

원조우 출신 천선생은 프랑스에서 생활을 시작한 초기 매일 15시간을 일하였다. 매일 날이 밝기 전에 일을 시작하여 저녁에는 프랑스어를 공부하고 또 일에 매달렸다. 무려 5년 동안 햇빛을 못 보고 일한 것이다.

양말업계 선두 기업 "랑사(浪莎)"의 웡롱진(翁榮金)형제는 1986년 신지앙에 장사를 하러 가려고 기차를 탔다. 기차는 사람들로 붐벼 좌석이 없어서 그들 형제는 꼬박 4일을 서서 가야만 했다. 웡롱진(翁榮金)은 그때를 떠올리면서 그 4박 4일이 사람의 일생보다 더 길게 느껴졌다고 했다. 신지앙 역에 도착했을 때 두 형제는 다리가 퉁퉁 부어 발걸음도 떼기 힘든 상황이 되어 버렸다. 그 후 노점상을 할 때 그들은 하루에 두 끼만 먹고 3시간밖에 자지 않았다.

웨이리(威力)라이터 사장 쉬용수이(徐勇水)는 창업 자금을 마련하기 위해 동북의 알루미늄을 원조우에 가져다 팔았다. 직원을 고용할 돈이 없어 자신이 직접 알루미늄을 기차에 실다가 알루미늄에 발을 찍혔다. 그리고 제때 기차에 운반하려고 며칠 밤을 꼬박 새우기도 했다.

원조우 사람은 창업 당시 자금도 없고 사업 요령도 없었다. 그들은 온갖 고생을 다 하면서 한푼 두푼 열심히 벌어 장사 밑천을 마련하였다. 마치 누에가 고치를 벗는 노력과 시련을 겪어 나방이 되는 것과도 같았다.

저지앙성의 따후(大虎)라이터유한공사 사장 조우따후(周大虎)는 총자산이 3억 위안에 달하여 남들이 부러워하는 우상이 되었다. 하지만 많은 사람들은 그가 어렸을 때 많은 고통과 시련을 겪었다는 것을 모르고 있다.

중학교를 졸업한 조우따후(周大虎)는 농촌으로 내려갔다. 그 당시 농촌의 생활 형편이 매우 어려워 생계를 유지하기가 힘들 정도였다. 17살이 되던 해 그는 같은 동네의 몇 명과 함께 전국을 떠돌아다니며 살 길을 찾기 시작했다. 그는 가장 먼저 시안(西安)으로 가서 판금가공 일을 하기 시작했다. 그 당시 그들은 식량배급표(粮票)가 없었기에 끼니를 해결하는 것이 제일 큰 문제였다. 늘 배를 곯아야 했고 한 달 동안 곶감으로 끼니를 해결한 적도 있었다. 그 당시 조직에 소속된 사람이 다른 지역으로 일을 하러 가는 것은 있을 수 없는 일이였기에 그들을 데리고 있던 청부업자는 억울한 죄명을 쓰고 사형을 당했다. 조우따후(周大虎)도 한 달간 구속된 후 고향으로 보내졌다.

하지만 생계를 유지하기 위하여 조우따후(周大虎)는 다시 집을 나서 지앙시(江西), 안후이(安徽), 후베이(湖北)등 지역에서 떠돌이 생활을 시작하였다. 그 기간 얼마나 많은 고통과 어려움을 겪었는지는 아무도 상상할 수 없을 것이다. 25살이 되던 해 조우따후(周大虎)는 어머니의 일자리를 물려받아 원조우 우체국에 취직하게 되어 매일 우편물 배달을 했다. 그는 비교적 안정된 이 일자리를 소중히 여겼으며 매일 남들보다 더 많은 우편물을 배달해야 한다고 자신에게 채찍질 했다. 7년간의 떠돌이 생활 경력이 있었기에 다른 동료들이 힘들다고 아우성 칠 때 조우따후(周大虎)는 힘든 줄 모르고 일했다.

조우따후(周大虎)는 라이터로 부자가 되었다. 그는 1991년 라이터 업종에 뛰어들었다. 그가 이 업종에 뛰어 든 것은 부인이 실직했기 때문이다. 인생의 시련에 직면하자 조우따후(周大虎)는 부인의 5,000위안 퇴직금으로 직원 몇 명을 구하고 방 하나를 작업장으로 사용하여 창업을 했다. 조우따후(周大虎)는 그간 쌓은 경험과 고난을 이겨낼 수 있는 인내심과 용기로 사업은 날로 번창했다. 1년 후 조우따후(周大虎)는 아예 직장을 그만두고 200평방미터의 공장을 임대하고 직원 100여명을 고용하여 자신만의 라이터왕국을 만들기 시작했다.

사업 발전을 위하여 조우따후(周大虎)와 식구들은 인테리어를 새로 한 아늑한 집을 떠나 공장으로 살림을 옮겼다. 세 식구는 창문도 없고 에어컨도 없고 화장실도 없는 작은 다락방에서 생활을 시작했다. 조우따후(周大虎)는 하루 10여 시간씩 일을 하면서 새 공장으로 이사 가기 전에는 새 집으로 들어가지 않을 것이라고 결심했다.

그 당시 공장에는 화장실도 없었고 주방도 없었기에 그들은 매일 도시락으로 끼니를 해결했고 100여 미터 떨어진 공중 화장실을 이용했다. 이런 생활은 5년간 유지되었고 새 공장을 짓고 나서 그들은 새 집으로 이사를 했다. 고생을 두려워하지 않는 강인한 정신력으로 라이터 공장의 매출은 매년 배로 늘어나 1999년에는 생산량이 1,000만개, 생산총액은 억 위안을 돌파하였다. 현재 따후(大虎) 라이터 공장은 1,000여명의 직원을 보유하고 있다. 또한 산하 몇 개의 라이터 부품 공장을 소유하고 있으며 직원들이 2만여 명에 달한다. 따후(大虎)라이터 공장에서 생산된 라이터는 70여개의 국가와 지역으로 수출되고 있다.

돈을 벌고 싶으면 고생을 두려워하지 말아야 한다. 이것은 변함없는 철칙이다. 소규모 창업자들은 피나는 노력으로 돈을 벌고, 어느 정도 발전하면 경영과 관리로 돈을 벌고, 사업규모가 커지면 정책 변화에 따라 투자하여 돈을 번다. 때문에 창업 초기에는 고생을 두려워하지 않는 백절불굴의 정신이 필요하다.

"낮에는 사장으로 일하고, 밤에는 바닥에서 잠을 자다."는 많은 원조우 민영 기업가들이 창업 초기에 겪었던 현실이다. 이런 고난을 이겨내는 정신이 있었기에 그들은 자원이 부족하고 정책적 기반이 미비한 열악한 환경 속에서 기업을 발전시킬 수 있었다. 정타이(正泰)그룹의 난춘후이(南存輝)와 더리시(德力西)그룹의 후청중(胡成仲)은 상하이에서 기술을 배울 때 다락방에서 생활을 했다. 창업 초기뿐만 아니라 그들은 필요에 따라 언제든지 양복을 벗어던지고 바닥에서 잠을 잘 준비가 되어있다.

창업 단계에 겪게 되는 고생은 바로 몸 고생이다. 사장이 몸을 많이 움직여 일을 많이 하게 되면 인건비를 줄일 수 있을 뿐만 아니라 고객의 수요와 시장의 흐름을 제때에 파악할 수 있으며 또한 자신의 의지를 더욱 굳건히 하여 향후 어떠한 시련에도 침착하게 대응할 수 있다.

1987년, 16살인 루워윈위앤(羅云遠)은 100위안을 들고 집을 떠났다. 우한에 도착하자 돈이 몇 십 위안밖에 남지 않았기에 그는 어떻게 살아갈 것인지 걱정이 태산이었다. 그는 매일 국수를 먹었고 나중에는 3일 내내 아무것도 먹지 못했다.

다행이 동향의 도움을 받아 가게를 하나 임대해서 동향에게서 외상 거래로 물건을 들여와 팔기 시작했다. 처음 몇 년은 장사가 겨우 입에 풀칠할 정도였다. 1992년부터 장사가 날로 좋아져 연수입이 몇 십만 위안에 달했다.

장사가 잘 되어 안정되었지만 고객 중 대부분이 현급 도시에서 올라왔기에 흥정하기를 좋아했다. 루워윈위앤(羅云遠)은 그들과 티격태격 흥정하는 것이 싫어서 직원 한명을 채용하여 가게 일을 돌보게 했지만 그 직원을 잘못 채용한 탓으로 장사가 안 되어 문을 닫을 지경에 이르렀다. 루워윈위앤(羅云遠)은 그때부터 열심히 노력하고 경영을 하여 가게를 다시 살려냈고 장사가 하루하루 번창하였다. 루워윈위앤(羅云遠)은 여느 원조우 사람과 다를 바 없이 돈에 대한 욕망이 끝이 없었다. 그는 일 년에 몇 십만 위안의 수입에 만족하지 않고 대만인과 협력하여 화중(華中)금속품시장을 개발하여 큰 성공을 이루었다.

"남들이 기피하는 일을 하고, 남들보다 고생을 더 하고, 남들보다 참을성이 있으면 남들이 벌지 못하는 돈을 벌게 된다." 이는 원조우 사람의 창업 정신의 총체일 뿐만 아니라 그들이 돈을 버는 행동지침이다.

육체적으로 힘들고 물질적인 부족은 큰 고통이 아니다.. 인간의 제일 큰 고통은 마음 고생이다. 만일 한 사람이 극심한 마음 고생을 겪었다면 이는 의지를 단련하는데 더없이 좋은 방법이다.

"하늘이 막중한 임무를 사람에게 맡기기 전에 우선 마음 고생을 주고 그 후 육체적 고통을 준다."는 말이 있다. 마음 고생이 육체적 고통보다 앞서는 이유는 돈을 벌건 인재가 되건 의지력을 키우고 마음을 다스리는 것이 필수 조건이기 때문이다 . 하여 마음 고생이 육체적 고통보다 더 중요하다.

왕지앤화(汪建華)는 어릴 때 부모를 따라 쓰촨(四川)에서 살면서 석탄회사, 판지회사에서 수리공, 운전기사로 일했다.

1987년 왕지앤화(汪建華)는 한 회사의 운송부를 전담하였다. 장사 기질이 다분한 왕지앤화(汪建華)는 2년 내에 30여만 위안을 벌었다. 1989년 그는 28만 위안을 투자하여 운송부를 사들이고 10만 위안을 투자하여 자동차 정비소를 차렸다. 사업은 나날이 번창하여 3년이 채 안되어 그는 150만 위안의 순이익을 창출하여 현지에서 명실 공히 손 꼽히는 부자가 되었다.

현인민대표대회 대표, 정치협상상무위 위원, 상공업연합회 부회장, 기업가친목회 부회장, 우수기업가 등 명예가 후광처럼 그를 더 돋보이게 했다.

매일 사람들의 존경과 부러움의 시선 속에서 왕지앤화(汪建華)의 허영심도 극에 달했다. 당시 그는 회사의 잠재적 위험 요소가 치명적인 재난을 불어올 줄은 꿈에도 생각 못했다.

왕지앤화(汪建華)는 하루 하루를 접대로 바쁘게 보내게 되어 기업을 관리할 시간과 여력이 없었다. 그 결과 구입한 원자재의 질이 떨어지고 생산 기술도 뒤떨어져 차량 내부의 기술적인 문제로 인한 교통 사고가 연달이 두 번이나 발생하면서 결국에는 3명의 사상자를 내고 자동차도 폐기처분되었다. 순식간에 그의 회사에서 생산한 농업용 차량 부실 문제가 전국에 널리 퍼져 대리상들이 반품을 요청했고 시장 수요도 급감했다.

얼마 지나지 않아 법원은 빚더미에 올라앉은 그의 회사를 파산 선고하여 왕지앤화(汪建華)는 하루 아침에 모든 것을 잃었다. 수백만 위안에 달했던 재산이 유성처럼 순식간에 사라졌다.

사업 실패로 그는 경제적 어려움에 시달려 1995년 일 년 동안 부모님의 도움으로 생계를 유지하였다. 한번은 아들이 급성맹장염에 걸려 병원에 데려가려고 서랍을 뒤졌지만 겨우 5.8위안밖에 없었다.

궁지에 빠진 왕지앤화(汪建華)는 전에 자신에게 10만 위안을 빌려갔던 사람을 찾아갔으나 200위안밖에 돌려받지 못했다.

그 후 왕지앤화는 버스 회사에 운전기사로 취직했다. 하지만 승객들은 운이 나쁜 왕지앤화(汪建華)가 운전하는 버스에 승차하기를 꺼려 그는 어쩔 수 없이 회사를 그만둬야 했다.

그 후 왕지앤화(汪建華)는 할 수 없이 인력거를 몰았으며 그간 겪은 고생이 이루 말할 수 없었다. 한번은 가격 흥정으로 옥신각신하다가 승객의 발에 채여 흙탕물에 내동댕이쳐지기도 했다.

여러 차례 곡절 끝에 그는 자동차 정비소에 정비공으로 취직했지만 트집 잡기 좋아하는 동료들이 폐휘발유를 그에게 퍼부어 하는 수없이 일을 그만두었다.

더 이상 쓰촨에서 살아갈 수 없었다. 1999년 왕지앤화(汪建華)는 베이징의 식품업체에 수리공으로 취직했다. 사장은 그의 재능을 발견하고 원료 배합실 배합원으로 배치하여 월급도 3,000위안으로 인상해줬다. 왕지앤화(汪建華)는 이곳에서 기회를 발견했다. 그는 여러 가지 식품 배합 기술을 배워 식품 공장을 열기로 마음먹었다. 왕지앤화(汪建華)는 부인과 상의하여 고향에 있는 집을 팔아 자금을 마련하여 식품공장을 차리기로 결정하였다.

수 개월의 준비 끝에 2001년 10월 "더화(德華)식품공장"이 정식으로 간판을 내걸었다.

얼마 지나지 않아 상품이 생산되기 시작했지만 판로를 개척하여야 하는 애로사항에 직면하였다. 왕지앤화(汪建華)는 자신의 상품이 대도시 시장에 진입하는 것이 어렵다고 판단하고 그는 직접 인근 소도시에 가서 집집마다 방문하여 식품을 팔기 시작했다.

그해 그믐날 왕지앤화(汪建華)와 부인은 밖에서 상품을 팔고 밤 11시가 넘어서 집으로 돌아왔다. 두 아이는 배를 곯은 채 문

밖에서 부모를 기다리고 있었다. 이에 왕지앤화(汪建華)와 부인은 두 아이를 부둥켜안고 대성통곡하였다.

이런 의욕과 근성으로 왕지앤화(汪建華)는 마침내 판로를 개척하였다. 2002년 6월, "더화(德華)식품공장"에서 생산한 식품은 인근 50개현의 시장을 장악하였고 판매 수익도 상승 곡선을 타며 반년 만에 100만 위안의 이윤을 창출했다.

이렇게 왕지앤화(汪建華)는 실패를 딛고 다시 일어섰고 다시 한 번 인구 10여만 명의 소도시에서 주목받는 인물이 되었다.

실패의 경험이 있는 왕지앤화(汪建華)는 재기한 후 친구 모임 같은 사적인 모임은 최대한 자제하고 사교 모임에는 아예 얼굴을 잘 내비치지 않았다. 그리고 직함이나 명예에 대해서는 "나는 아직 자격이 없고 또한 더 이상 그런 것에 얽매이고 싶지 않다."며 완곡히 거절했다.

옛말에 "풀뿌리까지 먹을 만큼 고생한 사람은 이 세상에 못해 낼 일이 없다."는 말이 있다. 사업을 함에 있어서 육체적 고통과 시련은 아무것도 아니다. 정신적 고통이야말로 치명적인 것이다.

첫 사업 실패로 고통을 겪은 왕지앤화(汪建華)는 경제적으로 압박 받고 육체적으로 고통을 겪었을 뿐만 아니라 성공과 실패라는 극과 극을 오가는 시련을 경험했다. 그는 실패를 통해 자신의 약점을 깨달았고 기회를 제때에 잡아 성공 신화의 주인공이 되었다. 실패를 딛고 일어서서 얻게 된 성공 또한 더없이 달콤했다.

3. 인내는 돈 벌 수 있는 필수 요소

유태인은 인내심이 강하다. 그들은 2,000여 년간의 억압 속에서 키운 인내력을 경제 활동 및 처세술에 응용하여 성공을 거두었다.

유태인은 "한순간을 참으면 구름 한 점 없이 맑은 하늘이 보이고, 세 번을 양보하면 사방이 끝없이 넓게 보인다."라고 한다. 또한 유태인은 "사람의 세포는 시시각각 변화되고 있다. 어제 화가 났던 세포도 언젠가는 다른 세포로 변하게 될 것이다. 나는 단지 그 세포가 교체되기를 기다릴 뿐이다."라고 말한다.

유태인들은 도량이 넓을 것을 주장한다. 이는 우여곡절을 많이 겪은 유태민족의 경력 때문일 것이다. 유태인은 사람들에게 인내심이 있고 영리하다는 인상을 남긴다. 상담 중에 유태인은 끝까지 미소를 잃지 않는다. 상담이 잘 안되고 불쾌할 때 많은 사람들은 화를 내면서 상담을 중지하거나 아예 상대방을 거들떠보지도 않는다. 하지만 유태인은 상대방이 아무리 화를 내도 미소를 잃지 않고 상대방을 우호적으로 대한다. 상대방이 뜻밖인 이런 상황을 대처할 때 유태인은 이미 상담의 주도권을 잡고 있다.

유태인과 장기간 거래한 일본인은 "2,000여 년간 고통을 겪은 유태인은 걸핏하면 자살하는 일본인과 비교할 때 인내심이 더 없이 강한 민족이다."라고 말했다.

사회생활에는 인내심이 필요하다. 사람이 만능이 아니기 때문에 많은 일들은 자신이 해결할 능력이 없다. 인내는 문제를 해결하는 제일 좋은 방법이다.

참는 것 외에는 달리 문제점을 해결할 방법이 없을 경우가 많다. 생존과 발전을 위하여 우리는 어쩔 수 없이 참아야 한다.

우리가 생존하는 지구에는 매년 수천 수만의 사람들이 과격한 행동 때문에 높은 대가를 치르고, 참을성이 없어서 자신의 앞길을 망치며 또한 격한 감정 때문에 소중한 생명을 잃는다. 우리는 세상의 어떠한 불행과 재난도 받아들일 용기가 있어야 한다. 만일 우리가 책임감 없이 감정에 얽매어 일 처리를 한다면 그것은 바로 자신에 대한 책임감이 없는 것이다.

어떤 사람들은 인내를 무력하게 볼 수도 있다. 하지만 인내는 일종의 수양이며 인생풍파를 겪은 후 자연히 생기는 품성이다. 인내는 사람의 의지를 단련시켜주고 행동을 신중하게 한다. 또한 인내는 강인한 의지와 포용하는 마음으로 인생을 대할 수 있게 한다.

일반인에게 인내는 미덕이고, 상인에게 인내는 필수 구비조건이다. 돈을 벌고 싶으면 인내심을 키워야 한다. 예로부터 "웃는 얼굴에 침 못 뱉는 다."라는 말이 있다. 여기서 인내로 웃는 얼굴을 만들어야 한다.

빌게이츠의 수백억 달러가 하늘에서 떨어진 것이 아니다. 빌게이츠가 하버드를 떠나서 폴 알렌과 Microsoft를 경영할 때 많은 사람들은 그를 조롱하고 비웃었다. BASIC 발명도 큰 반응을 일으키지 못했고 그 당시 IBM과 애플도 Microsoft와의 협력을 하찮게 생각했다. 하지만 빌 게이츠는 굴하지 않고 인내하면서 열심히 모색했다. 드디어 Windows95를 탄생시켜 자신의 능력을 증명했으며 빌 게이츠를 조롱하고 비웃던 사람들도 부러움을 금치 못했다.

곤경이나 위험에 처하더라도 내일은 무조건 성공할 것이라는 신념을 가지고 참고 견뎌야 한다. 예를 들어 회사가 파산 위기에 처하여 막대한 손실을 보더라도 참고 의욕을 버리지 말아야 한다. 노력한 만큼 성과를 얻지 못하더라도 겪은 고생을 경험으로 삼아 참으면 언젠가는 성공할 것이다.

사업 활동에서 인내는 반드시 기회와 재운을 가져다준다. 하지만 융통성이 없이 체면만 따질 줄 알고 인내하는 법을 모르고 나설 때와 기다릴 때를 판단하지 못한다면 돈이 눈앞에서 흘러가는 것만 보이고 자신은 아무것도 얻지 못하게 될 것이다. 예로부터 "사람과는 싸워도 돈과는 싸우지 말아야 한다."라는 말도 있다.

원조우 사람이 돈을 잘 버는 중요한 이유 중 하나가 바로 인내심이다. 돈을 벌기 위해 그들은 갖은 고난을 겪으면서 가족과 고향의 품을 떠나 더럽고 힘든 일을 마다하지 않고 했다. 또한 다른 사람들의 조롱과 비난도 수없이 받았다.

창업을 하여 돈을 벌고 싶다면 먼저 자신을 평가해야 한다. 육체 및 정신적 고통에 직면 했을 때 이해득실을 마음에 두지 않는 의지와 인내력이 있는지를 생각해봐야 한다. 창업을 하여 사장이 되면 일반인보다 더 큰 시련, 좌절 및 고통을 겪어야 하며 심지어 고독감에 휩싸이게 된다. 어떤 일에 직면하거나, 심지어 자신의 뜻과 반대되는 일에 직면하게 되더라도 자신의 감정을 통제할 수 있어야 하고 과격한 언행을 삼가야 한다. 그렇지 못할 경우 모든 성과가 물거품이 되어 버릴 수도 있다.

인내는 외부로부터의 압력을 참고 견디는 것도, 의기소침 하는 것도 아니다. 인내는 견디기 힘든 적막감, 슬픔, 분노를 참아 이

성적인 판단에 영향을 주지 않도록 하는 것이다. 인내는 도피하는 것도 아니고 의기소침하여 신념을 버리는 것도 아니다. 인내는 의지를 단련하고 순발력을 축적하는 것이다.

인내는 단지 형식에 불과하다. 사람은 인내하는 과정에서 생각을 많이 하고, 인생을 깨닫고, 사업에 대한 집념을 굳혀야 한다. 이런 인내만이 실제적인 의미가 있다. 그렇지 않다면 인내할 이유가 없다.

인내는 추상적 개념이 아니다. 관건은 구체적 상황에서 무엇이 중요하고 원칙 문제가 무엇이고 어떤 문제점을 먼저 해결해야 되는지를 이성적으로 판단해야 한다. 인내는 기회를 가져다주어 능력을 발휘할 수 있는 큰 공간을 마련해준다. 옳고 그름을 판단할 줄 알아야 충동을 참을 수 있다. 그렇다고 모든 것을 인내하라는 것이 아니다. 인내의 전제 조건은 바로 이해를 쟁취하여 사업 발전에 치명적인 영향을 주지 않는 것이고, 인내의 결과는 작은 이익을 희생하여 큰 이익을 얻는 것이다. 한도를 넘어서면 인내가 아니고 양보하는 것이며 나약하게 보인다. 사람은 패기가 있어야 한다. 인내란 바로 원칙을 지키는 조건하에 중요하지 않은 일에 대해서 인내하고 일의 발전을 방해하는 경우 잠시 인내하여 기회와 시간을 벌어서 이익을 추구하는 것이다.

원조우 사람은 사업상의 모든 고통을 인내하지만 그들을 창업의 길로 내몬 것은 바로 가난한 생활을 참을 수 없었기 때문이다. 원조우는 한 면은 바다이고 삼면은 산이다. 1989년 14개 도시를 개방했지만 원조우는 철도도 없었고 공항도 없었다. 자연조건이 열악하고 또한 해안방어 전초 기지에 속하기에 정부는 원조우에 필요한 군사시설을 건축하는 외에 경제건설투자는 매우 적었다. 해방 후 30여 년간 원조우 공업에 대한 정부의 투자는 6억 위안 뿐이었고 대형 공기업은 하나밖에 없었다. 도시의 모습은 황폐하기 그지없었고 사회적 인프라 시설 또한 낙후하였다. "아가씨와 아줌마가 거름통을 들고 거리를 뛰어다닌다."라는 말이 나올 정도였다.

개혁개방 초기 원조우 사람은 수많은 시달림과 비난을 받았다. 치욕과 울분을 참고 외적인 압력 속에서도 돈을 버는 것을 멈추지 않았고 적극적인 자기 개발과 시장 개척으로 수많은 경제 기적을 만들어 냈다.

"외로움을 참고 유혹을 뿌리칠 수 있어야 한다." 뼈저리는 고통을 참아야 할뿐만 아니라 유혹도 참을 수 있어야 한다.

창업 초기나 기반을 잡은 시기를 막론하고 이 말은 창업자가 언제나 새겨 들어야 할 충고이다.

누구나 돈을 벌고 싶어 한다. 그러나 작은 이익을 탐하여 큰 이익을 잃어서는 안 된다. 세상에는 공짜가 없다. 공짜를 좋아하는 사람들의 심리를 이용하여 장사하는 사람들도 있다. 그들은 식사를 대접하고 선물을 증정하고 여행도 시켜주고 심지어 여색으로 유혹한다. 사람들은 달콤한 말과 교묘한 수단에 넘어가 지켜야 할 이익을 지키지 못하여 심지어는 사기를 당하여 가산까지 탕진한다.

세상에는 노력 없이 얻을 수 있는 것이 없다. 땀을 흘려 얻은 것만이 제일 진실 된 것이다.

한 부자가 가난뱅이를 보고 불쌍한 마음에 소 한 마리를 주면서 봄에 씨앗을 심고 잘 키워 가을에 수확하면 가난에서 벗어날 수 있을 거라고 했다. 가난뱅이는 희망에 부풀어 노력하기 시작했다. 하지만 얼마 지나지 않아 사람이 밥을 먹어야 하고 소도 풀을 먹어야 하기에 생활이 이전보다 더 열악해졌다. 가난뱅이는 결국 소를 팔아 양 몇 마리를 샀다. 그는 우선 양 한 마리를 잡아먹어도 다른 양들이 새끼를 낳을 것이고 새끼 양을 키워서 팔아도 많은 돈을 벌 수 있다고 생각했다. 그러나 새끼양은 태어나지 않았고 생활은 또 어려워졌다. 이래서는 안 되겠다고 생각한 가난뱅이는 이번에는 양을 팔고 닭을 사는 게 낫겠다고 판단했다. 닭은 달걀을 빨리 낳으니 시장에 가져다 팔면 생활이 좋아질 것이라고 생각했다. 하지만 생활은 여전히 고달프기만 했다. 가난뱅이는 닭을 잡고 또 잡아 결국에는 한 마리밖에 남지 않았다. 가난뱅이의 꿈은 철저하게 짓밟혔고 그는 마지막 남은 닭까지 팔아서 술을 사서 마셨다. 드디어 봄이 오고 선량한 부자는 씨앗을 주러 왔다가 술을 마시고 있는 가난뱅이를 발견했다. 소는 보이지 않았고 집은 예전과 다름없이 썰렁하기만 했다.

가난뱅이뿐만 아니라 많은 어리석은 부자들도 이 이야기의 가난뱅이와 다를 바 없는 삶을 살고 있다. 그들은 근시안적이며 식견이 좁고 모조품을 만들어 팔거나 신용을 지키지 않는다. 이는 자신을 무덤을 파는 격이며 독주를 마셔 갈증을 해소하는 것과 같다.

원조우 사람은 낚싯줄을 길게 늘려 큰 물고기를 잡는 법을 알고 있다. 원조우의 한 젊은이가 간쑤(甘肅)성에 학교 뱃지를 판매하러 갔다. 13명의 학생을 둔 한 학교가 그에게 13개의 뱃지를 주문하였다. 그는 바로 회사에 연락하여 제작에 들어가도록 하여 한 달 내에 납품하였다. 13개 뱃지의 원가는 70위안이었지만 납품가는 십여 위안 뿐 이어서 밑지는 장사였다. 그 학교에서는 뱃지를 받은 후 감격하여 여기저기 다니면서 선전하였다. 결국 1년 후 간쑤(甘肅)성의 많은 학교의 학생이 그 청년이 판매하는 뱃지를 달고 다녔다.

이렇게 그는 몇십 위안을 투자하여 큰 시장을 차지하였다. 그 청년과 같이 원조우 사람은 큰 장사는 빼앗아 하고 작은 장사는 놓치지 않고 눈앞의 손실은 입지 않고 장기적인 이익을 획득한다. 원조우 사람들은 이러한 지혜와 장사 수완으로 원조우의 경제를 활성화하였다.

실제 영업활동에서 많은 사람들은 바로 이런 적자 영업의 의식과 안목이 부족하다. 손해 보는 장사는 절대 안하기에 눈앞의 이익만 따지며 심지어 말과 행동이 다른 경우도 많으며 신용을 지키지 않는다. 또한 한 번의 거래로 끝내려고 하고 속임수를 쓰고 나쁜 물건을 속여서 판다. 이는 자신의 무덤을 파는 격이며 독주를 마셔 갈증을 해소하는 것과 같다.

인내는 일종의 장사 수단으로 일부분의 이익을 희생하는 고통을 참고 큰일을 위해 치욕을 참아 사업기회를 쟁취하고 신용도를 높여 큰 시장을 쟁취하는 것이다. 작은 이익을 희생하는 수단으로 사업 기회를 쟁취하고 신용도를 높여 자신의 경쟁력과 실력을 향상시키는 것은 당장 큰돈을 버는 것보다 훨씬 실속이 있다.

사업가들은 기업의 지속적인 발전을 최종 목표로 하여 외로움을 견디고 와신상담하여 기업의 실력과 경쟁력을 향상시켜야 한다. 참을성과 인내력을 키워 충동적이고 경솔한 행동을 삼가야 한다. 그래야만 모든 어려움을 극복하고 성공의 쾌락을 누릴 수 있다.

4. 성공의 밑거름은 의지력

인내는 신기한 효능이 있다. 남들이 제자리 걸음을 할 때 여전히 견지하고 남들은 실망하여 포기할 때 여전히 진행함으로써 남들보다 많은 돈을 벌 수 있게 한다. 이런 인내력은 자신의 순간적인 감정 때문에 변화되지 않으며 수많은 상인들이 성공하는 비법이다.

예를 들어 제품을 판매 할 때 상대방이 아무리 잘난 척하고 무리한 행동을 할지라도 울분을 참고 흥분하지 말아야만 승리를 거둘 수 있다. 처음엔 사지 않더라도 두 번째, 세 번째, 네 번째 계속 지속하다 보면 상대방은 당신의 인내와 성실함에 감동하여 제품을 사게 된다.

한 자동차 영업사원이 있었다. 그는 58명의 고객을 만났지만 한 대도 팔지 못하여 사직하려고 했다. 그러자 부인은 그에게 어쩌면 다음 고객은 차를 구매할지도 모르니 조금만 더 참으라고 했다. 그 말에 이 영업사원은 용기를 내어 열심히 고객을 찾아다녔고 끝내 63번째 고객에게 차를 판매하였다.

끝까지 견뎌내기만 하면 성공할 수 있다. 그렇지 않으면 지금까지의 모든 노력이 수포로 돌아가게 된다. 이를 깨물고 조금만 더 노력하고 조금만 더 견뎌 내기만 하면 의지력을 검증하는 마지막 한걸음까지 마쳐 성공하게 된다. 달리기 경주와 같이 한 발작 또는 반 발작의 차이로 승부가 갈리게 되며 최후의 순간이 결정적인 요소가 된다. 최후에 거대한 잠재 에너지를 발휘하여 달리게 되면 승리하게 된다.

고금동서를 막론하고 각 분야에서 성공한 사람들의 공통점은 바로 다이아몬드와 같이 변함없는 초인적인 의지력과 백절불굴의 정신이다.

나무꾼은 큰 나무를 자르기 위해 천여번의 도끼질을 한다. 하지만 큰 나무는 마지막 단 한 번의 도끼질에 넘어간다. 힘이 있고 없고, 성실하고 게으르고, 성공하고 실패하고의 차이는 천 번의 도끼질을 할 수 있느냐에 있다.

20세기 초, 미국 애리조나 주의 은광을 찾던 한 남자가 마을 부근의 작은 산 측면에서 200미터 가량 파여진 갱도를 발견했다. 하지만 그 은광은 이미 다 파헤쳐져 있었고 안에는 아무것도 남아 있지 않았다. 결국 그는 포기했다.

10년 후 모 광산회사가 이 지역의 광구 몇 개를 매입해 중단된 광맥을 이어서 파기 시작했다. 놀랍게도 본래 파여진 굴을 1미터 정도 더 판 지점에서 어마어마한 광맥을 발견하였다. 이 1미터의 거리가 수백만 달러로 이어졌다.

오늘날 우리 사회에는 이와 같은 경우의 사람들이 적지 않다. 그들은 재산을 모으는 과정에서 어려움이나 시련에 부딪히면 금세 기가 죽고 당황하여 어쩔 줄을 몰라 하고 맥 빠져 한다. 위의 주인공처럼 목표 1미터 앞에서 멈춰 버려 결국에는 의지력과 정신력 부족으로 간발의 차이로 성공을 놓치고 만다.

미국의 한 기업가는 파산 위기에 처한 기업을 인수하기로 소문났고 인수된 기업들은 모두 기사회생하여 번창하였다.

누군가 그에게 무엇 때문에 실패한 기업을 인수하며 또한 실패한 기업을 성공적으로 발전시킨 비결이 무엇인지를 물었다.

그는 "실패한 기업들은 조금만 더 인내하고 조금만 더 관리 방식과 경영 전략을 바꾼다면 성공할 것이다. 하지만 그들은 늘 결정적인 순간에 포기하였다. 잘못된 점을 바로잡으면 당연히 돈을 벌 수 있으며 이는 기업을 처음부터 다시 설립하는 것보다 훨씬 쉬운 일이다."라고 대답했다.

한 유능한 사업가는 다음과 같이 말했다. "새로운 사업 기회는 절반의 기회와 절반의 모험이 따른다. 담력이 있는 사람은 그 절반의 기회를 잡을 수 있으며 나머지 절반의 모험은 의지력으로 이겨낸다. 모든 걸 불굴의 의지로 견딜 수만 있다면 새로운 세상이 나를 기다린다."

전쟁이든 사업이든 성패를 가르는 결정적인 요소는 바로 강한 의지력이다. 고금동서를 막론하고 모든 성공한 인사들의 공통점은 바로 초인간적인 의지력이다.

왕롱썬(王榮森)은 원조우의 몇 백만 개인 상공업자중 한 명이지만 3,600만 위안을 투자하여 황토고원에 30개의 유정을 청부맡아 투자 규모가 크고 리스크도 크며 수익도 큰 석유 채굴 업종에 뛰어들었다.

왕롱썬(王榮森)은 공공기관에서 십여 년간 근무하다가 그 곳이 산간지대로 교통이 너무 불편하고 또한 수입도 낮아 그 지역을 떠나 발전을 모색하기로 결심했다. 그녀는 먼저 원조우에서 신발 장사를 했다. 규모가 좀 커지자 남편과 시안으로 가서 의류 도매업을 시작했다.

어느 하루 그녀는 지갑을 털린 산시지질학원의 교수를 도와주었다. 그 교수는 고마운 마음에 그녀에게 산시성에 석유가 매장되어 있고 정부 또한 그 지역의 석유 채굴 업종을 적극 지원하고 있다고 알려주었다.

그 말에 왕롱썬(王榮森)은 마음이 끌려서 남편과 조사를 시작했다. 결과 정부는 확실히 빈곤 지역에 투자하여 석유를 채굴하는 것을 적극 지원하고 있었다. 하지만 지질부서가 그 지역에 석유가 매장되어 있다고 탐사는 했지만 누구도 무조건 석유를 채굴할 수 있다고 장담하지 못했다. 또한 어디서부터 채굴해야 석유가 나올지도 모르는 일이었다.

석유를 찾기 위해 왕롱썬(王榮森) 부부는 3개월 동안 30여만 위안의 탐사비용을 들여 끝내는 앤안시의 간촨현에서 석유가 채굴될 가능성이 많은 지역을 찾았다. 하지만 3개의 유정을 시추하는데 480만 위안이 든다는 계산이 나왔다.

예상은 했지만 그렇게 많은 투자 자금이 필요할지는 생각지도 못했다. 그들 부부는 고향에 가서 친척과 친구들을 설득하여 230만 위안의 자금을 모았고 몇 년간 고생스레 저축한 250만 위안을 보태서 투자하기로 결심했다.

3개의 유정에 굴착 장치를 설치한 후 그들 부부는 현장에서 밥을 먹고 현장에서 자면서 노동자들과 함께 했다.

신체적 고통은 아무것도 아니었다. 앞길을 예측할 수 없는 것이 제일 죽을 지경이었다. 석유가 매장되어 있을까? 매장량이 얼마나 될까? 이런 고민 때문에 그녀는 매일 잠도 못 이루었다.

유정에서 석유가 아직 채굴되지 않았는데 그녀는 마른 하늘에 날벼락을 맞게 되었다.

1997년의 어느 하루, 현장에서 일하던 남편이 과로로 쓰러져

병원으로 실려 갔다. 몇 시간 응급치료를 했지만 끝내 눈을 감고 말았다. 그녀는 남편을 잃은 슬픔에 하루하루를 눈물로 지새웠다. 그 후 그녀는 원래 왕우에썅(王月香)이라는 이름을 왕롱썬(王榮森)으로 바꿨다. 이름처럼 강해지고 싶었기 때문이다. 그녀는 여성의 나약함을 벗어던지고 자신의 운명을 세 개의 유정과 같이 하기로 했다.

그녀는 자신이 다른 선택의 여지가 없다는 것을 알고 있었다. 그녀는 일 년 365일을 하루와 같이 현장을 지켰다. 그녀는 기름때가 묻은 안전모를 쓰고 다녔고 얼굴에도 늘 기름때가 묻어있었다. 핸드백에는 여자의 화장품이나 소지품 대신 유정 진도 보고서만 있었다.

유정을 800미터 뚫었을 때 드디어 석유가 있다는 소식을 듣게 되었고 하루 채굴량이 7톤 이상이었다. 그 소식을 접한 그녀는 엉엉 소리 내어 울었고 눈물이 끊이지 않았다. 이 날을 위하여 그녀는 수많은 고생을 했고 또한 남편마저 잃었기 때문이었다.

감격의 눈물이 마르지도 않았는데 또 큰 어려움에 닥치게 되었다. 계약에 따르면 3개 유정의 탐사가 끝나면 30개 유정의 채굴권을 획득할 수 있었지만 지광국(地礦局)에서 자체 개발한다는 소문이 돌았다.

그녀는 충격을 받았으나 세상에 아직은 천리가 존재한다고 믿고 현 정부의 날인이 된 계약서를 들고 현 정부를 찾아가 유정을 채굴하면서 겪은 고통, 남편을 잃은 고통 등을 하소연하였다.

현장은 감동을 받고 그는 왕롱썬(王榮森)과 함께 옌안지질위원회 서기를 찾아갔다. 서기는 그녀의 사연을 듣고 직접 나서서 일을 처리하기로 했다. 연이은 협상 끝에 그녀는 외국자본을 도입하여 석유 채굴 계약을 맺었다.

1998년 5월 14일 세 개의 유정에서 석유가 나오기 시작했고 성공하였다. 그녀는 또 3,600만 위안의 자금을 모아 계속하여 30개의 유정을 개발하기 시작했다.

이 평범한 원조우 여인의 성공사례는 우리에게 원조우 사람들이 갖은 고생을 이겨내고 모험을 두려워하지 않는 정신을 보여주었다. 때문에 원조우 사람은 당연히 돈을 벌 수 있었다.

인생은 전쟁과 같이 영원한 승자는 없으며 누구나 실패는 피할 수 없는 길이다. 하지만 실패 앞에서 누구나 자신의 목표를 정하고 성공하는 날까지 열심히 노력할 수 있는 것은 아니다. 실패 앞에서 많은 사람들은 의기소침해지고 의지를 잃으며 결국에는 좌절하고 만다. 그들은 나약한 자신의 의지력 때문에 무너진 것이며 그때는 성공까지 겨우 한 발이 남았을지도 모른다.

심리학자는 이런 실험을 했다. 굶주린 악어와 작은 물고기를 같은 어항에 넣고 투명한 유리로 악어와 물고기를 격리시켰다. 처음에 악어는 주저하지 않고 물고기를 향해 공격했다. 실패해도 포기하지 않고 공격을 계속했다. 한번, 두 번, 세 번........수많은 실패가 계속되자 악어는 공격을 그만두었다. 이때 그들을 격리시켰던 유리를 꺼냈지만 악어는 움직이지도 않았다. 작은 물고기들이 악어의 눈앞에서 헤엄쳤지만 악어는 끝내 굶어 죽었다.

사실 그 악어가 조금만 더 노력하였다면 자신의 생명을 잃지 않았을 것이다. 흔히 조금만 더 노력하고 견뎌내면 생각지도 않은 성공을 거두어 그동안의 노력이 헛되게 하지 않는다.

하지만 유감스럽게도 거듭되는 실패 앞에서 많은 사람들은 포기를 선택하여 자신에게 기회를 주지 않는다. 실생활에서 성공은 늘 실패와 고통을 참을 수 없을 만큼 겪은 후 조금만 더 노력하고 견뎌내면 찾아온다. 절망적인 환경은 없다. 환경에 대해 절망하는 사람만 있을 뿐이다. 성공을 위해서는 언제든지 백배의 자신감으로 도전해야 하며 늘 자신을 이렇게 격려해야 한다. "한발만 더 가면 성공이다. 조금만 견뎌내면 된다."

많은 사람들은 돈을 벌고 싶어 한다. 큰돈을 벌고 싶으면 창업을 해야 한다. 하지만 부담이 막중하고 리스크가 따르기에 실제 창업에 뛰어드는 사람은 많지 않다. 남다른 소질을 가지고 있지 않은 사람은 창업의 길을 걷기 힘들다. 창업에는 끝까지 견지하고 인내하는 용기와 실패를 받아들일 수 있는 수용 능력도 필요하다.

실패 앞에서 안정적인 심리 상태를 유지하는 사람은 극소수이다. 도전과 실패를 거듭하는 것을 두려워하지 않는 사람은 더욱 적다. 돈을 벌 수 있는 아이템 일수록 장애가 많으며 참고 견뎌야 할 어려움도 많다. 때문에 많은 사람들은 창업의 길에서 조금만 손해를 보면 돌아가서 직장 생활을 하며 다시는 창업의 용기를 못 낸다.

유방이 항우와 천하를 다툴 때 처음에는 연전연패를 거듭했지만 최종 전투에서 승리하여 패업을 달성하였다. 제갈량은 여기저기 쫓겨 다니면서 고초를 겪었지만 결국은 유비를 도와 촉나라를 세웠다.

인생은 전쟁과 같이 영원한 승자는 없으며 누구나 실패는 피할 수 없는 길이다. 하지만 실패 앞에서 누구나 자신의 목표를 정하고 성공하는 날까지 열심히 노력할 수 있는 것은 아니다. 실패 앞에서 많은 사람들은 의기소침해지고 의지를 잃으며 결국에는 포기하고 만다. 그들은 나약한 자신의 의지력 때문에 무너진 것이며 그때는 성공까지 겨우 한발이 남았을지도 모른다. 성공한 사람은 절대 굴복하지 않는다. 성공한 사람은 자신을 끊임없이 격려하며 채찍질한다. 그리고 성공할 때까지 반복하여 실천으로 옮긴다."

제4장
머리로 승부하는 원조우 상인

난징(南京) 뤄야(渃亚)비지니스센터

1. 기회는 발견 즉시 내 것으로

장사 기회란 돈을 벌 수 있는 기회를 말한다. 수급 쌍방의 시간, 장소, 비용, 수량, 대상이 비대칭일 때 기회는 나타난다. 시장 수요의 다원화, 서로 다른 자원, 기술 발전으로 인한 수습 불균형으로 기회가 존재한다.

기회는 신의 별명이기도 한다. 돈을 벌기 위해 기회가 얼마나 중요한지를 말해준다. 부지런한 사람 중에도 승자와 패자는 있고 성공한 사람 중에도 높 낮이가 있다. 또한 겉으로 보기에는 부지런하지 않는 사람도 성공할 수 있다. 이런 차이와 변화를 만들어 내는 것이 바로 기회이다.

기회를 발견하고 장악하는 것은 돈을 벌기 위한 지름길이라고 할 수 있다. 때로는 한 번의 기회가 신분 상승과 엄청난 재물을 가져다준다.

사람들은 늘 불경기이고 장사가 어렵다고 하지만 사실은 불경기의 경영자가 있을 뿐 불경기의 시장은 영원히 존재하지 않는다. 특히 빈부격차 사이에서, 크고 작은 각종 사업과 수많은 상품 및 무질서한 시장경쟁에서 새로운 시장은 끊임없이 생겨났다. 늘 변화되는 사람들의 수요는 기업과 사업가에게 무수한 잠재적 시장을 제공하고 있다. 이 수요를 만족시키는 자, 생활의 틈새 속에서 생존 공간을 찾는 자가 새로운 시장을 만들어 내고 새로운 기회를 얻게 될 것이다.

한 사람이 원조우 사람에게 물었다. "당신들은 시장기회가 있고 투자가치가 있는 지역으로 찾아다니나요?" 그러자 원조우 사람은 "틀렸습니다. 우리 원조우 사람은 반대로 시장이 없고 남들이 가기 싫어하는 곳으로 가서 장사를 합니다." 라고 대답했다. 원조우 사람들은 늘 다른 사람들이 발견하지 못한 시장의 틈새 속에서 다른 기회를 발굴해 낸다.

한 예술가는 세상에 아름다움이 사라진 것이 아니라 그것을 발견하는 눈이 모자라다고 말했다. 마찬가지로 세상에는 시장 기회가 모자란 것이 아니라 그 기회를 발견하는 눈과 기회를 잡을 수 있는 손이 부족한 것이다.

기회를 빨리 찾고 싶다면 먼저 게으른 근성과 고정관념, 나쁜 습관, 오만함을 버려야 한다. 그리고 변화하는 사항을 시시각각 느끼고 기회를 예견해야 한다. 첫 번째 기회를 찾은 후에도 그 잠재력을 충분히 발굴하여 다른 기회를 찾아내야 한다.

변화무쌍한 시장에는 어디나 아직 발굴되지 않은 기회가 있고 돈을 벌 수 있는 기회가 있다. 중요한 것은 시장을 관찰하고, 분석하는 능력을 가진 눈과 머리가 있어야 한다. 즉 생각을 좀 더 많이 하고 시장을 개척해야 하는 의욕이 남들보다 많으면 기회를 잡을 수 있으며 시장을 장악할 수 있다.

유로화의 유통으로 원조우 사람은 큰 이득을 챙겼다. 유로화가 유통되기 시작하자 창홍(長紅)피혁제품회사는 40여 종류의 유로화 전용지갑 230 만개를 생산하여 순식간에 다 팔았을 뿐만 아니라 주문서도 꼬리를 물고 들어왔다. 그 원인은 무엇일까? 기존 유럽의 화폐의 크기가 모두 통합화폐보다 작았기 때문이다. 다른 지역의 지갑 제조 기업은 지금까지도 유로화의 크기를 모르고 있다. 원조우 사람은 이렇게 조금도 관계가 없는 일에서 시장

기회를 포착하여 유럽인들의 돈을 벌었다.

만일 시장이 많은 원으로 이루어졌다면 원과 원 사이에는 틈이 생기기 마련이다. 그 틈이 바로 희망이며 기회이다. 그 작은 틈새가 어쩌면 큰 시장을 장악할 수 있는 기회일지도 모른다. 때문에 그 틈을 먼저 장악하는 자가 시장을 얻을 수 있다.

원조우 사람이 돈을 벌 수 있었던 것은 바로 그들이 치열한 시장 경쟁 속에서 기회를 잘 잡을 수 있었기 때문이다. 그들은 초인적인 시장 의식으로 기회를 정확히 포착하고 시장을 개척하며 다른 사람들이 발견하지 못한 시장의 틈새 속에서 새로운 기회를 찾아낸다. 때문에 원조우 사람들은 비교적 쉽게 성공하고 선두 역할을 하는 브랜드를 창출해내어 많은 이윤을 획득한다.

기회를 발견하는 중요한 요인은 바로 정보에 관심을 가지는 것이다. 현대 사회는 정보사회이기에 현명한 사람은 정보를 많이 수집해 그중에서 가장 가치 있는 정보를 취한다. 때로는 지나가는 말, 순식간에 떠오르는 생각 등이 사람의 운명을 바꿀 수 있다.

원조우 사람은 세상에 이유 없는 사랑도 이유 없는 미움도 없고, 일정한 환경, 일정한 시간에서 일정한 원인이 진정한 기회를 유발한다는 것을 알고 있다.

종종 발견할 수 있는 기회는 다음과 같은 종류가 있다.

◐ 부족한 가운데 숨어 있는 기회

부족한 것은 경제 활동의 가장 주된 동기다. 물건은 적을수록 귀한 법이다. 물은 우리 주변에 흔하기 때문에 큰 기회라고 할 수 없지만 사막에서는 물은 기회가 될 수 있다. 첨단기술, 골동품, 비법, 심지어 진실한 감정, 고위직도 기회가 될 수 있다.

◐ 변화하는 가운데 기회가 있다.

환경의 변화, 과학 기술의 발전, 생활수준의 향상 및 가치관의 변화는 모두 사업 기회를 가져다 줄 수 있다. 예를 들면 생활수준이 향상된 후 여행, 여가, 건강 등과 관련된 업종이 번창하기 시작했다.

◐ 편리를 추구하기 때문에 기회가 생긴다.

사람들은 돈으로 편리함을 얻는다. 1회용 도시락과 비닐봉지의 위해성을 다들 알고 있지만 여전히 그들이 가져다주는 편리함 때문에 유혹을 쉽게 뿌리치지 못한다.

◐ 부정정인 면에서 기회가 생긴다.

사람들이 고민하고 어려워하는 일이 있다면 무조건 기회가 있다. 사람들은 자신들의 고민과 어려움을 해결하려는 마음이 절박하다. 만일 이를 해결할 방법을 제공한다면 바로 기회를 찾은 것이다.

◐ 일상적인 필요에서 오는 기회

사람들은 의, 식, 주, 행과 같은 기본적인 생활을 반복한다. 때문에 관련 업종은 시대가 아무리 발전해도 영원히 도태되지 않는다. 예를 들면 미용실, 음식점, 찻집 등이 있다.

◐ 가치 발견형 기회

모든 사물은 다 쓸모가 있다. 우리가 흔히 접하는 일상 용품에서 사업 가치가 있는 새로운 용도를 발견하면 그 가격은 100배로 뛰어오른다. 김치가 사쓰에 좋다고하자 불티나게 팔렸다.

◐ 중간시장이 창출하는 기회

사람들은 늘 눈앞의 성공과 이익에만 급급하다. 사람들이 어느 특정 업종에만 목을 맨다면 그 업종과 관련된 수요가 있기 마련이며 그것이 바로 기회다. 예를 들면 금광을 개발하여 금을 캐는 사람들 중에 다들 돈을 벌었는지는 몰라도 청바지와 물을 제공하는 업체도 큰돈을 벌었다.

◐ 관련시장성 기회

한 제품이 히트 상품이 되면 관련 제품도 잘 팔리기 마련이다. 휴대폰을 사용하는 사람이 많아지면서 문자를 보내는 사람도 많아졌다. 그리고 아파트를 사는 사람이 많아지면서 인테리어를 취급하는 사장들도 웃음이 끊이지 않았다.

◐ 시간이 창출하는 기회

"시간은 금이다. 시간으로 금을 바꿀 수는 있어도 금으로 시간을 살 수는 없다."라는 말이 있다. 하지만 사실 돈으로 시간을 살 수 있다. 기차가 아닌 비행기를 탄다면 돈을 조금 더 들여 시간을 벌 수 있다. 옛날의 노예, 현재의 가사 도우미는 바로 시간을 벌기 위해 생겨난 직업이다.

◐ 저가상품이 가져다주는 기회

물은 아래로 흐르고 상품은 높은 가격으로 판매한다. 낮은 비용으로 수요를 만족시킬 때, 저가 대체 상품 역시 기회가 된다. 때문에 불법 음반이 여전히 사라지지 않는 것이다.

◐ 전략적 기회

역사적 변화가 일어나면 멀지 않은 기간에 아주 훌륭한 사업 기회가 생긴다. 중국 해방 초기, 중국의 지도자들이 중산복을 입자 너도 나도 중산복을 입기 시작했다. 개혁개방 초기 중국의 지도자들이 양복을 입기 시작하자 공무원과 젊은이들 사이에 양복이 인기가 많아지기 시작했다.

◐ 전술적 기회

전술을 바꾸면 기회가 보인다. 인터넷 전자상거래가 대표적인 예다. 자오상은행은 대담하게 "이카통(一卡通)을 선보이면서 인터넷거래의 재미와 호기심을 유발하여 화이트칼라 및 부유층의 많은 예금을 유인하였다.

◐ 정책적 기회

정부가 개발구를 지정하여 개발하면 그 지역의 땅값이 뛴다.

◐ 문화와 습관이 가져다주는 기회

생활 습관이 사업 기회를 가져다준다. 예를 들면 연말에 달력이 잘 팔리고 설에는 춘련이 잘 팔린다.

◐ 재난으로 인한 기회

중대한 우발적인 사건으로 인한 기회를 말한다. 1998년 중국은 100년 만에 큰 홍수가 났고 올해 쓰촨 지역의 대지진으로 그 당시 텐트, 자루 등 구호 물품이 부족했다. 재난성 기회는 돌발적이고 예측이 불가능하다는 특징을 가지고 있다. 똑똑한 상인들은 재난이 닥쳤을 때 하늘을 원망하지 않고 냉정하게 그 속에서 상업기회를 찾는다.

◐ 사회 이슈가 가져다주는 기회

이슈란 사회 각계의 관심을 불러일으키는 문제나 현상을 말한다. 2002 한일월드컵이 개최되었을 때 붉은악마 티셔츠는 없어서 팔지 못했다. 이슈는 사회가 공유하는 것이기 때문에 그 뒤를 따라가며 기획한다면 신선한 점이 없으며 효율도 떨어진다. 기선을 제압하여 먼저 이슈를 응용해야 최고의 효과를 낼 수 있다.

2. 승자는 스스로 기회를 창조

사업 기회는 이미 형성된 것을 잘 잡아야 할 뿐만 아니라 가치관과 사고방식을 바꾸고 기발한 장사 수단을 택하여 명석한 두뇌와 부지런한 두 손으로 만들어내는 것도 중요하다.

약자는 기회를 놓치고 어리석은 자는 기회를 기다리고 지혜로운 자는 기회를 잘 잡고 강자는 기회를 창조한다. 기회를 창조하는 것은 매우 중요하다. 원조우 사람은 언제든지 사업 기회를 창조할 수 있는 능력을 가지고 있다.

만일 당신이 콩을 파는 장사꾼이라고 하자. 콩이 잘 팔려서 직접 돈을 벌 수 있다면 더없이 좋겠지만 콩이 잘 팔리지 않는다면 어떻게 할 것인가? 사람들은 어쩌면 가격을 인하해서 파는 방법을 택하겠지만 원조우 사람들은 여러 가지 방법을 생각해낸다.

◐ 콩을 불려 싹을 틔울 수 있다. 만약 이것도 팔리지 않는다면 메주로 만들 수 있고 메주도 팔리지 않는다면 물을 부어 발효시켜 간장을 만들어 팔수도 있다.

◐ 콩으로 두부를 만들어 판다. 실수로 두부가 딱딱해지면 건두부로 팔 수 있고 너무 무르면 순두부를 만들면 된다. 두부가 팔리지 않으면 소금 등 조미료를 넣어서 며칠 두었다가 발효두부로 만들어 팔면 된다.

◐ 콩나물로 키울 수 있다. 콩나물이 팔리지 않으면 더 키워서 연한 줄기가 생길 때까지 기다린다. 이도 팔리지 않으면 더 키워서 화초로 판다.

콩 하나로 원조우 사람들은 이렇게 많은 판매방식을 생각해내어 결국은 그중 어떠한 방식으로든 돈을 벌고 만다.

사업 기회를 창조하려면 먼저 경영 이념부터 바꿔야 한다. 전통적인 경제관념과 고정적인 사고방식에 얽매이지 말고 역방향 사고, 발산적 사고, 도약적 사고 등 사고 방식으로 기발한 아이디어를 내고 남과는 다른 길을 가며 남들의 의심어린 시선을 개의치 않아야 한다.

사업 기회를 창조하려면 또한 시대의 변화를 파악해야 한다. 소비자들이 어떤 상품과 서비스를 원하는지에 따라 마케팅 전략을 바꾸어 시장을 장악하여 최대의 이윤을 획득한다.

원조우의 한 청년은 백화점의 입구에서 부인이 쇼핑을 끝나기를 기다리는 많은 남성들이 서로 부인과 쇼핑하는 것에 대한 불만을 털어놓으면서 남편들이 시간을 소모할 수 있는 공간이 있었으면 좋겠다고 말하는 것을 듣게 되었다.

그 후 이 청년은 시장 조사와 분석을 통하여 "남성레저공간"을 오픈하였고 손님을 끌기 위하여 텔레비전 시청, 인터넷사용, 신문, VCD 등 서비스를 제공하였다. 비록 무료이지만 손님들을 많이 끌었기에 음료수 등 판매로 수입과 지출은 거의 비슷하였다.

"남성레저공간"의 서비스가 점점 완벽해지고 다양해지자 다른 지역에서 출장 온 손님들도 이곳을 친구나 손님을 만나는 장소로 이용하였다.

몇 년간의 발전으로 장사는 날로 번창하였고 많은 백화점에 체인점도 개설하였다.

시장 경쟁은 바로 전쟁과도 같다. 변화무쌍한 시장 속에서 어리석은 경영자들은 사업 과정에 겪게 될 어려움만 생각하지만 지혜로운 경영자들은 그 어려움 속에서 기회를 발견하여 지혜롭게 어려움을 이겨내고 기회를 포착하여 성공을 거둔다.

원조우 사람들은 시대의 변화에 따라 시장 규칙을 파악하여 기회를 창조한다. 또한 고정된 방식이 없기에 우리의 예상을 뛰어넘지만 또 어떤 면에서는 우리의 예상에 적중한다.

아래는 원조우 사람들이 상업적 기회를 만들어 낸 사례들이다.

◐ 말을 팔 때는 안장도 같이 판매

구둣가게를 경영하는 한 사람이 당시 유행하던 구두약을 1만여 개 구입하여 구두와 함께 진열해 놓고 판매를 했는데 침체된 시장 때문에 도통 팔리지가 않았다. 사장은 구두약의 이름을 "게으름뱅이"로 바꾸고 매장에 판촉 광고를 붙였다. "게으름뱅이 구두약이 새로 선을 보입니다. 저희 매장에서 이를 기념하여 구두를 사는 고객께 이 구두약을 하나씩 증정합니다." 이 판촉 광고의 효력은 즉시 나타났다. 고객들은 소문을 듣고 모여들면서 하루의 매출이 2배로 늘었다. 한 달이 채 안되어 구두약 1만여 개, 구두 1만 켤레가 바닥이 났다.

◐ 먼저 베풀라

불교에는 "작은 나를 버리면 큰 나를 얻는다."는 말이 있다. 이 말을 장사에 적용하면 "적은 손해를 볼 줄 알아야 큰돈을 번다."가 된다. 한 원조우 사람이 후난에 작은 가게를 하나 차렸는데 장사가 너무 되지 않았다. 그러자 가게 주인은 텔레비전을 밖에 내놓고 시내에서 새로 상영하는 영화 VCD를 빌려와 저녁마다

틀어 주었다. 겉으로 보기에는 텔레비전과 VCD를 빌려야 하니 귀찮고 돈도 드는 일이었다. 하지만 매일 300여명 이상의 사람들이 영화를 보러 몰려들었고, 영화를 보면서 담배, 사탕, 해바라기 씨 등 간식을 샀기에 가게의 장사가 이전보다 훨씬 잘되어 매출도 크게 늘었다.

◐ 고가판매

한 보석상점이 에메랄드를 대량 구입했다. 하지만 단기간 내에 팔지 못하면 자금 회전에 문제가 생길 것 같아 저가에 판매하기로 했다. 손님들이 벌떼처럼 모여들어 순식간에 다 팔릴 것으로 생각했지만 생각대로 팔리지가 않았다. 며칠 뒤 사장이 출장을 가면서 점원에게 쪽지 한 장을 남겼다. "만약 계속 팔리지 않으면 1/2 가격으로 다 팔아 버려라." 며칠 후 사장이 돌아와 보니 에메랄드는 모두 팔렸고 판매된 가격을 보고 사장은 기뻐서 환호성을 질렀다. 알고 보니 점원은 사장이 쓴 쪽지를 잘못 읽어서 1/2배의 가격으로 판매한 것이다.

적은 이윤으로 많이 파는 전략이 모든 상황에 적용되는 것은 아니다. 때로는 고가전략아 더 잘 팔리기도 한다. 유태인들은 적은 이윤으로 많이 파는 장사 전략에 대해서 그렇지 않다고 생각한다. 이런 전략은 끈으로 자신의 목을 조르는 것과 같으며 점점 더 조여져 나중에는 움직일 수조차 없을 것이라고 생각하여 적은 이윤으로 많이 팔기보다는 많은 이윤으로 많이 버는 쪽을 택한다. 때문에 전 세계의 보석상 중에는 유태인이 대다수를 차지한다.

◐ 고객의 입장에서

한 술 공장 공장장은 판로를 개척하기 위하여 친구들을 불러 모아 시내와 주변 도시의 음식점으로 들어갔다. VIP룸에서 고급 요리들을 주문한 후 공장장은 갑자기 무엇인가 생각난 듯이 종업원에게 자신의 공장에서 생산되는 술이 있는지 물었다. 점원이 없다며 양해를 구하자 공장장은 난처하다는 듯이 말했다. "여기 제 친구들은 모두 그 술을 즐겨 마시거든요. 다른 지역에서는 벌써 유행하고 있다고 들었는데 그 술이 없다니 다른 곳에 가서 찾아봐야겠네요." 그리고 다른 곳에 가서도 똑같은 방법으로 술 이름을 언급했다. 얼마 후 그가 다녀갔던 음식점들은 그 회사의 술을 주문하기 시작하였고 판로는 자연적으로 개척되었다.

◐ 혁신정신이 필요

어느 주말 미스왕은 중학교 동창의 옷가게에 놀러 갔다가 실크 코트를 보게 되었다. 그 동창은 옷이 재고품이라 한 장에 2위안 밖에 안하지만 디자인이 너무 구식이라 팔리지 않는다고 말했다. 미스왕은 갑자기 무슨 생각이 떠올랐는지 코트 하나를 집에서 수선하여 디자인을 약간 바꿨다. 그리고 동창에게 다시 팔아 보라고 했다. 그 결과 유행에 민감한 한 여학생이 90위안을 주고 사갔다. 그 동창은 남은 코트를 전부 미스 왕에게 맡겨 수선을 부탁했고 장당 35위안을 지불하였다. 15일 후 미스왕은 5,000위안을 벌었고 이에 창업의 영감을 얻어 의류제조공장을 차렸다.

◐ 귀머거리 흉내

　광조우시 베이징로에서 두 자매가 옷가게를 하고 있었다. 자매는 손님들에게 최상의 서비스를 제공했지만 모두 청력이 좋지 못해 손님들의 말을 잘못 듣곤 했다. 손님이 동생에게 "이 옷이 얼마에요?"라고 물으면 동생은 옆에 있는 언니에게 큰 소리로 묻는다. "언니 이 옷 얼마예요?" 언니가 172위안이라고 대답하자 동생은 손님에게 "142위안이에요." 라고 말한다. 손님은 이 말들 듣자마자 부리나케 옷을 사 가게 문을 나선다. 사실 이 자매는 청력이 전혀 문제가 없다. 단지 잘 못 듣는 척하면서 공짜를 좋아하는 고객의 심리를 이용한 것이다.

◐ 변신술

　훌라후프는 뱃살을 빼는 간단한 운동기구로 한때 전국에는 훌라후프 열풍에 휩싸였다. 하지만 유행이 지나면서 재고가 대량 쌓였고 공짜로 줘도 가져가는 사람이 없었다. 한 청년은 모 플라스틱 공장에 수많은 훌라후프가 쌓여있는 것을 보고 갑자기 대나무로 만들어진 비닐하우스 받침대와 연상시켰다. 그는 싼 가격에 훌라후프를 구입하여 비닐하우스 받침대 용도로 반으로 잘랐다. 폴리에틸렌수지 성분으로 만들어졌기에 토양에서 썩지 않고 변형되지 않는 특성을 가지고 있고 가격 또한 저렴하였기에 얼마 지나지 않아 대나무 받침대를 대체하는 상품으로 되었다.

◐ 감성 자극

　원조우의 한 상인은 필리핀에서 "해로동혈(偕老同穴)"이라고 불리는 암수새우를 수입하여 팔았다. 현지에서는 1달러인 새우를 중국 국내에서 케이스 포장을 하여 38위안에 팔았지만 제품이 딸려서 못 팔 만큼 인기 폭발이었다. 그 원인은 이 상인이 고객의 입장을 먼저 고려하여 정이 듬뿍 담긴 상품을 만들었기 때문이다. 이 새우는 "한결같은 사랑"을 상징하였기에 신혼부부의 행복함을 기원하는 상품의 선물용으로 큰 사랑을 받았다.

◐ 기발한 아이디어

싼야(三亞)의 관광지에 자리 잡고 있는 한 식당 사장은 매상을 올리기 위해 기발한 아이디어를 생각해 냈다. 메뉴판에 가격을 명시하지 않고 손님이 마음대로 값을 지불하는 것이다. 만족스러우면 많이 내고 아니면 적게 내는 것이다. 그 후 많은 여행객들이 호기심에 이곳을 찾기 시작했다. 식사 후 가격 기준을 잘 모르기에 여행객들은 쑥스러운 마음에 적게 내지 못했고 그 결과 이윤이 예전보다 2배나 늘었다. 사장의 통계에 따르면 90%의 손님들이 원래 가격보다 더 많이 지불했고 4%의 손님들이 기준 가격대로 지불했고 기준 가격보다 적게 낸 손님은 겨우 6%에 불과했다.

◐ 연기를 활용

전기밥솥을 생산하는 광조우의 한 기업이 신상품을 출시했으나 사람들의 이목을 끌지 못했다. 급해진 사장은 상품을 자세히 분석해 보았다. 품질, 성능, 실용성 등은 문제가 없었지만 유일하게 문제가 되는 것이 바로 비싼 가격이었다. 그래서 사장은 한 가지 방법을 생각해 냈다. 다음날 한 부부가 이 전기밥솥을 파는 대형 상점 앞에서 옥신각신 다투고 있었다. 아내는 가격이 너무 비싸다며 못 사게 했고 남편은 전기밥솥의 장점을 하나하나 설명하면서 꼭 사야 한다고 아내를 설득했다. 이들의 행동은 전기밥솥을 사러 온 사람들의 시선을 끌었다. 같은 시간 다른 대도시의 상점에서도 이런 연기가 진행되었다. 얼마 지나지 않아 이 전기밥솥은 시장을 확보했다.

◐ 유일무이

원조우에는 특이한 물건만 파는 상점이 있다. 다른 상점에서 살 수 없는 제품들을 이 상점에서 쉽게 구할 수 있다. 예를 들면 여섯 손가락 장갑, 소매가 하나 없는 상의, 다리가 하나 없는 바지, 사이즈가 서로 다른 구두, 곱사등이 전용 침대 등이다. 비록 다른 상점처럼 많은 손님들이 드나들지는 않지만 상점에 들어온 손님들은 모두 물건을 사기 때문에 이윤도 꽤 짭짤했다. 게다가 이 상점은 유일무이하기 때문에 경쟁 대상도 없었다.

◐ 분산판매

분산판매란 하나의 상품이던 것을 분산하여 판매하여 더 많은 가치를 창출하는 것을 말한다. 예를 들어 닭은 머리, 다리, 날개, 몸통, 내장 등으로 나누어 판매할 수 있다. 쓰촨 짱아지를 예로 들면 쓰촨에서는 큰 단지에 넣어 판매하였는데 이윤이 매우 적다. 이것을 상하이 사람이 중간 크기의 단지에 넣어 팔면서 이윤이 다소 높아졌다. 원조우 사람은 이 것을 작은 단지에 포장하여 팔아 이윤을 몇 배로 늘렸다.

◐ 고소득층을 대상

똑같은 상품 또는 서비스가 어떤 환경에서 구매하고 소비하느냐에 따라 가격이 달라진다. 노점상에서 한 그릇에 2위안인 만두국이 5성급 호텔에서는 40위안이다. 만일 사무실을 하나 빌려 전화기를 한 대 놓고 직원 몇 명을 채용하여 청소회사를 차려 아파트 단지에 광고를 붙여 주문을 기다린다. 이렇게 가정집에 가서 청소를 하게 되면 시간당 10위안을 받을 수 있다. 하지만 전문 청소 도구를 구비하고 작업순서를 규범화 하여 서비스 대상을 일반 주택지가 아닌 고층 빌딩, 병원 등으로 설정한다면 시간당 50~100위안, 심지어 1,000천 위안을 받을 수 있다.

◐ 스스로를 기만하고 남도 기만

원조우의 만년필 공장은 더 많은 오더를 확보하기 위해 박람회에 참가했다. 하지만 전시대는 썰렁하기만 했다. 결국 사장은 작은 사기행각을 벌이기로 했다. "첫째 달 주문은 이미 마감되었습니다. 둘째 달 계약을 원하시는 고객은 빨리 오셔서 상담하시기 바랍니다."라고 광고를 써 붙였다. 얼마 지나지 않아 게시판은 "둘째 달 주문이 이미 마감되었습니다. 셋째 달 계약은 원하시는 고객은 빨리 오셔서 상담하시기 바랍니다."라고 문구를 수정하였다. 얼마 지나지 않아 바이어들은 관심을 보이기 시작했다. 그들은 품질이 좋기 때문에 많은 사람들이 앞 다투어 계약을 한다고 생각했다. 이렇게 며칠 동안 1년 치의 주문을 받았고 주문 수량이 많았기에 첫 번째 달과 둘째달의 공백을 메울 수 있었다.

◐ 타인의 자금 활용

 전국의 인삼과 녹용시장은 동북이 아닌 원조우에 있다. 더욱 이해하기 힘든 것은 같은 품질의 인삼이라도 원조우가 동북 보다 싸다. 원조우 사람들이 바보라서 싸게 파는 것은 아니다. 그들에게는 나름대로의 독특한 장사 수법이 있다. 원조우 사람과 동북인의 인삼 사업은 매우 순조롭게 이루어졌고 1년에 한 번씩 대금을 결제했다. 원조우 사람은 인삼을 받은 후 시장에 판매했는데 때로는 구입가격보다 더 싸게 판매했다. 현금이 들어오면 이를 자본금으로 1년 동안 대여섯 차례의 다른 장사를 했다. 이렇게 하여 연말이 되면 다른 장사로 번 돈으로 인삼 장사의 손해를 메우고도 이윤이 상당히 많이 남았다.

◐ 감정 자극

 사람은 감정적인 동물이다. 만일 상대방의 입장에서 배려하여 주며 소비자나 협력 파트너의 세심한 부분까지 신경 써 준다면 생각지 못한 효과를 얻을 수 있을 것이다.
 선쩐에서 일하는 한 서북사람이 시계점을 지나가다 눈이 휘둥그러질 만큼 화려하게 진열된 시계를 보고 호기심에 문을 열고 들어갔다. 사장은 그가 서북 출신임을 알고 서북 민요를 틀어 주었다. 시계점 사장은 남방으로 내려와 일하는 사람들의 향수를 자극하려고 많은 지방의 특색이 있는 민요를 준비해 두었던 것이다. 타향에서 그리운 고향 노래를 들은 외지인들은 발걸음을 멈추고 귀를 기울였고 본래 물건을 살 계획이 없었지만 마법에 걸린 듯 하나씩 사갔다.

◐ 허장허세

한 식품점이 개업을 했지만 광고를 할 돈이 없었다. 하여 사장은 배달원에게 가게 이름이 크게 새겨진 빈 상자를 들고 거리 곳곳을 뛰어 다니게 했다. 근처의 사람들은 점원이 이리저리 바쁘게 뛰어다니는 모습을 보고 "장사가 잘 되는 걸 보니 맛이 괜찮겠구나."라고 생각하게 되었다. 이렇게 바쁜 척하는 홍보방식은 효과를 보았으며 근처의 여러 지역 주민들이 주문을 했고 이 음식점은 순식간에 유명해졌다.

◐ 하나를 보고 열을 알다

선쩐이 개방 도시로 선정되자 건축 붐이 일면서 미장이의 수요도 급격히 늘어났다. 아무런 기술력이 없는 원조우 사람은 민가를 하나 빌리고 기술이 뛰어난 미장이를 초빙하여 미장이를 양성한다는 광고를 써 붙이고 미장이 양성 사업을 시작했다. 선쩐으로 일하러 왔지만 아무런 기술력이 없는 많은 사람들이 기술을 배우러 오면서 이 원조우 사람은 많은 돈을 벌게 되었다.

3. 원조우 사람만의 장사 수완

모략이란 목표를 달성하기 위해 취하는 간접적이면서도 신기하고 규칙에 어긋나는 놀라운 수단을 말하며 여기에는 숨겨진 정치 계략, 전략적 전술, 적은 노력으로 큰 효과를 달성하는 방법 및 인생 책략 등이 있다.

중국인은 "진영 안에서 전략 전술을 수립하고 천리 밖에서 승부를 겨룬다."라는 말과 제일 어울린다. 중국의 많은 역사 서적에는 풍부한 정치, 군사와 인생과 관련된 계략과 책략이 많이 포함되어 있다.

원조우 사람은 전통적인 모략을 처음으로 상업 활동에 적용했다. 어쩌면 자신도 모르는 사이에 적용되었을지는 모르지만 남방인들은 시장 경쟁에서 늘 승리를 거두고 개선가를 부른다. 때문에 많은 사람들은 남방인을 "교활하다.", "사기꾼 같다."라고 한다.

하지만 사업을 하려면 모략만으로는 부족하다. 실천으로 옮길 수 있는 용기도 따라야 한다.

최근 용기와 담력은 성공의 필수 조건 중 하나로 여겨지고 있다. 수많은 사례들이 증명하다시피 높은 지능은 결코 성공을 보장해 주지 않는다. 지능이 높은 많은 사람들이 자신의 잠재 능력을 충분히 발휘하지 못하고 성공을 거두지 못한 이유는 무엇일까?

처칠은 "용기는 인류 덕성의 최고로 간주되어야 한다. 이는 용기가 모든 덕성의 기반이 되기 때문이다."라고 말했다. 여기서 용기란 바로 한 사람의 담력, 지모, 위기대처능력, 대중을 평정하는 능력, 솥을 부스고 배를 침몰시키는 결단력 등을 말한다.

만일 인생, 사업, 재물이 거대한 산과 같다면 담력이 큰 상인은 고생을 두려워하지 않고 모든 고난을 도전과 기회로 삼아 끊임없이 등반하여 산의 정상까지 오른다. 이에 비해 실제 행동력이 부족한 자는 높은 산을 바라만 보며 탄식하고 자신의 나약함을 부끄러워할 뿐이다.

하지만 담력만 있다고 성공을 보장하는 것은 아니다. 여기에 남들보다 뛰어나 지혜도 필요하다. 즉 "재간이 있는 사람이 대담해지고 담력이 있는 사람은 재간이 더 커진다."처럼 상호보완 관계를 유지하고 있다. 나폴레옹은 "훌륭한 지휘관은 용기와 지혜를 정삼각형처럼 균형 있게 발전시켜야 하며 어느 한쪽도 소홀히 해서는 안 된다."라고 했다.

돈을 벌려면 모험정신이 필요하지만 무모하게 뛰어들어도 안 된다. 그럼 이 두 가지를 어떻게 구분할 것인가? 한 사람이 금을 찾으러 산의 굴로 들어가려고 하는데 굴 안에 있는 것이 온통 들개들이라면 바로 모험이고 온통 호랑이라면 이는 무모한 행동이다. 굴에 아무런 동물도 없고 금도 없다면 이것도 무모한 행동이다. 돈을 벌고 싶으면 모험과 무모함의 관계를 잘 이해해야 하고 용기와 무식함을 구분할 줄 알아야 한다. 무모한 행동과 무식함은 일을 그르치기 쉽고 무지한 행동은 아무런 의미가 없으며 남들의 비웃음을 사기 쉽다.

중국의 1세대 부자들 중 적지 않은 사람들이 담력으로 돈을 번 것도 사실이다. 지금에 와서 돌이켜보면 당시 황금이 사방에 널려 있었지만 사람들은 그 황금을 주울 용기가 없었던 것이다. 하지만 현재는 용기뿐만 아니라 지혜와 자본으로 돈을 벌어야 한다.

"선택이 노력보다 더 중요하다."라는 말이 있다. 비록 성공하려면 노력이 필요하겠지만 노력한다고 모두 성공할 수 있는 것은 아니다. 그 원인은 많겠지만 기회와 업종을 잘못 선택했다면 시작부터 실패는 필연적인 것이다. 뛰어난 식견이야말로 정확한 선택을 할 수 있는 필수 조건이다.

개혁개방 초기 수많은 창업자들은 하늘 무서운 줄 모르는 용기로 성공했다. 하루 강아지가 범 무서운 줄도 모르는 것은 강아지가 범보다 사납기 때문이 아니라 범이 얼마나 무서운지를 모르기 때문이다. 만약 범이 무서운 줄 알았다면 범에게 가까이할 용기가 없었을 것이다.

역사의 흐름을 보게 되면 무식한 용기가 때로는 많은 기회를 창출한다. 용기는 시대를 앞장서서 열어가는 탐험가들이 반드시 갖춰야 할 자질이다. 역대 진시황, 한무제, 당종, 송조 어느 누구 하나 간이 크지 않은 자가 없었다.

천하를 평정하는데 담력이 필요했다면 그 천하를 지키려면 지혜가 필요하다. 지난날 무모한 용기로 창업을 했다면 기업의 발전단계, 시대의 흐름, 시장경제의 상황이 모두 바뀐 오늘날에도 무식한 담력만을 고집한다면 시장에서 도태되고 말 것이다. 현재 필요한 것은 지혜를 겸비한 담력이라는 것을 잊지 말아야 한다.

1997년 광동성 건축은행 건물이 완공되고 대형 모니터가 필요하자 많은 기업들이 앞 다투어 이 프로젝트를 따려고 했다. 원조우의 화선생은 자신감과 담력으로 입찰업체에 다음과 같은 건의를 했다. "경쟁업체들이 당신들의 요구에 따라 각자 대형 모니터를 만들고 그 중 마음에 드는 것 하나만 고르는 것이 어떻겠습니까?"

건축은행 책임자는 그 자리에서 동의하였으며 화선생은 계약도 체결하지 않은 상황에서 20만 위안을 투자하여 대형 모니터를 만들었다. 모니터의 성능 등 모든 면이 뛰어났기에 은행 측은 화선생의 제품을 채택하였다. 화선생은 담력과 지혜로 입찰을 딸 수 있었다.

두 적수가 외나무다리에서 만났다면 이들의 승부는 다음과 같은 몇 가지의 상황으로 나눌 수 있다. 지혜로운 두 사람이면 용기가 있는 자가 이길 것이고 용기 있는 두 사람이 만났다면 지혜로운 자가 이길 것이다. 만약 두 사람 모두 지혜와 용기를 겸비하고 있다면 승부가 쉽게 나지 않으며 결과가 처참해질 것이다.

돈을 벌려면 담력과 지혜가 필요하다. 담력이란 용기를 말하고 지혜는 전문지식, 영업노하우, 시장전략 등을 말한다. 이 두 가지는 성공한 상인의 오른팔과 왼팔과도 같아 어느 하나가 없어도 안 된다.

클라우제비츠는 "전쟁론"에서 "훌륭한 장군은 용기와 지략이 균형 있게 발전되어야 한다고 했다. 용기가 지략보다 크면 경거망동하여 실패를 초래하고 지략이 용기보다 크면 기회를 놓치기 쉽다."라고 했다.

담력이 지혜보다 크면 경거망동하여 일을 그르치기 쉽고 지혜가 담력보다 크면 기회를 놓치기 쉽다. 사업 무대는 전쟁터와 같다. 때문에 이러한 관점은 사업 무대에도 적용된다. 돈을 벌고 싶으면 사업 기회를 포착하는 안목만으로는 부족하며 결정을 내릴 수 있는 용기와 신속한 반응 능력이 필요하다. 여기서 말하는 용기는 무턱대고 들이대는 무모함이 아니라 자신의 지식과 경험, 선견지명과 상식, 과감한 모험 정신을 토대로 신속한 결단을 내리고 이를 행동으로 옮기는 것을 의미한다.

중국기업의 성장 과정을 살펴볼 때 다음과 같은 통계수치는 사람들을 놀라게 한다. 중국기업의 평균 수명이 7년이며 민영기업의 평균 수명은 3년밖에 안 된다. 베이징 중관춘 전자거리의 5,000여개의 민영기업 중 5년 이상 버티는 기업이 10%도 안 된다. 중국의 많은 기업들이 조금만 규모가 커지면 바로 실패하는 원인은 바로 무엇이 모험이고 무엇이 무지인지 정확히 인식하지 못했기 때문이다. 조금만 성과를 거두면 들떠서 고속성장의 방식만을 선호한다. 또한 과학적이고 체계적인 계획도 없으면서 기본적인 관리까지 소홀히 하기에 쉽게 실패하는 것은 당연한 것이다.

원조우의 유선생은 1년도 안 되는 시간에 산더미 같은 빚을 청산하고 사업 자금도 마련하였다. 그는 사업 자금으로 부동산에 투자하여 돈이 눈덩이처럼 불어 1년 내에 천만장자가 되었다.

최초 유선생은 10만 위안을 빌려서 옷 장사를 시작했지만 실패하였고 또한 50만 위안의 빚도 지게 되었다. 실패를 맛본 유선생은 낙심하여 주저앉고 말았다. 그러다 우연히 친구에게 청두(成都) 부동산 시장의 열기가 뜨겁다는 정보를 얻게 되었다. 친구는 무의미하게 내뱉은 말이지만 그는 이 정보를 그냥 흘려보내지 않았다. 유선생은 50만 위안이나 100만 위안이나 빚은 다 똑같다고 생각했다.

유선생은 과감하게 부동산 투자를 결심했다. 식구들은 빚이 50만 위안이나 되는데도 부동산에 투자를 한다는 말들 듣고 그를 정신병원으로 끌고 갈려고 했다. 더 이상 돈을 빌릴 수 없었기에 유선생은 여기 저기 다니면서 신규 아파트의 판매 일정 등 정보를 주의 깊게 살피는 수 밖에 없었다.

어떤 아파트는 대기 신청권을 살 필요가 없었다. 그래서 유선생은 한꺼번에 몇 채씩 예약했다. 주택이 팔리기 시작하자 유선생이 예약한 주택 값이 올랐다. 이에 유선생은 아파트를 전매하여 차액을 벌었으며 수익도 괜찮았다.

2000년 유선생은 고속 성장 시기에 돌입했다. 앞서 전매를 통해 벌어들인 수만 위안을 빚 갚는데 사용하지 않고 다른 투자를 위해 고심했다. 그 당시 한 단지의 1,2층을 상가로 지었는데 모든 사람이 도로와 가까운 1층을 선호했기 때문에 2층의 20여개 상가는 팔리지 않았다.

어떠한 방법으로도 팔리지 않자 부동산 개발업체는 2층 매장 가격을 평방미터당 3,000위안으로 주택과 같은 가격으로 내렸다. 하지만 여전히 팔리지 않았다. 같은 시기에 맞은편 주택단지는 평방미터당 7,500위안이 넘었다. 이를 알게 된 유선생은 개발업체를 찾아가 2층의 20여개 상가를 다 사들이기로 했다.

개발상은 제일 좋은 조건을 제시하였으며 또한 유선생의 요구대로 구조를 바꿔주기로 했다. 그 후 유선생은 간단한 인테리어를 거쳐 이 20여개의 상가를 찻집, 사무실 용도로 임대했다. 전 과정은 한 달 남짓이 걸렸고 유선생은 800여만 위안을 벌게 되었다. 또한 찻집과 사무실도 사업이 잘 진행되면서 1년 동안 100만 위안의 수익을 올렸다.

한때 유선생은 자주 가는 찻집의 맞은편 건물에 두 개의 상가가 팔리지 않고 있었다. "위치가 이렇게 좋은데 왜 아무도 사지 않을까?" 유선생은 다시 한 번 모험을 하기로 결심하고 그 상가를 샀다.

아무도 눈여겨보지 않던 상가를 부동산 경영을 전혀 모르는 유선생이 사자 그 동안 살지 말지를 고민하던 투자자들은 호기심을 가지면서 도대체 무슨 꿍꿍이가 있는 것인지를 살펴보려 했다. 유선생은 중간의 벽을 허물고 인테리어를 다시 했다. 상가를 사고 인테리어를 하는 데 30만 위안도 채 안 썼지만 65만 위안에 되팔았다. 돈을 번다는 것이 이렇게 간단한 것이었다. 유선생은 여러 차례 이런 방식으로 돈을 벌었다.

유선생은 돈을 잘 벌지만 절대로 책이나 신문을 보지 않으며 또한 다른 일에는 관심조차 가지지 않는다. 단지 "어떻게 하면 보잘 것 없는 것을 쓸모가 있게 만들 수 있을까?"를 생각할 뿐이었다.

유선생은 회사를 차리지도 않았고 출근할 곳도 없이 매일 찻집에 가서 차를 마시면서 생각에 빠져있다. 유선생의 가치관은 특이하다. 그는 "책은 많이 읽을 수록 사람들의 정신은 혼미해진다. 책을 많이 읽은 사람은 우유부단하여 사업을 하기에 적합하지 않다. 모든 복잡한 일들을 간소화하는 것이 바로 돈을 버는 방법이다."라고 했다.

원조우에는 유선생의 방식대로 돈을 번 사람들이 많이 있다. 원조우 사람들의 사업 수단은 외국인들도 탄복할 정도다. 천하제일의 유태상인들도 유럽시장에 진출한 원조우 상인들에게 무릎을 꿇었다. 그렇다면 그들의 사업 비결은 무엇일까?

원조우 사람들의 지키는 일곱 가지 원칙이 매우 평범하며 우리가 늘 지나쳐 왔던 것들이기 때문이다. 하지만 원조우 사람들은 이 원칙들을 사업에 잘 적용하여 생각지도 못한 성과를 거두었다.

◐ 혁신의 중요성을 깨닫다

발전하려면 혁신이 필요하다. 기존의 규칙만을 따르거나 남을 모방만 한다면 결과는 실패뿐이다. 어떤 장사든 자신만의 특색이 있어야 보다 많은 고객을 확보할 수 있다. 사업을 하다보면 어려움, 좌절, 실패를 경험하기 마련이며 자신의 힘으로 이 모든 것을 이겨내야 한다. 판매가 부진할 경우 어떠한 핑계를 대서도 안 되며 저가에 팔아서는 더욱 안 된다. 패기와 결단력을 보여야 하며 혁신으로 기회를 찾아야 한다.

◐ 발전을 추구하다

발전을 추구하지 않거나 더 높은 목표를 향해 도전하지 않는다면 사업가로서의 기쁨과 만족감을 느낄 수 없다. 만일 한 사업가가 그냥 밥벌이나 할 생각으로 아무런 도전 정신이 없이 기업을 운영해 나간다면 그의 직원들도 나태해지고 산만해 질 것이다. 경영관리가 사업의 성패를 좌지우지 한다. 수익을 높이려면 사업과 관련된 모든 것의 관리를 철저히 해야 한다. 이런 대량의 업무를 관리하려면 하나의 완벽한 시스템이 필요하다.

◐ 합리적인 이윤을 추구하다

사업을 하는 목적은 합리적 이윤을 추구하기 위해서이며 신용을 버리는 방법으로 고객을 끌어서는 안 된다. 최상의 서비스로 정상적인 이윤을 획득해야 하고 정상적인 이윤의 일부분으로 다른 사업에 투자해서 장기적으로 고객들에게 더욱 향상된 서비스와 제품을 제공해야 한다.

◐ 고객의 입장에서 생각하다

　사업을 하려면 고객의 입장에서 생각해야 한다. 그래야만 고객의 수요를 만족시키는 서비스 및 제품을 제공할 수 있다. 고객의 가치관이 사업하는 사람들과 다를 수 있으며 또한 고객층이 동서남북, 남녀노소 다양하기 때문에 최대한 고객의 수요를 잘 파악해야 한다. 고객을 대신하여 제품을 구매한다고 생각해야만 고객이 무엇을 필요로 하는지 얼마나 필요한지를 알 수 있다. 때문에 고객을 이해하는 것이 사업하는 과정의 첫걸음이다.

◐ 고객의 의견을 귀담아 듣다

　고객의 수요를 파악할 수 있는 제일 좋은 방법은 바로 인내심을 가지고 주위 사람들의 의견을 귀담아 듣는 것이다. 순리에 따르고 여러 사람들의 의견을 모은 후 해야 할 일을 하게 되면 무조건 성공할 것이다. 상품 판매에만 신경을 쓰고 고객의 의견을 남몰라 한다면 대중의 호응을 얻을 수 없다. 평소 겸손한 자세로 고객의 의견을 잘 새겨듣고 이를 실천으로 옮긴다면 장사가 잘 되지 않을 리가 없을 것이다.

◐ 기회를 잘 포착하다

　사업의 성공은 기회를 얼마나 잘 포착하느냐에 달렸다. 평소에 늘 잠재된 수요가 있는지를 잘 살피고 또한 고객이 사려고 하는 상품이 있는지, 언제 살 것인지에 대해서 조사를 한다면 매출이 더 늘 것이다. 예를 들어 가전제품을 배송하거나 수리하러 고객의 집을 방문하였을 경우 일이 끝나면 바로 문을 나서서는 안 된다. 고객의 다른 전자제품이 고장 났는지도 살펴서 조건이 허용하는 한 간단히 수리를 해주면 고객의 신뢰를 얻을 수 있다. 에어컨을 설치하러 고객의 집을 방문하였다면 설치하는 동안 친절하고 자세하게 설명을 하여 고객에게 좋은 인상을 남긴다. 그렇다면 설치가 끝난 후 그 고객으로 부터 다른 고객을 소개받을 수 있다.

◐ 특색을 발휘하다

같은 상품을 파는 가게는 여기저기 다 있다. 단골고객을 확보하려면 남다른 특색이 있어야 한다. 사업상의 특징은 사람의 특징과 같다. 특색이 없으면 품위가 전혀 없어 보인다. 진열한 상품이 비록 같지만 서비스가 다르면 상품의 가치도 다르게 보인다. 이것이 바로 상품의 특성을 발휘했기 때문이다. 특색은 고객의 수요와 조화를 이루어야 한다. 특색을 발휘하려면 지역과 업종의 조건 및 지역의 생활수준, 문화수준 등등을 고려해야 한다. 만일 샐러리맨들이 거주하는 지역이라면 주말이나 휴일에도 영업을 해야 하며 영업시간도 늘릴 필요가 있다.

4. 과감하게 포기

어느 지역에서 금광을 발견하였다. 하지만 큰 강이 가로막고 있었다. 어떻게 해야 할까? 길을 돌아가야 한다는 사람도 있고 헤엄쳐 지나가야 한다는 사람도 있었다. 하지만 금광을 포기하자는 사람은 한 명도 없었다.

왜 사람들은 금만 캐려고 하는가? 나룻배를 사서 강을 건네주고 돈을 받는 다면 사람들은 너도나도 할 것 없이 배를 타려고 할 것이다. 바로 강 건너 금광이 있기 때문이다.

보통 사람들의 눈에는 금광 밖에 보이지 않는다. 때문에 금을 캐는 것이 그들의 유일한 목적이다. 우리는 무의식중 고정된 사고방식의 틀에 얽매여 새로운 시도를 하지 못하며 또한 이런 무형의 틀이 사람들의 창조력을 떨어뜨린다. 따라서 사업을 하기 위해서는 습관적인 사고방식에서 벗어난 새로운 사고력을 길러야 한다.

끝까지 인내하여 성공한 많은 사례들로 사람들은 끝까지 인내하는 것이 옳은 것이고 포기하는 것이 잘못된 것이라고 생각한다. 인내라는 것은 바로 강한 의지력을 말하며 성공을 향해 끊임없이 달려가는 모터와도 같다. 하지만 목표를 향해 앞으로 달려가는 동시에 그에 따른 테크닉이 필요하다. 만일 방향이 잘못됐다면 목표와 점점 멀어지는 결과를 초래할 것이다. 이때 유일한 방법은 바로 포기하는 것이다. 방향을 바로 잡고 처음부터 다시 노력하는 것이 현명한 선택이다.

사회생활에서 포기는 필요에 따라 현명한 선택이 된다. 포기하는 법을 배워야 인생의 무거운 짐을 내려놓고 가볍게 여정에 오를 수 있다. 포기는 대세를 고려하는 과감한 용기이며 선택은 자신의 능력을 헤아린 지혜이다. 선택하는 법을 배워야 시세를 잘 살펴 자신의 장점을 발휘하고 단점을 피하여 기회를 잘 잡을 수 있다.

일상생활에서 포기는 일종의 미덕이자 넓은 도량이다. 사업을 함에 있어서 적절한 시기에 포기하는 것은 일종의 지혜고 과감하게 포기할 줄 아는 것은 일종의 패기다.

세상에는 수천수만의 업종이 있으며 어느 업종이든 잘만 한다면 돈을 벌 수 있다. 성숙된 상인은 선택하는 법과 포기하는 법을 배워야 한다. 자신이 잘 모르는 업종은 경솔하게 손을 대서는 안 되고 다른 사람들이 돈을 번다고 시기하지 말아야 한다. 그렇지 않으면 오늘의 투자는 내일의 실패로 이어진다. 본업이 아직 성숙되지 않은 상황에서 다른 업종에 맹목적으로 뛰어들지 말아야 한다.

사람들은 이런 도리를 알면서도 왜 포기를 못하는 것일까? 원조우 사람은 백절불굴의 용기가 있으며 또한 어느 업종이든 다 돈을 벌 수 있는 것이 아니라는 것도 알고 있다.

1995년 예스꽝(叶世光)은 난징에 투자를 하러 갔다. 그 당시 난징의 요식업과 레저 활동이 왕성했다. 그는 난징 사람들의 소비 구조를 파악하고 요식업에 투자하기로 결심했다. 하지만 바로 그 계획을 포기하고 말았다. 소비가 많은 업종이 반드시 주요 투자 대상이 된다고는 생각하지 않았기 때문이다. 대부분의 경우 시장이 활발할수록 투자는 더욱 신중해야 한다. 오히려 수요와 시장의 공백과 모순에서 새로운 경제성장 기회를 발견해야 한다.

그 후 그는 건물을 임대하러 갔다가 난징이 사무실을 임대하기 매우 어렵고 값도 비싸다는 것을 알게 되었다. 그는 바로 수천만 위안을 투자하여 중저급의 비즈니스 센터를 개발하기로 결심했다. 시장의 공백을 겨냥했기 때문에 그의 뤄야(諾亞)비즈니스센터가 완공되자 수많은 중소기업들이 임대를 했고 임대율은 95% 이상을 유지했다. 하지만 다른 고급 빌딩들은 임대료가 너무 비싸 대부분 줄곧 비어있었다.

포기는 기업가의 용기와 지혜를 검증하는 방법이다. 그들이 신이 아니고 사람이기 때문에 포기를 해야 하는 상황이 분명히 존재한다. 많은 인력, 물자, 재력 및 노력을 투자했기에 포기를 선택할 때 그들은 여러 가지 압력을 받게 된다. 하지만 포기를 하지 않으면 실패를 할 것이다. 때문에 어려운 상황에서 포기를 선택하는 것은 더 큰 용기와 담력이 필요하며 초인적인 의지와 지혜가 필요하다.

모토로라는 제조를 포기하고 제조 기지를 싱가포르와 중국으로 옮겼다. 때문에 시장에서 전략적 최고봉을 차지하게 되었다. 이와 같이 "서비스의 IBM"은 "기술통일 전략"을 포기했고 히타치, 소니, 혼다. HP는 "시장 통일 전략"을 포기했다. 때문에 포기는 실패가 아니고 일종의 가치 있는 판단이며 진격을 위해 퇴각을 하고 공격을 위해 수비를 하는 전략이다. 또한 포기는 긴장과 이완을 적절하게 조절하는 지혜다.

현재 돈을 벌고 있는 업종의 시장이 포화상태이거나 전망이 없을 경우에도 포기를 고려해야 한다. 서둘러 그 업종을 포기하지 않으면 실패를 기다리고 있는 것과도 같다. 예를 들면 휴대폰이 보급되면서 호출기를 사용하는 사람이 없어졌다. "새가 없어지면 좋은 활도 품고 있어야 하고 교활한 토끼가 죽고 나면 사냥개도 잡아먹히고 적국이 멸망하면 지모가 뛰어난 신하도 사라진다."는 말이 있다. 이 말은 비록 잔혹하지만 한 가지 도리를 말해준다. 즉 시장가치가 없는 상품은 공을 이루고 은퇴해야 한다는 것이다.

2000년 3월 원조우 사람 리쑤(李素)는 돈을 벌 수 있는 사업기회를 발견하였다. IP다이얼을 생산하는 것이었다. 원가가 50위 안밖에 안하지만 신상품이다 보니 그 당시 시장가격은 1,000위안에 달하였다. 이것은 IP다이얼이 아니고 돈을 벌어주는 기계였다. 또한 기술 원리도 매우 간단했다. 전화기의 원리에 제어 칩 하나가 추가되었을 뿐이었다.

그는 곧바로 수만 위안으로 설비를 구입하고 기술요원들을 모집하여 밤낮을 가리지 않고 설계, 생산, 테스트하여 제일 빠른 시간 내에 시장에 진출하여 많은 돈을 벌게 되었다. 그 후 사람들은 그가 생산규모를 늘릴 것으로 생각했다. 하지만 그는 설비를 팔고 기술요원들을 해고하고 공장을 다른 사람에게 전대하는 남들이 이해 불가능한 행동을 취하였다. 그 원인은 무엇일까? 그는 IP다이얼처럼 이윤이 많은 업종은 경쟁 상대들도 많아질 것이고 그 중 자금력이 풍부한 대형 전화기 생산 공장과 통신회사들도 있을 것이라고 생각했다. 그들이 이 업종에 뛰어든다면 자신의 제품은 우위가 없어져 결국에는 실패할 것이니 지금 포기하는 것이 현명한 선택이라고 생각했다.

원조우 상인은 이처럼 명석한 두뇌를 가지고 있다. 시장을 정확히 겨냥한 다음 바로 과감하게 포기한다. 그들은 전망이 있는 업종이 있으면 바로 목표를 돌려 투자를 한다. 원조우 상인들은 사업을 하는 과정에서 의류, 피혁, 건축자재, 조명기구, 인쇄, 도자기, 전자제품 심지어 자동차, 부동산 등 어떤 분야든 상관하지 않고 서로 다른 많은 업종을 접하게 된다. 또한 원조우 사람은 투자를 두려워하는 업종이 없으며 이윤만 창출할 수 있다면 어느 지역이든 가리지 않고 투자를 한다.

원조우의 덩광화(鄧光華)는 수많은 업종을 취급해보았다. 처음 그는 재봉실을 팔았으며 그 후 시계를 팔았고 또 계산기, 핸드폰, 컴퓨터 등을 팔았다. 20여 년간 장사를 하면서 시대의 변화에 따라 업종을 바꾸면서 백여 가지의 제품을 취급하였다. 이러한 임기응변이 뛰어난 경영방식으로 그는 지난날 재봉실 장사로부터 시작하여 현재 대형 컴퓨터 텔레비전 전문점의 사장이 되었다.

나사대왕 류다위앤(劉大源)은 처음 장사를 시작했을 때 석유등을 팔았다. 그는 석유등에 사용되는 리벳이 이윤이 더 높다는 것을 알고 리벳을 팔기 시작했다. 진쌍(金鄕)이라는 지역에서는 처음 학교 식권을 인쇄하다가 나중에 학교 휘장이 더 이윤이 많은 것을 발견하고 휘장을 만들기 시작하였다.

원조우 사람은 임기응변에 뛰어나고 잡을 줄도 놓을 줄도 안다. 돈을 벌 수만 있다면 어떤 업종이든 가리지 않고 한가지에만 목을 매지 않는다. 이미 경영에 능숙한 업종이나 점포라도 돈을 벌 수가 없다면 그동안 얼마나 많은 피땀을 흘렸든지 얼마나 많은 정을 쏟아 부었든지 상관하지 않고 깨끗이 포기한다. 그들은 회사를 설립하고 투자를 하는 것을 돈을 벌기위한 수단으로 볼 뿐이다. 이 수단이 낡고 제 역할을 못 해낼 때 그들은 미련 없이 포기하고 새로운 것을 찾는다.

현재 어느 분야건 시장을 확보하기 위하여 수많은 경쟁자들이 치열한 경쟁을 벌이고 있다. 승승장구하여 개선가를 부를 수 있다면 더없이 좋겠지만 경쟁상대가 자신보다 자금, 기술, 인지도, 인맥 등에서 우위를 차지하고 있다면 어떻게 할 것인가? 무리하게 맞설 것인가? 이는 달걀로 바위 치기이며 화를 자초하는 행위일 뿐이다.

원조우 상인은 이런 경우 줄행랑을 택한다. 상대할 힘은 없어도 도망갈 힘은 있다고 피하는 것이 바로 현명한 결정이다.

진정한 원조우 사람은 실패 후 사면초가에 처하거나 궁지에 빠지더라도 여전히 침착하며 영리한 머리로 실패에서 벗어나는 탈출구를 생각하여 위기를 모면하며 심지어 역전을 하여 승리를 거둔다.

사람들은 책을 읽거나 교육을 받으려면 수업료를 지불해야 한다고 생각한다. 하지만 창업에도 수업료를 지불해야 한다는 생각은 아예 하지 않고 실패를 하게 되면 하늘을 원망하고 사람을 탓하며 자신이 이 세상에서 제일 불쌍한 사람이라고 생각한다. 하지만 세상에는 돈을 버는 방법을 배워서 태어나는 사람이 없다. 성공한 자의 총명은 바로 실패를 교훈으로 생각하든가 또는 다른 성공한 자들의 경험을 교훈으로 삼아야 한다. 아무튼 "수업료"는 내야 하는 것이다.

창업을 함에 있어서 지불하는 "수업료"는 바로 자신이 손해 본 자금, 시간, 정력 등이다. 만일 실패 후 그 원인을 찾고 많은 것을 깨달았다면 그동안 지불한 "학비"는 그 가치를 다 한 것이다.

실패로 우리는 삶의 진실을 깨닫게 된다. 자신의 경력, 처한 환경이 다름에 따라 사람들은 더욱 명확하고 전면적으로 세상을 대하게 된다. 실패는 사람들로 하여금 편견을 버리고 진실과 가까워지게 하는 얻기 어려운 기회이다. 예를 들어 황제가 미행을 나가지 않는다면 민심을 제대로 알 수 없을 것이다.

실패는 자기 자신을 더 확실하게 알아가는 기회이기도 하다. 실패의 환경에서 사람의 결점은 여지없이 나타난다. 실패에서 벗어나려면 자신의 결점을 보완해야 한다. 한 작가는 "실패는 사람의 넓이와 깊이를 확대하기 위하여 존재한다. 실패가 없는 인생은 재미가 없다. 실패는 인생을 풍부하게 하기 때문이다."라고 말했다.

실패는 고통만을 뜻하지 않으며 실의감과 외로움도 의미한다. 또한 실패에는 금전과 기회가 숨겨져 있다.

제5장
사업은 사람이 되고 부터

武陵門 위조상품 소각장면

1. 성실, 신용, 성공, 실패의 원조우 사람

성실과 신용은 사람이 갖추어야 할 근본이다. 성실은 사람을 진심으로 대하고 정직함을 말하고 신용은 약속을 지키고 말한 것은 반드시 실행하고 실행하면 반드시 완수하는 것을 말한다. 성실과 신용은 한 사람의 제일 근본적인 특징을 표현할 뿐만 아니라 인류 사회활동의 중요한 평가 지표가 된다. 성실과 신용은 모든 행위의 근원이며 시장경제의 기본 조건이다. 현대의 시장경제는 이미 성실, 신용 시대에 들어섰고 성실과 신용은 기업 경영활동의 근본 및 발전의 근원이다. 만일 한 사업가 또는 한 기업이 성실과 신용을 잃게 되면 향후 사업 활동에서 한걸음도 나아가지 못하고 실패하고 말 것이다.

한 기업의 사장이 창업 전에는 매우 가난하여 집안에 있는 것이라고는 네 벽 밖에 없었다. 그가 창업을 결심하자 친구와 친척들 그리고 이웃들까지 그에게 돈을 빌려주어 몇 만 위안의 창업자금을 모았다. 어떤 사람들은 가진 것이 아무것도 없는 그에게 왜 돈을 빌려주는지 이해가 가지 않았다. 사실 이 사람은 매우 가난하게 지냈지만 큰 뜻은 잃지 않았고 또한 신용을 잘 지켰다.

몇 년 전 그는 한 친구와 내기를 하여 지는 사람이 한 무더기의 돌멩이를 1키로 떨어진 지역으로 메고 가기로 했다. 결과 그가 졌다. 그는 패배를 인정하고 작은 산 만큼 쌓여있는 돌들을 조금씩 1키로 밖으로 메고 갔다. 그들이 내기를 할 당시 다들 농담으로 받아드렸지만 그는 내기를 하고 졌으면 인정해야 한다고 했다. 그가 돌멩이를 옮기는 데는 3개월이라는 시간이 걸렸다. 이 일이 있은 후 사람들은 그를 성실하고 신용을 지키는 훌륭한 사람으로 존경했다. 때문에 사람들은 그에게 돈을 빌려줬던 것이다.

신용은 사업 발전에서 무엇으로도 대체할 수 없는 역할을 한다. 시장경제는 사실상 신용경제, 계약경제이다. 만일 사업가가 신용이 없으면 시장경제의 기초가 흔들려 경제 질서가 혼란에 빠질 것이다.

현재 사람들은 주위에 횡행하는 사기행각에 습관이 되어 있을 뿐만 아니라 어떤 사람들은 사기꾼들을 부러운 눈길로 바라본다. 심지어 사람들은 간악하지 않은 상인이 없다고 생각한다. 때문에 경제사회에는 남을 기만하고 빚을 갚지 않고 사람을 해치고 위조품을 제작하여 판매하는 등 비열한 행동들이 끊이지 않는다. 이런 사람들은 스스로 자신이 총명하다고 생각하지만 실제는 어리석기 짝이 없다. 그들은 돌을 들어 자신의 발등을 깨는 것이며 남을 해칠 뿐만 아니라 자기 자신도 해치는 것이다.

현재 중국은 시장경제의 초기단계에 들어섰으며 "신용"은 결핍되어 있다. 우리는 남을 기만하고 신용을 지키지 않고 계약을 지키지 않거나 파기하는 등 행위들을 수없이 봐왔다. 이는 시장경제의 발전과 성장에 극히 해로운 영향을 미친다. 때문에 신용을 지키는 것을 북돋우고 계약을 위반하고 신용을 지키지 않으면 처벌을 가하고 계약정신을 키우고 신용을 제일로 생각하는 이성적인 인격을 키우는 것이 더없이 중요하다.

시장경제는 바로 성실과 신용의 경제이며 성실과 신용이 없다면 시장경제는 돌아가지 않는다. 경쟁이 날로 치열해지는 오늘날 성실과 신용은 사회에 발판을 구축하는데 꼭 필요한 무형자산이며 신용을 지키는 것은 누구나 할 것 없이 갖추어야 할 생존이념의 하나이다. 한 사람이 신용이 없고 말에 책임을 지지 않는다면 사람들은 그와 거래를 하려고 하지 않을 것이다.

현대 사회에서 기업에게 신용은 생명이며 시장을 점유할 수 있는 유리한 조건이다. 개인에게 신용은 사업의 버팀목이며 성과의 전제 조건이며 성공을 보증할 수 있는 조건이다. 약속한 말을 잘 지키고 계약을 준수하는 것은 제일 선견지명이 있는 생활 이성과 생존지혜이다.

현대사회는 계약사회, 신용사회이다. 계약은 쌍방이 거래 과정에서 각자의 이익을 보호하기 위하여 체결하는 일정 기간 내에 무조건 이행하고 지켜야 하는 일종의 약속이다. 신용은 약속을 실행하는 행위에 대한 보증이다. 개인이든 기업이든 신의가 없고 말에 신용이 없으면 산업 사회에서 발 부칠 자리가 없을 것이다. 이와 반대로 신용을 지키기 위하여 모든 노력을 아끼지 않고 계약을 이행한다면 누구나 흔쾌히 거래를 하기를 원할 것이다.

보석 사업에 종사하는 유태인은 거액의 거래를 할 경우 대금을 지불하기 전에 몇 십만 위안 심지어 몇 백만 위안에 달하는 다이아몬드를 상대방에게 넘겨주어 수량과 품질을 점검하게 한다. 그 과정에서 상대방이 바꿔치기 할까봐 전혀 두려워하지 않고 믿음을 가진다.

유태인이 이렇게 대담한 것은 원인이 있다. 그들 유태민족은 신용을 제일 잘 지키는 민족으로 여기며 일단 자신이 한 말에 책임을 지고 이행하며 계약 체결 여부와 상관없이 약속을 어기는 것은 신을 배신하는 행위로 여긴다. 한 상인이 신용을 지키지 않으면 유태 사회의 버림을 받게 되어 재기할 가능성이 완전히 없어진다. 이러한 철칙으로 유태 상인은 약속을 엄격히 준수한다.

유태인은 계약을 신과의 약속으로 여기며 쌍방이 거래를 할 때 계약을 체결하지 않는 경우도 가끔 있다. 그들은 구두 계약도 충분히 믿을 수 있다고 생각하기 때문이며 또한 이 모든 것을 신이 지켜보고 있다고 생각하기 때문이다. 유태인은 장사를 할 때 전혀 양보를 안 하고 몇 푼이라도 이윤을 남기려고 하지만 일단 계약을 하면 크게 손해를 보더라도 무조건 이행한다.

시장 수요가 급증하는 가운데 많은 업체들은 돈을 빨리 벌려는 심리를 가지고 기회를 타서 질이 떨어진 라이터를 생산했다. 하지만 조우따후(周大虎)는 시장 경제에서 신용의 중요성을 알고 제품의 품질을 우선으로 했다. 그 당시 그의 표준에 따르면 한사람이 하루에 150개밖에 생산하지 못했지만 질이 떨어진 라이터는 500개까지 생산할 수 있었다. 그 당시 직원들의 월급을 생산량에 따라 계산했기 때문에 많이 생산할수록 많은 월급을 받을 수 있었다. 때문에 그의 라이터공장에서 일하던 직원들은 거의 다 빠져나갔고 따라서 생산량도 줄었고 부품 공급 업체에서는 그의 공장과 거래를 취소하기 시작했다.1993년 상반기 그는 2년간의 이윤을 다 밀어 넣고도 파산 위기에 몰리기도 했다.

엎친데 겹친 격으로 공장이 파산의 위기에 몰렸을 때 그는 일주일내에 세 번이나 오토바이 사고를 당했다. 하지만 그는 주저앉지 않고 다시 직원을 모집하여 교육을 실시했다.

착한 사람은 언젠가는 좋은 일이 생기기 마련이다. 같은 해 하반기에 질이 떨어진 라이터로 골치 아파하던 외국 바이어들이 그의 공장에서 생산하는 라이터에 관심을 가지기 시작했다. 주문량이 갑자기 많아졌고 1일생산량이 5,000개밖에 안되지만 10배가 넘는 주문이 들어왔다. 그 당시 다른 3,000여개의 라이터 공장은 주문이 떨어져 반 이상이 문을 닫았다.

원조우 라이터 생산량은 연 5억 개에 달하고 매출액은 40억 위안에 달하지만 그의 공장에서 생산되는 라이터는 1,500만개이고 매출액은 2억 위안밖에 안 된다. 하지만 그는 성실과 신용으로 제품과 시장의 묵계를 달성하여 그의 공장에는 영업사원이 한 명도 없고 또한 광고비용을 한 푼도 쓰지 않았다.

신용이 현재의 시장경제에서 제일 중요한 자본이며 기업의 정신 재부와 생명의 존재이다. 신용이 시장주체의 생존과 발전의 주요 조건이 되고 신용이 일종의 생산력이 된다면 이런 생산력이 거래원가를 낮추고 거래효율과 이익을 높일 수 있다. 기업이 신용을 잃게 된다면 한순간은 이익을 취할 수 있지만 나중에는 그 쓴 맛을 꼭 보게 된다. 우리는 이러한 도리를 알아야 한다. 생존하고 발전하려면 자신의 생명을 보호하듯이 신용을 잘 지켜야 하며 높은 신용도로 이윤을 창출해야 한다.

성실과 신용에서 원조우 사람은 다음과 같은 과정을 거쳤다.

80년대의 이야기다. 한 북방의 아가씨가 약혼자에게 원조우에서 생산된 구두를 사주었다. 하지만 결혼식 날 신랑의 구두가 갈라진 것이었다. 구두를 자세히 보니 안에는 휴지로 만들어졌다. 화가 난 이들 부부는 갈라진 구두를 원조우시장에게 보내서 원조우 사람이 이런 구두를 만들어서 팔고 있는데 낯이 뜨겁지 않으냐고 질타를 했다.

사실 원조우시장은 입이 있어도 할 말이 없었다. 시장경제의 질서가 제대로 잡히지 않은 그 당시 이런 소포를 자주 받아보았던 것이다. 시장경제 규칙이 제대로 잡히지 않았기에 원조우시의 몇 천 개의 구두공장에서 아침에 신으면 저녁에 갈라지는 구두를 생산하는 공장이 너무 많았기에 어찌할 바를 몰랐던 것이다.

그 유명한 "柳市黑潮"과 "火燒武陵門"사건으로 원조우 사람의 신용은 바닥으로 떨어졌다.

"柳市黑潮"는 류스의 저압전기제품의 품질이 조악한 것을 말한다. 국가의 규정에 따르면 저압전기제품의 접촉부분의 부품을 무조건 백은으로 사용되어야 하지만 그들은 백동으로 백은을 대처하였다. 이렇게 이윤은 30%에서 50%가량 증가하였지만 제품의 품질과 수명 및 안전성능표준은 국가에서 규정한 표준보다 훨씬 낮았다. 류스의 사람들은 자신들이 생산한 제품을 판매하기 위하여 베이징, 상하이 등 지역의 유명한 브랜드를 사칭하였고 검사 결과 모두 품질 불합격이었다.

가짜 위조와 사기 행각으로 빠른 시간 내에 돈을 벌었지만 신용을 잃어버린 원조우 사람은 사면초가의 처지에 몰리게 되었다. 끝내 원조우의 가짜 위조품 문제는 사회 각계의 원성을 사기 시작했다. 1990년 경공업부 등 6개 부문의 위원연합회는 원조우 구두 사건을 중점적으로 다루라는 통지를 하달하였다. 같은 해 국무원 7개부서는 성, 시, 현의 정부와 연합하여 류스에 많은 조사요원을 파견하여 대대적인 단속을 시작하였다.

"火燒武陵門"은 1997년 8월 8일에 일어났다. 항조우 武林門 광장에서 5,000여 켤레의 원조우 질이 떨어진 신발을 한꺼번에 불태웠다. 또한 상하이, 난징, 우한, 선양 등 수십 개 대도시의 상인들은 원조우 신발을 취급하지 않았다. 순식간에 원조우 구두는 저질 상품이라는 대명사로 바뀌었다.

이 두 가지 사건은 원조우 사람들에게 공장이 조사를 받고 상점이 차압되고 상품이 폐기되고 계약이 파기되는 등 결과를 초래했다. 또한 원조우 사람은 사기꾼의 대명사가 되었고 원조우에서 생산된 제품은 가짜 위조품으로 인식되었으며 수많은 상점에는 "원조우 제품을 취급하지 않습니다."라는 간판을 내걸어 원조우 사람의 시장 점유율이 급격히 감소되었다. 지나치게 총명한 원조우 사람은 "신용결여"라는 돌로 자신의 발등을 내리 쳤던 것이다.

잔혹한 현실은 원조우 사람들을 자극하였다. 그들은 가짜 위조품으로 한때는 부유할 수 있지만 장기간의 번영과 발전을 기대할 수 없다는 것을 깨달았다. 실패를 반성한 원조우 사람들은 잃어버린 신용을 되찾기 위하여 온갖 노력을 다하였다.

원조우 사람이 가짜 위조품을 만들었던 것은 그 당시 정책의 한계 때문이었으며 경제발전 과정에 자주 발생되는 문제점이었다. 평범한 시골청년이 어엿한 군인이 되듯이 농민이 공원으로 변화되는 것도 일정한 과정이 필요한 것이었다. 그 당시 원조우의 민영기업이 시장에 진출할 때 기술수준이 낮고 원자재 공급도 부족했다. 예를 들면 류스에서 저압전기제품을 생산하는데 백은이 필요했지만 그 당시 국가는 허가증에 따라 지정분배를 원칙으로 했기 때문에 원조우 사람들은 백은을 구할 길이 없었다. 또한 그 당시 전국의 소비 물품이 매우 부족했기에 소비자들의 저가상품에 대한 수요는 대량으로 늘어났다. 이러한 환경은 원조우 사람에게 가짜 위조제품을 생산할 수 있는 시장공간을 제공하였다. 사실 그 당시 가짜 위조품은 어디서나 다 살 수 있었다. 단지 원조우 사람들이 그런 용기가 있었고 그 용기가 도를 넘어섰던 것이다.

비록 수많은 객관적인 이유가 있지만 신용불량은 원조우 사람들을 생존의 변두리로 내몰았다. 실패를 반성한 원조우 사람들은 근본에서부터 잃어버린 신용을 되찾기로 결심하였다. 1993년 원조우시위, 시정부는 과감하게 "질량입시(質量立市), 품패흥업(品牌興業)"의 전략적 대책을 제기하였다.

정부의 관심, 법률의 위엄, 성실과 신용의 강화 및 정치, 법률, 도덕, 경제 등 여러 가지 역량의 상호작용으로 "질량입시(質量立市), 품패흥업(品牌興業)"을 달성하는 것이 원조우 사람의 목표가 되었고 이 목표를 위해 원조우 사람들은 자발적으로 노력을 하였다. 결과 10년이라는 짧은 시간 내에 원조우의 80%이상의 기업들이 자체 품질관리 능력을 보유하게 되었고 1,400여개의 제품이 안전인증 또는 합격인증, 700여개의 기업이 ISO9000품질시쓰템 인증을 획득하였다.

원조우 사람의 이러한 경험은 신용을 잃게 되면 곧 망하고 신용을 지키면 흥한다는 도리를 말해준다.

2. 사람은 인품과 덕성을, 제품은 품질을

강태공의 <<태공병법>>에는 덕자득야(德者得也)라는 한마디가 있다. 여기에서 말하는 덕(德)은 바로 사람들이 갖고 싶어 하는 것을 가질 수 있게 한다는 뜻을 가지고 있다. 천하가 전쟁이 끊이지 않고 백성들은 안정된 생활을 원할 때 한 영웅이 깃대를 들고 일어서서 태평성세를 일으켰다면 그 영웅은 바로 덕으로 천하를 쌓은 위인일 것이다.

사업에도 덕(德)을 우선으로 해야 한다. 덕(德)이 바로 성실과 신용이기 때문이다. 신의의 영어단어는 Goodwill이다. 그 내포된 뜻은 매우 많다. 신의, 상의 및 친선, 우호를 뜻하며 의역하면 명성과 명예가 된다. 또한 지적소유권가치의 영어번역에서 중요한 조성부분이 바로 Goodwill이다. 즉 무형자산을 말한다.

한자"誠信"에 내포된 뜻도 매우 많다. 약속을 지키고, 계약을 실천하고, 성실하고, 믿음직하고, 거짓되지 않고, 신용을 지키고, 식언하지 않는 등 많은 뜻을 가지고 있다.

성실과 신용은 경제, 문화, 사회 이념의 일종으로 지금은 시장경제사회의 핵심 이념중 하나가 되었다. 성실과 신용은 시장경제의 기초이다. 성실과 신용 자원을 갖추고 있는 시장경제는 건강하고 질서가 잡힌 시장경제이다. 이러한 환경으로 사회적 비용의 원가를 낮추고 각 분야의 신뢰성을 높이고 사회관계를 화목하게 할 수 있다. 반대일 경우에는 전혀 다른 사회현상이 나타날 것이다.

하지만 현재 중국은 신용위기가 실제로 존재하며 또한 그에 따른 막대한 경제손실이 발생한다. 통계에 따르면 중국 매년 채무

회피로 인한 직접적인 손실이 약 1,800억 위안, 계약사기로 인한 손실이 약 55억 위안,제품품질저하와 가짜위조품 제조 및 판매로 인한 손실이 2,000억 위안에 달한다. 또한 삼각채(三角債)와 현금거래로 증가한 재무비용은 2,000억 위안에 달한다. 그밖에 중국의 계약거래비율은 총거래량의 30%에 불과하며 계약이행비율은 50%밖에 안 되며 불량 대출율은 40%에 달한다. 이러한 통계수치로 신용위기가 중국의 경제와 사회에 초래한 손실이 매우 크다는 것을 알 수 있다.

이와 비교되는 것은 서양인들은 "백년점포, 신의제일"이라는 도리를 더 잘 알고 있다. 그들은 한 기업을 평가 할 때 돈을 벌 수 있지를 판단하는 것 외에 그 기업의 신용도를 더욱 중히 여겨 평가한다. 세계의 많은 유명브랜드는 어떤 경우에는 거액의 손실을 보지만 최후에는 꼭 성공을 한다. 그 원인은 바로 장기간의 경영으로 성실과 신용을 쌓았기 때문이다.

현재 원조우 출신의 사장은 서명 하나로 몇 천만 위안의 대출을 받을 수 있다. 그들은 대출을 받을 때 담보, 저당절차 등이 필요 없이 서명 만으로도 가능하다. 모 은행의 정타이(正泰)그룹 난춘후이(南存輝) 사장에 대한 신용 한도는 2억 위안에 달했다. 은행이 이처럼 그들을 믿는 것은 바로 장기간의 사업 활동에서 그들이 조금씩, 조금씩 신용을 쌓아왔기 때문이다.

빠리(霸力)그룹의 총재 왕야오진(王躍進)은 이렇게 말했다. "기업이나 사람은 다 똑같다. 사람은 인품과 덕성을 제품은 품질을 중요시해야 한다." 그는 처음으로 자신의 제품에 품질보증카드를 넣어서 판매했으며 또한 이렇게 장담했다. "나는 무조건 자신의 국제 브랜드를 만들 것이다. 10년 내에 구두 왕국은 이태리가 아닌 중국으로 바뀔 것이며 중국의 원조우일 것이다."

유명한 "柳市黑潮"과 "火燒武陵門"사건은 원조우 사람들의 시장 신의를 바닥으로 떨어뜨렸다. 하지만 원조우 사람들은 실패를 반성하고 지난날의 신용 불량과 멀리하고 십여 년의 노력 끝에 끝내 잃어버린 성실과 신용을 되찾았다.

꾸이시아오환(桂小歡)은 안후이성 통청(桐城)시의 농민이다. 1996년 그는 원조우의 구두 공장들이 광택을 내는데 사용되는 연마포의 수요가 매우 많고 또한 이윤도 적지 않다는 것을 알고 작은 연마포 제조 작업장을 만들었다.

그는 만들어진 연마포를 들고 원조우로 판매하러 갔다. 그가 처음 간 공장은 타이마(泰馬)신발공장이었고 순조롭게 연마포를 팔게 되었다. 원조우 사람은 일정기간이 지나서 결산을 하는 전통이 있었지만 꾸이시아오환(桂小歡)이 자신의 자금부족사정을 털어놓자 사장은 그 자리에서 현금으로 결산을 해주었다.

이렇게 몇 번을 거래한 뒤 그는 미안한 마음에 사장에게 어음을 써달라고 했다. 이렇게 6년간이 노력 끝에 그는 20여개의 거래처를 확보하였으며 일정기간에 한 번씩 결산하는 방식에 익숙해졌다. 또한 서로 믿고 거래를 해왔기에 어떤 거래처는 1년에 한 번씩 결산을 해주었다. 때문에 어음은 그의 생명과도 같이 소중했다.

하지만 어느 하루 그는 시외버스에서 가방을 잃어버렸다. 그 가방에는 20여개 거래처들의 어음이 들어있었으며 총 134,000위안에 달했다. 그는 미친 듯이 여기저기 찾아 헤맸지만 끝내는 찾지 못했다.

그의 아내는 이 소식을 듣고 놀라서 한참동안 꼼짝도 하지 않고 경직된 듯 서있었다.

연마포의 이윤이 매우 적기에 1년 내내 열심히 노력해도 2만 위안밖에 못 버는데 13만 위안의 어음은 그들이 6년 동안 아껴서 모은 피땀이었다. 만일 이 13만 위안이 없으면 파산의 위기에 몰리게 되는 것이다.

아내는 돈은 잃어버리면 또 벌면 되니까 너무 애태우지 말라고 했다. 하지만 그는 행여나 하는 마음에 거래처들을 찾아가 어음을 다시 써달라고 부탁하려고 결심했다.

그가 처음 선택한 거래처는 바로 체계가 잘 잡힌 타이마(泰馬) 신발공장이었다. 사장은 그의 사정을 듣고 결산이 안 된 부분에 대해서 다시 어음을 써주라고 재무부서에 지시하였다. 그는 이렇게 일이 잘 풀릴 줄은 생각지도 못했다. 쇠뿔도 단김에 빼라고 그는 단숨에 4개의 대형 신발공장으로 찾아갔다. 이 4개의 공장은 장부나 컴퓨터에 기록이 남아있었기에 손쉽게 어음을 다시 발급해주거나 현금으로 결산을 해주었다. 이렇게 반나절동안 3만 위안의 손실을 만회하자 그의 얼굴에는 웃음꽃이 피었다.

하지만 기쁨도 잠시, 그는 또 고민에 휩싸였다. 상당부분의 작은 공장들은 어음을 손으로 써서 발급하여 큰 공장처럼 기록이 있을 리가 없고 컴퓨터 기록은 더욱 없었다.

그가 오후에 찾아간 신발공장의 여사장은 그의 사정을 듣고 납품수량만 확인이 되면 대금을 지불하겠는데 지금 액수가 얼마인지 기억이 나지 않는다고 했다.

그는 여사장과 얼굴을 붉히면 안 된다고 생각하고 그냥 사장님이 얼마라고 하면 얼마를 주라고 했다. 그러자 여사장은 우리 모두 장사를 해서 돈을 버는데 신용을 지켜야 한다면서 어음을 잃어버렸다고 잡아떼는 일은 절대 없을 거라고 했다. 그 후 꾸이시아오환(桂小歡)의 기록에 따라 여사장은 납품 수량을 확인했고 대금을 지불해주었다.

이렇게 13만 위안들 되찾은 그는 원조우 사람을 따라 배워야 하고 원조우 사람들의 성실하고 신용을 잘 지키는 인품과 덕성을 따라 배워 신용을 지키고 도덕이 있는 사람이 되어야 한다고 했다.

원조우의 상인들은 학력이 대체로 낮지만 그들은 허영심이 없고 지나치게 떠벌리지 않고 성실하고 신용을 지키고 열심히 돈을 번다. 한마디로 처세가 정확하다. 원조우 사람들의 됨됨이는 상인들의 본보기이다.

3. 착실하고 성실

닝씨아서해고원 지역은 중국에서 가장 가난한 지역 중 하나이지만 현지의 신발수선공들은 모두 원조우에서 건너온 사람들이다. 이렇게 가난한 지역이지만 돈은 역시 원조우 사람들이 벌어간다. 원조우 사람들이 돈을 벌 수 있었던 것은 그들이 늘 현실적으로 노력을 하기 때문이다. 또한 일처리와 장사를 하는 태도가 매우 현실적이며 노력을 아끼지 않는다.

그들은 돈을 신처럼 여기며 돈을 버는 것을 일종의 정상적인 생존 수단으로 생각한다. 하지만 돈을 목숨처럼 생각하는 탐욕이 없으며 돈을 버는데 부끄러워하거나 주눅이 들거나 위선적이지 않고 결백하고 착실하고 열심히 돈을 번다. 원조우 사람들은 깨끗하고 대범하고 정정당당하게 돈을 번다는 심리 상태로 장사를 하기에 신기할 정도로 영리하고 운도 따른다.

원조우 사람은 장사를 할 때 정부의 눈치를 안보고 남들이 했는지를 상관하지 않고 오로지 시장 수요가 있는지만 확인한다. 시장 수요가 있고 법적으로 금지되지만 않았다면 그들은 수단과 방법을 가리지 않는다.

예를 들어 농민들은 돈이 있으나 도시 호구가 없어 도시로 진출하지 못하자 자금을 모아 농민성을 만들었고, 도시의 국영 상점이 농민들의 제품을 취급하지 않자 그들은 국영상점의 매장을 임대해서 자신들의 제품을 팔았고, 국가은행이 대출을 안 해주자 신용서, 기금회, 민간금융 등을 설립하여 변동 이율을 실시하였다. 또한 그들은 주식합작제를 실시하여 규모가 작았던 문제점을 해결하였다.

사람의 행동을 제어하는 것은 사고방식이다. 사고방식이 진부하고 융통성이 없는 사람은 보수적이고 고지식한 행동만을 고집한다. 원조우 사람의 사고는 민활하고 다양하며 고정적이지 않다. 그들은 어떠한 규칙이 아닌 현실에서 출발하여 과감히 부딪치고 시도해 본다. 어떤 장사를 막론하고 주위 사람들이 어떤 말을 하던지 상관없이 돈을 벌 수 있다고 생각하면 무엇이든 다 시도해 본다. 돈벌이가 안 되면 말고 돈을 벌 수만 있다면 온갖 방법을 다 해서 끝까지 견지한다. 또한 원조우 사람의 사고에는 "기다리다, 기대다, 할 것이다."라는 개념이 없다. 그들은 늘 주동적으로 시장을 찾아 나서고 기회를 찾아 나선다.

원조우 사람은 공상, 환상을 하지 않으며 하늘을 탓하고 남을 원망하지 않는다. 국가에서 투자가 적으면 자신들이 건설하고 자원이 부족하면 안경, 라이터, 단추 등 소상품을 만들고, 기술 수준이 낮으면 수작업 또는 반수작업 공장을 설립한다. 아무튼 원조우 사람들은 사업을 하는 것은 돈을 벌기위해서이다.

장원롱(張文榮)은 상하이야룽(亞龍)투자유한공사의 사장이다. 고생을 두려워하지 않고 열심히 노력하는 원조우 사람의 정신은 장원롱(張文榮)에게서 찾아볼 수 있다.

창업한지 얼마 되지 않아 야룽그룹투자유한공사가 개발한 별 4개짜리 호텔식아파트를 분양을 시작했다. 상하이 푸동에 위치한 이 아파트는 평방미터당 8,000위안을 받을 수 있었지만 그는 7,000위안에 판매하기로 하여 다른 주주들의 불만을 샀다. 그는 7,000위안에 판매하면 며칠이면 다 팔릴 것이며 자금을 빨리 회수하여 다른 프로젝트에 투자하려고 한다고 했다. 그리고 더 중요한 것은 충분한 이윤이 보장되는 상황에서 소비자와 시장에 야룡개발회사의 아파트가 품질 좋고 가격도 싸다는 인식을 심어주기 위한 것이라고 했다.

"끝까지 돈을 벌려고 하지 말라.", 장원롱(張文榮)이 입버릇처럼 말했다. 이 말에서 그가 사업가로서 가지기 힘든 평화로운 심리 상태를 소유하고 있다는 것을 알 수 있다. 장원롱(張文榮)은 장사를 하려면 눈앞의 이익보다는 장기적인 이익을 내다봐야 한다는 것을 알고 있었다.

장원롱(張文榮)은 하룻밤에 부자가 될 꿈을 꾸지 말고 열심히 노력하여 재물을 차곡차곡 모아야 한다고 했다. 이런 사고방식으로 장원롱(張文榮)은 몇 년간 사업을 기본으로 하는 것을 견지하고 누적 발전을 위주로 했다. 그는 자신의 경영 풍격에 대해 "신중, 매우 신중"이라고 평가했다. 그는 야룡집단이 부동산에 투자하기 전에는 은행대출을 받지 않았다고 자랑스럽게 말했다. 현재 기업의 부채비율을 30% 이내로 유지하고 있다.

한 사장이 호텔을 장원롱(張文榮)에게 매각하려고 했다. 평가가격이 16,000만 위안 이었지만 그 호텔 사장은 장원롱(張文榮)에게 7,000만 위안을 요구했다. 평가가격을 기준으로 장원롱은 은행에서 1억 위안의 대출을 받을 수 있었지만 그는 거절했다. 조사를 해본 결과 호텔의 수익률이 은행금리 보다도 낮았기 때문이다.

사람들은 그의 사고방식이 매우 뒤떨어졌다고 생각하지만 장원롱(張文榮)은 "사람들이 나를 바보라고 합니다. 나는 정말 바보입니다. 하지만 나는 우리 직원들과 내 가족을 책임져야 합니다."라고 했다.

장원롱의 신중한 투자 풍격과 사업을 기본으로 하는 전통 관념으로 그를 담력이 적고 보수적인 상인이라고 판단하지 말아야 한다.

장원룽(張文榮)은 전국각지 상품의 차액을 이용하여 부자가 되었다. 80년대 초 장원룽(張文榮)은 고향인 원조우를 떠나 전국각지에 다니면서 영업을 시작하였다. 그는 처음 몇 번의 성공 사례를 영원히 잊을 수가 없다고 했다. 처음은 개혁개방 초기 유행 의류 패션에 대한 수요를 파악하고 광조우 등 지역에서 티셔츠를 도매하였다. 이렇게 하여 그는 이삼십만 위안의 순이익을 얻게 되어 난생처음 큰돈을 모으게 되었다.

장원룽(張文榮) 동북에서 장사를 할 때 현지의 일본 오토바이의 판매가가 원조우보다 많이 싸다는 것을 알게 되었다. 그는 모든 자금으로 300여대 의 오토바이를 사서 남방에 판매하여 3개월 내에 백만 위안을 벌었다.

얼마 후 그는 그동안 번 돈을 밑천으로 상하이에 진출하였다. 당시 계획경제를 실시하고 있었기에 대외물류유통은 제한을 받고 있었다. 상하이의 국유 공업기업들이 대량의 구리를 쓰레기로 방치했다. 하지만 원조우의 기업들은 원자재 부족으로 가동을 멈춘 상태였다. 장원룽(張文榮)은 가지고 있는 자금을 이용하여 상하이에서 아주 저렴한 가격으로 폐구리를 회수하여 원조우에서 팔았다. 이렇게 그는 빠른 속도로 재산을 늘려갔다.

80년대 중국의 도시화가 급속히 진전되면서 케이블 수요가 급증하자 그는 상하이 케이블공장과 협력하여 상하이케이블공장야룽회사를 설립하였다. 이어서 장원룽(張文榮)은 전기, 조명 등 공장을 설립하였으며 생산된 제품은 푸동국제공항, 오폐수처리공정 등 대형 프로젝트에 사용되었다. 1997년 장원룽(張文榮)은 국유

기업인 푸둥케이블공장을 인수했고 몇 년간의 노력 끝에 적자를 흑자로 돌렸고 연 생산액이 2억 위안을 넘어서 "케이블왕"이라는 명성을 얻게 되었다.

현재 장원롱(張文榮)의 야룡그룹은 순자산이 12억 위안, 년생산액이 30억 위안이 넘고 직원 수가 2,000여명에 달하는 규모로 성장하였다. 야룡그룹은 공업, 교육, 부동산을 취급하고 있지만 장원롱(張文榮)은 공업을 회사의 주력업종과 기본산업으로 한다고 결정하였다. 그는 중국의 케이블, 전선 제조업이 인건비가 낮아 경쟁력을 가지고 있고 수입제품은 국내의 표준과 다를 뿐만 아니라 원가가 높아 경쟁력이 낮으며 외국 기업이 국내에서 생산하여 국내의 노동력을 이용한다고 해도 이 산업의 기술수준이 높지 않기에 외자기업이라고 우리한 조건을 갖추지 못한다고 생각했다. 또한 공업제품이 이윤이 적지만 장기적이고 안정적인 기초업종이기에 규모를 늘릴 필요가 있다고 했다. 교육은 회사의 이미지 전략으로 분리하여 경영을 하며 향후 수익을 기대할 수 있다. 또한 짧은 기간 내에 회사 이미지 향상을 위해 큰 역할을 하고 있다. 부동산 개발은 비록 현재 회사의 70%이상의 자금을 차지하고 있지만 회사에 이윤을 가져다 주는 주요 업종이다. 하지만 장원롱(張文榮)은 부동산은 단기투자행위이고 시장이 포화상태가 되면 바로 퇴출을 해야 한다고 생각했다.

원조우 사람은 사업을 할 때 경영수법이 소박하고 실제의 효과를 중요시 한다. 그들은 무의식중에 "말은 서투르고 행동은 민첩하다"라는 규칙을 따르게 되었다.

사람들은 포브스가 매년 선정하는 세계 부호의 순위에 관심을 가지고 있다. 하지만 순위에 선정된 원조우 사람들은 이에 전혀 관심을 가지지 않는다. 선정 순위를 인정하지 않거나 아니면 자산은 수자에 불과할 뿐 아무런 의미가 없다고 했다.

수많은 기증식에서도 원조우 사람들은 기업대표를 파견하여 참석할 뿐 회장 본인은 이런 장소에 얼굴을 드러내려고 하지 않는다.

원조우 사람은 자만하지 않고 착실하며 "먼저 생산하고 그 다음에 생활하다."라는 원칙을 따르며 기업에 필요하면 천금을 아까워하지 않는다. 하지만 사장의 사무실, 승용차 및 의식주의 모든 것은 절약한다. 이는 "이미지공정", "정치업적공정"을 좋아하는 정부관원들의 행위와 대조를 이룬다.

원조우에서 20여 평방미터의 공간에 책상 두 개, 컴퓨터 한 대, 팩스 한 대, 두 사람이 사무실에서 업무를 보고 있다면 이를 우습게 여겨서는 절대 안 된다. 그들은 어쩌면 백만장자 심지어 천만 장자 일수도 있다. 그리고 경제가 발달한 원조우에는 현재까지 별 5개 짜리 호텔이 없다. 이에 대해 원조우 사람들은, 사람들은 원조우에 돈을 벌려고 온 것이지 돈을 낭비하려고 온 것이 아니라고 해석했다.

경영전략에서 원조우 사람은 소비자들이 필요한 것을 제때에 제공한다. 사스가 유행할 때 사람들은 식초를 태우면 사스를 예방할 수 있다고 생각했다. 그러자 원조우 사람들은 바로 식초를 태우는 기계를 만들어서 판매했다.

머리를 숙이지 않고 패배를 인정하지 않고 취급하는 업종마다 잘 파악하고 돈벌이가 되면 뭐든지 하고 돈벌이가 안 되면 바로 업종을 바꾸고 헛된 명성을 탐내지 않고, 형식을 중요시 하지 않고, 일은 많이 하고 말은 적게 한다. 질책에 대해서 쟁론하지 않고 변명하지 않고 성과에 대해서 잘난 체하지 않는다. 이것이 바로 원조우 사람의 돈을 버는 풍격이다.

- 자신이 원하는 일을 한다. 많은 시간을 투자해야 하기에 꼭 흥미를 가져야 한다. 흥미가 없다면 많은 시간을 투자하지 않을 것이고 성공하지도 못할 것이다.
- 사장이 된다. 직원으로 일하면 절대로 부자가 될 수 없다. 닭의 부리가 될지언정 소의 꼬리가 되지 말자.
- 자신이 익숙하고 잘 알고 있는 업종을 택하여 창업하자.
- 사회가 필요한 제품을 빠른 시간 내에 개발하여 생산하자.
- 새로운 방법과 새로운 제품은 새로운 재물을 창조할 것이다. 새로운 방법이란 제품의 디자인, 효율, 품질, 편리성을 향상시키거나 또는 원가를 낮추는 것이다.
- 전문교육을 받은 적이 있거나 특수한 재능을 가지고 있다면 이를 충분히 이용해야 한다. 만일 요리를 잘 하는데 미장이로 일하려 하면 어리석은 짓이다.
- 어떤 일에 착수하기 전에 먼저 연구를 해야 한다. 그래야만 많은 시간과 돈을 아낄 수 있다.
- 벼락부자가 될 꿈은 꾸지 말고 자신의 사업을 어떻게 개선하고 어떻게 순조롭게 진행할 것인지를 생각하자. 그러면 재물은 자연적으로 따라올 것이다.
- 원가를 최대한 낮춘다. 하지만 품질을 희생시켜서는 안 된다.
- 남들과 나눌 줄 알아야 한다. 그 사람들이 언젠가 나에게 도움이 될지도 모르기 때문이다.

- 시간을 최대한 자신의 사업에 써야 한다.
- 일을 과감하게 해야 한다. 가끔은 남들의 칭찬과 지적을 들어 볼 수도 있지만 주관이 있어야 한다.
- 말은 참되어야 하고 실질적인 일을 하고 성실과 신용을 기초로 해야 한다.
- 시간을 아껴야 한다. 시간도 밑천이고 재산이기 때문이다.
- 자신이 잘못을 과감하게 인정하고 그중에서 교훈을 얻어야 한다.
- 어려움 때문에 발길을 멈추지 말고 이를 악물고 끝가지 견지해야 한다.
- 사업에 대한 생각은 고정되지 말아야하고 자주 바꿔야 한다. 아닐 경우 시장에서 도태된다.
- 리스크는 자신이 부담할 수 있는 범위로 억제해야 한다. 아닐 경우 다시 일어설 기회가 없어진다.
- 투자를 하면 무조건 큰 돈을 번다는 생각을 버려야 한다. 작은 돈이라도 놓치지 말자.
- 열심히 배워야 한다. 책에서만 배우는 것이 아니라 실천에서도 배우자.
- 체면 의식을 버려야 한다. 돈이 있으면 체면도 자연적으로 따른다.
- 사소한 부분에 신경을 써야 한다. 아닐 경우 이 때문에 모든 일을 망칠 수 있다.
- 스피드, 스피드, 스피드! 기회가 오면 재빨리 행동으로 옮겨야 한다.

◐ 사업적 기회가 없다고 여겨질 때 기회를 창조하는 법을 배워야 한다.

◐ 일을 할 때 책의 이론이나 전문가의 말에만 따르지 말자. 자신의 실제에 적합한지를 판단하는 것이 관건이다.

◐ 돈을 끝까지 벌려고 하지 말자. 가끔은 포기하는 법도 배워야 한다.

4. 햇빛만 받으면 빛을 발산

유명한 원조우 민영 기업가들의 약력을 보면 그들의 대부분이 창업 전에는 매우 가난했다는 것을 알 수 있다. 루관치우는 대장장이, 난춘후이는 신발수선공, 후청중은 재봉사, 왕전타오는 목공, 정위앤비아오는 공원, 정지앤지앙은 수리공이었다. 그 외에도 연매출액이 10억 위안을 넘는 민영 기업주들의 대부분이 평범한 출신이었다.

전문가들이 그들이 성공할 수 있었던 원인을 연구하는 과정에서 돈을 제일 잘 버는 이 중국인들이 신경제의 낙오자들로 보인다는 것을 발견했다. 책에 쓰여 있는 공식화된 이론으로는 그들의 성공을 해석할 길이 없었다. 경제학자들은 원조우 민영경제의 왕성한 발전 현상을 "토양이 있으면 싹이 트고 햇빛만 받으면 빛을 낸다."며 "풀뿌리"경제에 비유하였다.

원조우 상인들의 풀뿌리근성은 다음과 같은 면에서 나타난다. 모방에 치중하고 혁신이 부족하다, 70%이상이 중학교이하의 학력이다, 80%이상이 농민출신이다, 산업이 대부분 낮은 단계에 속한고 규모가 작다, 대다수가 가족제이다, 대부분 신중하다, 보수적이다, 전통산업에 종사하며 신기술이 매우 적다.

바로 이런 풀뿌리근성을 가진 영웅들이 장애물을 과감히 넘고 도전한다. 중국경제의 개혁과정의 어디서나 원조우 상인들의 소리를 들을 수 있고 발자취를 찾을 수 있다. 중국 최초의 개체영업허가부터 최초의 민간인이 지배하는 상장주식회사, 중국 최초의 수출입경영권을 가지고 있는 민영유통기업에서 최초로 홍콩에 상장한 민영기업, 비록 풀뿌리 근성을 가지고 있지만 이 모든 것을 원조우 사람들이 해냈다.

원조우 사람의 창업특징은 "삼무오저(三無五低)"이다. "삼무(三無)"는 자금이 없고 기술이 없고 시장이 없음을 말하고 "오저(五低)"는 출발점이 낮고 지명도가 낮고 학력수준이 낮고 산업단계가 낮고 기업 조직 형식이 낮음을 말한다. 하지만 "삼무오저(三無五低)"는 중국에서 인기가 제일 많은 군체를 형성하였다.

창업 초기 외부환경의 변화가 크고 기회가 많은 경영환경에서 학력수준이 낮은 계층은 빨리 적응이 한다. 원인은 그들이 정신적 부담감이 없고 사고가 빠르고 모험정신이 있기 때문이다. 때문에 이들은 기초자본 축적의 단계에서 비교적 쉽게 재물을 모을 수 있었다. 개혁초기 민영기업가들은 대부분 전통공업, 상업 및 서비스업에 종사하였다. 학력수준의 차이는 이런 기업에게는 큰 영향을 미치지 않았다. 학력수준이 낮은 사장도 손쉽게 돈을 벌 수 있었고 심지어 학력수준이 높은 사장보다 더 용감했기에 우위를 차지했다.

실제로 몇 억 위안의 자산을 가지고 있는 사람은 졸업증서 한 장을 얼마든지 구할 수 있다. 이는 원조우의 민영기업가들이 마음에 거리낌이 없고 자신의 고난역정을 숨기지 않는다는 것을 설명한다. 통계에 따르면 90%이상의 원조우 사장들이 농민, 공원, 재봉사, 신발수선공 등 출신이며 부자가 되기 전 대학 교육을 받은 비율은 불과 30%에 불과하다. 결론은 바로 재물과 학력은 비례하지 않는다는 것이다.

원조우 사람의 창업은 제일 배울 필요가 있고 또한 따라 하기도 쉽다. 그들이 진정한 평민영웅이기 때문이다. 첫째, 그들 중 대부분이 평민 출신이었고 부자가 되기 전 대부분이 농민이었다. 둘째, 그들은 자금이 없고 기술이 없고 시장이 없이 자수성가하였다. 그들이 가지고 있는 지식과 자본은 누구나 다 가지고 있다. 사업을 시작하는 규모는 크거나 작을 수 있고 자금도 많거나 적을 수 있다. 창업의 문턱이 매우 낮기에 자신이 무엇이 부족한지를 걱정하지 말아야 한다. 그들의 경영주장, 그들의 조합능력, 그들의 삼류인력으로 일류의 효율을 달성하는 능력 등은 현재 창업을 시도하려고 하는 모든 사람들이 배울 수 있는 것이다.

원조우현의 서기를 했던 리딩푸(李丁富)는 현재 원조우경제연구소장을 맡고 있다. 그는 "풀뿌리 경제"에 대해 다음과 같은 솔직한 해석을 했다. 첫째, 이런 경제활동의 진출분야가 크고 침투력이 강하다; 둘째, 이는 강한 풀뿌리 근성을 가지고 있다. 출신이 높지 않고 자립심이 강하고 생명력이 강하다. 비록 "풀뿌리 근성"을 소유하고 있지만 원조우 사람들의 소중한 면은 바로 그들이 작은 성과에 만족하지 않고 더욱 높은 곳을 향해 도전하는 정신이다.

두 소몰이꾼의 이야기를 들어보자.

한 기자가 정부의 가난 지원 담당자와 서북 빈곤 지역으로 갔다. 한 소몰이 아이에게 "왜 소몰이를 하죠?" 라고 묻자 그 아이는 돈을 벌기 위해서라고 대답했다. 그럼 돈을 버는 이유는 무엇인지를 묻자 결혼하기 위해서라고 했고 결혼하는 목적은 아이를 낳기 위해서이고 아이를 낳는 목적은 소몰이를 시키기 위해서라고 했다.

한 가난한 소몰이꾼이 두 아이를 데리고 소몰이를 하고 있었다. 동생은 하늘을 나는 새를 보면서 우리도 새처럼 날면 좋겠다고 했다. 그러자 아버지는 "날고 싶다면 날수가 있을 것이다."라고 말했다. 동생과 형은 새처럼 나는 시늉을 했지만 날수가 없었다. 아버지도 한번 날아보려고 했지만 실패했다. 그러자 아버지는 "나는 늙었지만 너희들은 아직 어리니 노력을 하면 꼭 날 수가 있을 것이다."라고 말했다. 그 후 이 두 형제는 노력 끝에 끝내 하늘을 나는데 성공했다. 그들이 바로 미국의 라이트형제이다.

두 이야기의 주인공 대조적인 이유는 바로 그들의 뜻이 하늘과 땅차이었기 때문이다.

원조우 사람은 최초로 돈을 버는 것이 영광스럽다는 가치관을 표출하였다. 지금은 다들 그렇게 생각할지도 모르지만 20여 년 전에는 당당하게 이런 가치관을 내세운다면 전통적인 가치관에 대한 도전이다. 이는 가치관의 혁신이며 원조우 사람이 사업 활동에서의 원대한 포부와 최종 목표를 말해준다.

무엇 때문에 꿈이 한 사람의 성공 여부를 결정한다고 하는가? "위대한 기백은 위대한 목표에서 발생한다." 한 위인은 이렇게 말했다. 때문에 꿈이 큰 사람은 천부적인 능력과 강한 투지를 가지고 있다. 때문에 그들이 고난과 실패 및 좌절을 극복하도록 하려면 잠재된 용기를 자극하여 자기 자신을 이겨내 최후의 승리를 얻게 해야 한다.

총사령관이 되고 싶어 하지 않는 사병은 훌륭한 사병이 아니다. 총사령관은 극소수에 불과하기에 되고 싶다고 해서 누구나 될 수 있는 것은 아니다. 하지만 사령관이 되려는 생각조차 안 해 본 사람은 영원히 사령관이 될 수 없으며 심지어 반장 조차도 될 수 없다.

민영자본을 항공업계에 최초로 뛰어든 왕쥔야오(王均瑤)의 실화는 성공을 갈망하는 청년들에게 다음과 같은 교훈을 말해주었다. "생각할 용기가 있고 노력하면 하늘로 날 수 있다."

십여 년 전 농담 한마디가 왕쥔야오(王均瑤)의 인생을 바꾸어 놓았다. 그 당시 왕쥔야오(王均瑤)는 후난 창사에서 생계를 유지하는 원조우 출신 작은 장사치에 불과했다.

1991년 설 전 그는 고향 친구들과 버스 한 대를 대절하여 고향에 설을 지내러 갔다. 산 넘고 골짜기를 지나 1,200km의 기나긴 여정에서 그는 무의식중에 버스가 너무 느리다고 했다. 옆에 있던 고향 친구가 "비행기가 빠른데 비행기를 타지"라고 말꼬리를 잡았다. 이 말이 그의 야심을 자극했던 것이다. 맞아. 내가 왜 비행기를 대절하지 못하지?"

1991년 7월 28일 당시 25세이던 왕쥔야오(王均瑤)는 중국민항 사상 최초로 개인이 비행기를 전세 내어 창사-원조우간 항로를 개척하였다. 민항여객기는 창사에서 이륙하여 원조우 공항에 착륙했다.

그 후, 왕쥔야오(王均瑤)는 여객기를 전세 냈던 야심을 유제품 사업에 쏟아 부었다. 그는 "전 세계에서 술의 년간 판매량이 우유 판매량을 웃도는 유일한 나라인 중국의 년간 1인당 우유 섭취량이 7kg도 되지 않는다. 중국이 부유해지면 분명 더 많은 사람들이 우유를 마시게 될 것이다."라고 판단하고 1994년 쥔야오(均瑤)유제품회사를 설립했다. 1998년 그는 고향인 원조우에서 대당 평균 70만 위안의 가격으로 수 백 대의 택시 경영권을 획득하였다. 그의 야심은 오로지 하나였다. 즉 원조우에 오는 모든 사람들이 먼저 쥔야오(均瑤)택시를 볼 수 있고 거리를 달리는 모든 차가 쥔야오(均瑤) 브랜드이길 바라는 것이다. 이는 바로 거대한 무형자산이었다.

더 높은 꿈을 추구하고 큰 포부를 실현하기 위하여 왕쥔야오(王均瑤)는 회사 본부를 상하이로 이전하였다.

그의 재산은 자손 몇 대까지 먹고살 만큼 충분했다. 원조우에서 사업을 발전시켜도 연간 1~2천만 위안은 벌 수 있다. 하지만 그는 왜 본부를 상하이로 옮겼을까? 유일한 이유는 바로 그의 원대한 포부였다.

"막상 상하이에 도착했을 때 마치 모래 한 알이 바위 위에 떨어진 것처럼 자신이 너무 보잘것없었습니다. 원조우에서는 눈을 감고도 길을 잘 찾았지만 상하이에서는 고가도로를 타면 쉽게 내려오지 못했습니다. 왜 상하이에 왔냐고요? 상하이는 미국의 뉴욕과도 같았습니다. 무궁무진한 인재와 정보 자원을 가지고 있습니다. 상하이에는 더욱 큰 사업기회와 발전공간이 있습니다."라고 그는 말했다.

원조우 사람 750만 명 중에 왕쥔야오(王均瑤)처럼 외지에서 사업을 하는 사람은 200만 명에 달한다. 즉 원조우 사람 4명 중에 1명은 타지에서 열심히 자기사업을 하고 있는 것이다.

또한 부자가 된 원조우 사람은 모두 원대한 포부를 가지고 있어 국내시장에서 만족하지 못하고 창업의 눈길을 해외로 돌리기 시작하였다. 해외에서 창업을 시작한 원조우 사람은 50만 명에 달한다. 또한 그들은 시장이라는 전쟁터에서 필승불패를 자랑하여 현대판 칭기즈칸이라고 할 수 있다.

원조우 사람을 보면 우리는 "원대한 포부를 가지고 끊임없는 노력할 수 있는지가 인간의 제일 큰 차이점이며 이는 성공 또는 평범함을 결정하는 중요한 요소이다."라는 원리를 알 수 있다.

원조우 사람은 이 원리를 깨달았고 때문에 돈을 벌어서 체면을 세웠고 인생가치를 실현하였다. 우리 주위에는 아직도 많은 사람들이 무지몽매 속에서 평범하게 세월을 보내고 있다.

만일 창업하는 자가 마음에 큰 뜻을 품지 않는다면 머릿속에 고정관념이 박혀있고 작은 것에도 만족을 느끼고 고난 앞에서 무릎을 꿇는다. 그렇다면 결과는 다음과 같다.

- 작은 가게를 열었다면 세월이 아무리 많이 지나도 작은 가게의 수준에서 벗어나지 못한다. 이는 창업이 아니라 생계를 유지하는 수준에 불과하다.
- 만일 작은 회사를 설립하였다면 창업자가 임종할 즈음에도 규모는 창업 당시와 같을 것이다. 이는 더더욱 창업이 아니라 그냥 밥을 먹고 사는 수준이다.

만일 원대한 포부를 세운다면 향후의 경영활동에서 제2의 창업, 제3의 창업 또는 더 많은 창업이 이어져 몇 십 년 후 작은 가게는 대형 백화점으로, 작은 공장은 대기업으로, 작은 회사는 규모가 큰 상장회사로 발전할 것이다.

그리고 원조우 사람의 사장이 되려는 잠재의식은 원조우 사람의 원대한 포부, 탁월한 안목에서도 표현된다.

"닭의 머리가 될지언정 소의 꼬리가 되지 말자." 이는 원조우 사람들이 사장이 되려는 심리를 잘 표현하는 말이다. 원조우 사람은 누구나 사장이 되고 싶어 한다. 그들은 직장을 찾거나 취업을 하려고 안 하고 장사를 할 생각만 가지고 있다.

원조우 사람들은 "자기 자신을 위해서 일을 하자. 규모가 매우 작아도 자기 사업이기에 힘이 솟고 또한 최선을 다 할 수 있다."라고 생각한다.

한 원조우 사람은 "원조우에서 마이크로소프트의 CEO, IBM의 회장이라도 구멍가게의 사장보다도 값이 나가지 않는다."라고 했다. 비록 과장된 말이지만 하지만 원조우 사람들의 사장이 되고 싶어 하는 심리를 제대로 표현하였다.

원조우 사람들은 1년에 만 위안을 버는 사장이 될지언정 10만 위안을 버는 고용 사장이 되려고 하지 않는다. 사장이 되면 자신의 노력으로 몇 십만 위안에서 억대가 넘는 규모로 발전시킬 수 있기 때문이다. 또한 사장이 되면 정신적으로 우월감을 느끼고 인격상 자유가 있어 자신이 모든 결정권을 가지고 있다. 자신이 원하는 대로 하기 때문에 돈을 벌면 성취감이 있고 밑지더라도 자극감이 있다. 돈을 벌고 밑지는 모든 과정이 긴장 속에서 이루어지지만 인생의 참맛을 음미할 수 있다.

70년대 말의 어느 겨울 원조우에서 신발 수선을 하는 한 청년이 신발을 고치다가 송곳으로 손가락을 찔러 피가 솟아났다. 그는 송곳을 빼고 헝겊으로 싸매고 눈물을 머금으면서 손님의 신발을 다 고쳐주었다. 이 소년이 바로 억만 장자인 정타이그룹의 회장 난춘후이이다. 그 당시 루관치우, 후청중 등 원조우의 사업가들도 고달프고 힘든 창업을 시작하였다. 이 풀뿌리 근성을 가진 영웅들은 마음에 큰 뜻을 품고 꿈을 향해 돌진하였다. 중국 시장

경제가 싹이 트기 시작할 때 후원자도 없고, 기술도 없고, 학력도 없는 그들이 근검절약 정신과 영리한 머리로 너도 나도 할 것 없이 창업의 길을 선택하였다.

객관적으로 그들이 중국의 경제정책이 바뀌는 시점을 잘 만났고 또한 시기를 잘 잡았고 볼 수 있다. 하지만 그들의 투지를 북돋은 것은 한결 같은 분발 정신과 원대한 포부이다. 때문에 그들은 굳센 의지와 중도에 포기하지 않는 정신을 가지고 있으며 꿈을 향해 도전하는 과정에 수많은 노력과 피땀을 아끼지 않는다.

원대한 포부가 있기에 창업자들은 한결같이 근면성실하고 부지런하며 남들의 시선을 아랑곳하지 않고 높은 투지로 필승의 신념을 다진다. 또한 발전에 필요한 새로운 것을 끊임없이 배우고 창업 자원을 발굴하기 위해 노력을 아끼지 않고 끊임없이 자신의 실력과 규모를 키웠기에 그들의 재산 또한 끊임없이 불려나가 성공에서 더욱 큰 성공으로 매진한 것이다.

제6장
철저히 영리를 추구하는 원조우 상인

홍콩 야경

1. 세밀한 계산은 상인의 본성

중국인은 원래 계산이 빠르다. 금전 앞에서는 빙빙 돌아가고 내색을 하지 않는다. 하지만 자신의 근본적인 이익에 관련되면 누구도 물러서지 않는다.

북방인의 호탕함과는 달리 남방인은 영리하고 노련하며 도량이 좁아 보인다. 북방인과 장사를 할 때 이런 말을 자주 들어볼 수 있다. "돈 얘기는 꺼내지 마세요. 돈 얘기를 하면 감정이 멀어집니다." 현실적으로 돈 얘기를 하지 않을 수 없지만 이 말에서 북방인의 이익보다는 의리를 따지는 심리상태를 알 수 있다. 이전에 북방인은 남방인을 깔보고 무시했다. 그 원인은 바로 남방인이 좀스럽게 따지고 계산적이었기 때문이다.

북방인은 외지에서 사업을 할 때 씀씀이가 헤프고 적은 돈 몇 푼 때문에 따지지 않고 솔직하고 마음이 곧다. 사발로 술을 마시며 위가 상할지라도 감정은 상하지 않게 한다. 동북상인은 더더욱 술 없이는 거래를 하지 않으며 수많은 큰 거래도 대부분 술자리에서 결정이 난다. 술을 마실 줄 몰라도 목숨을 내걸고 마셔야 하며 어느 누구나 술잔을 앞에 두고 술을 마시지 않으면 위선적이고 교활하여 교제할 상대가 되지 못한다고 생각한다.

북방인의 성격이 잘 못되었다고 하는 것은 아니지만 시장경제 사회의 사고 방식과는 적합하지 않다. 일을 처리할 때 거칠고 의리를 따지고 계산적이지 않으면 사업상 거래과정에서 손해를 보기 쉽고 영리한 남방인의 "꾀"에 넘어가기 쉽기 때문이다. 사업을 하려면 효과와 이익을 극대화 해야 한다. 경제적 효과와 이익을 극대화 하려면 하찮은 것이라도 반드시 꼼꼼히 따져야 한다. "좀스럽게 따지다."는 사업상에서 "조금도 빈틈이 없다."로 이해할 수 있다.

　상인의 제일 본질적인 특징은 바로 강한 원가 의식이 있다는 것이다. 여기서 "좀스럽게 따지다."는 제일 전형적인 표상이다. 만일 모든 직원들이 강한 상인 의식을 소유하고 있어 기업의 모든 업무 및 생산 과정 심지어는 물이나 전기 등에서 매우 민감하고 꼼꼼히 따져 열악한 시장경쟁에서의 원가를 낮추고 또 낮춰야만 그 기업은 시장에서 진정한 승리자가 될 수 있다.

　이전의 국가나 가정을 보면 성공은 근검절약으로 이루어지고 패배는 사치에서 비롯된다. 절약의 미덕은 원가를 낮추기 위해서만은 아니다. 크게 말해서 인구가 급증하고, 자원이 고갈되고, 환경이 오염에 노출된 현재 과소비, 쓸데 없는 낭비를 해서는 안 된다. 아닐 경우 인류의 생존환경을 오염시키고 파괴시킬 뿐만 아니라 지구의 자원을 낭비하여 자손후대의 생존 기반을 훼손시킬 수 있다.

　작게 말해서 절약은 한사람 또는 한 사업의 성패를 결정한다. 에드가 스노우가 앤안에서 마오저동이 기운 옷을 입고 조우언라이가 흙구덩이에서 잠을 자고 펑더화이가 전리품인 낙하산으로 조끼를 만들어 입는 것을 보았다. 그는 이를 "동방매력"이라 했으며 분명 "흥국의 빛"이라고 판단했다. 회해대전 중 체포된 후 패배를 인정하지 않던 국민당의 대장군 황웨이는 덩시아오핑, 천이 등 포의장군들의 검소한 모습을 직접 본 후 "저는 전쟁터에서 졌을 뿐만 아니라 품행과 정신에서도 졌습니다."라고 패배를 인정했다.

사람들은 유태인은 구두쇠라고 한다. 유태인들이 사업을 하는 과정에서 모든 제품에 대해서 좀스럽게 따지고 돈 계산은 조금도 틀리지 않게 하기 때문이다. 유태인은 돈을 아낀다. 즉 돈을 사랑할 뿐만 아니라 소중하게 여긴다. 다시 말해서 유태인은 부자가 되려고 할 뿐만 아니라 자신이 이미 소유하고 있는 재산을 보호하려고 노력한다. 돈을 사랑하고 아끼는 마음이 있고 소중히 여기는 상인에게 돈도 자연적으로 따른다.

유태인은 사업무대에서 애매모호하지 않고 매우 세심하다. 가격 관련 협상이 진행될 때는 더더욱 세심하고 한 푼의 이윤이라도 매우 정확하게 계산한다. 유태인은 암산이 빠르기에 신속하게 판단을 할 수 있다. 때문에 그들은 협상 과정이 매우 냉정하고 침착하며 한 걸음 한 걸음 압박하여 승리를 거둔다. 사업 무대에서 힘들이지 않고 여유 있게 일을 처리하며 태연자약하다.

유태인이 계산에 정확한 것은 매우 사소한 것도 꼼꼼히 따지기 위해서이다. 그들은 대다수의 상인처럼 꼼꼼히 따지는 것을 부끄럽게 생각하지 않는다. 그들은 아주 적은 이윤이라도 놓쳐서는 안 된다고 생각하며 정확하고 신속하게 결과를 계산한다. 이 두 가지를 결합한 것이 유태인의 현명한 선택이며 또한 장사 수완 중 하나이다. 유태인은 이렇듯 총명하고 영리하다. 유럽에서 식당을 하는 원조우 사람들도 영리하기는 마찬가지다.

- 식당개업은 공장설립보다 투자금이 적게 들며 요리기술도 쉽게 숙달할 수 있다.
- 사람은 밥을 먹어야 살 수 있고 또한 유럽의 유동인구가 매우 많기에 식당을 하면 쉽게 자리를 잡을 수 있다.

◐ 한 고향 사람이나 친척들을 식당 종업원으로 채용하여 그들이 먹고 거주하는 문제를 해결할 수 있다.
◐ 식당은 정보중심, 교제중심으로 오고가는 사람들이 많기에 짧은 시간에 현지인들을 사귈 수 있어 원조우 사람이 타국에서 시장을 개척하는데 도움이 된다.

현재 사업가 기질이 없는 민족은 전 세계의 사업 전쟁에서 승리를 거둘 수 없다. 지난날 일본 회사는 여러 수단과 방법으로 중국 회사로 부터 많은 이익을 챙겼지만 중국의 회사는 벙어리 냉가슴을 앓기만 했다. 하지만 밍러(明樂)식품수출입회사는 일본인에게 중국 상인의 영리함과 무서움을 보여주었다.

90년대 중기 밍러(明樂)식품수출입회사는 일본 모 공장에서 식품생산기계를 주문하였다. 일본회사는 한 대당 150달러를 요구하였다. 밍러(明樂)회사는 140달러를 요구했지만 일본 측은 145달러가 제일 싼 가격이라고 했다. 하지만 밍러(明樂)회사는 140달러에서 더 이상 양보를 하지 않았다. 협상이 교착상태에 빠졌지만 밍러(明樂)회사는 침착함을 잃지 않았고 또한 서로 수군거렸다. 일본 측은 밍러(明樂)회사가 다른 유럽의 업체와 연락을 하고 있는 것으로 생각하고 140달러에 거래를 하기로 했다.

이렇게 밍러(明樂)회사는 승리를 거두었지만 협상은 이렇게 끝나지는 않았다. 기계구매수량을 늘릴 것이니 가격을 더 싸게 해달라고 요구를 했다. 일본 측은 원가, 비용, 이윤 등을 검토한 후 구매량을 1,000대에서 2,000대로 늘리는 조건으로 135달러로 협상을 마쳤다.

협상 과정에서 밍러(明樂)는 일본 측이 엔화로 거래를 할 것을 원하는 것을 발견했다. 밍러(明樂)는 달러로 거래를 할 것이며 만일 엔화를 원한다면 환율에 따라 계산할 것이라고 했다. 그 당시 달러약세가 계속 이어지고 있었기에 일본 측은 동의했다.

밍러(明樂)는 또한 계약조건을 수정할 것을 요구했다. 즉 밍러(明樂)회사가 선박과 보험비용을 부담하며 운송, 보험비용은 따로 계산할 것을 원했다. 일본 측은 이의를 제기하지 않았다. 밍러회사는 일본 측에게 일람출급신용장을 4개월 후 상환하는 기한부 신용장으로 바꿀 것을 요구했다. 이에 일본 측은 난처함을 표했다. 밍러회사는 솔직하게 회사의 여러 가지 애로사항을 털어놓았고 일본 측은 다시 한 번 양보했다. 이렇게 계약은 성사되었고 계산을 해보니 실제 수입 원가는 한 대당 130달러도 안되었다.

이 협상에서 밍러회사는 원조우 사람의 영리함과 능력을 보여주었다. 그들은 먼저 일본 측이 가격을 내려주기를 기다렸다가 다시 그 가격에서 협상을 시작하였다. 가격이 어느 정도 협상이 이루어질 때 운송, 보험, 결산 화폐, 지불 방식 등에서 다시 협상을 하여 150달러를 130달러 이하로 낮추었다.

존 D 록펠러는 세계 유명한 부자이다. 하지만 그는 평소 검소한 생활을 한다. 하루는 그가 뉴욕의 한 여관에 투숙하게 되었다. 그가 제일 싼 방을 원하자 호텔 매니저는 "선생님, 왜 제일 싼 방을 원하십니까? 아드님은 항상 제일 비싼 방을 원하거든요!"라고 물었다. 그러자 존 록펠러는 이렇게 대답했다. "내 아들은 백만장자 아버지가 있지만 나는 그런 아버지가 없습니다."

와하하(娃哈哈)그룹 내부의 모든 영수증은 쏭칭호우(宋慶后)의 서명이 있어야만 효력을 발생한다. 한번은 쏭칭호우(宋慶后)가

서명을 하려다가 갑자기 크게 소리를 질렀다. "뭐? 빗자루 열 개 나 사야 하는데 왜 도매시장을 안 갔단 말인가? 너무 낭비야!"

저지앙성 001전자그룹의 사장 씨앙칭쏭(項靑松)은 68위안짜리 손목시계를 차고 다니고 몇 십 위안짜리 옷을 입고 다닌다.

타이조우(台州) 바오리터(宝利特)신발회사는 국재 최대의 사출 성형 신발제조기지이며 하루 생산량이 5만 켤레에 달한다. 하지만 사장 천화건(陳華根)은 자신의 전용 승용차도 없어 출장 갈 때에는 가끔 버스를 타기도 한다.

리카싱은 화교 중에서 재산이 제일 많다. 또한 씀씀이가 인색 하기로 유명하다. 땅에 돈이 1전 떨어졌으면 허리를 굽혀 줍는다 고 한다. 하지만 공익사업에 필요할 때면 언제나 후한 인심을 보 여준다. 하지만 돈의 사용 내역은 직접 확인한다. 리카싱은 근검 절약하는 것은 기업의 기본이며 성공한 기업가의 기본이라고 했다.

한번은 리카싱이 동전 1위안을 떨어트렸는데 이 동전이 차 밑으로 굴러갔다. 그는 차가 출발하면 동전이 하수구로 빠질 것 이라고 생각하고 허리를 굽혀 동전을 주우려 했다. 그때 마침 당 직이던 인도인 한명이 대신 동전을 주워서 리카싱에게 주었다. 리카싱은 그 인도인에게 100위안을 주면서 고마움을 표했다. 이 에 대해 리카싱은 "내가 만일 동전을 줍지 않는다면 이 동전은 세상에서 사라지게 되지만 내가 100위안을 그 당직에게 주면 그 당직이 사용할 수 있기 때문이다. 나는 돈은 써야 하지만 낭 비해서는 절대 안 된다고 생각한다."고 했다.

또 한 번은 리카싱이 씨닝을 방문하게 되었다. 칭하이 대학의 좌담회에서 리카싱은 탁자 위에 놓여 있는 생수병을 가리키면서

이 생수병들을 만드는데 실제 8 위안이지만 10 위안이라고 신청하면 차액인 2 위안은 그대로 낭비라며 일을 한 만큼 돈을 써야 한다고 설명했다. 얼마 후 호텔에서 칭하이성 정부가 소개하는 몇몇 사업프로젝트를 듣고 있던 리카싱은 다시 한 번 생수병을 예로 들어 설명했다. "이 생수병은 너무 두껍습니다. 그런데 왜 우리는 돈을 더 들여 두껍게 합니까? 돈이 아무리 많아도 낭비해서는 절대 안 됩니다. 돈은 무조건 필요한 곳에 써야 합니다." 리카싱이 두 번씩 생수병을 예로 들어 설명한 목적은 바로 하나이다. 사람들에게 일처리와 돈을 쓰는 태도를 알려주기 위해서이다.

이런 작은 사례들은 리카싱의 철저한 돈 관리 철학을 말해주며 사회의 총 순수금액의 증가와 손실로 사람의 행위의 옳고 그름을 판단하는 것이다. 사회 순수금액이 증가한다면 자신이 손해를 보더라도 괜찮지만 반대로 사회의 순수금액이 줄어들면 자신이 아무리 많은 이익을 획득하더라도 손실이다. 이 철학은 어쩌면 리카싱이 성공할 수 있었던 중요한 요소일지도 모른다.

원조우 사람들도 마찬가지로 근검절약을 한다. 처음 유럽에 진출한 원조우 사람은 유태인이 버린 원단 조각을 이용해 작은 지갑을 만들어 팔았다. 같은 지갑이지만 남들이 15달러에 팔 때 원조우 사람들은 12달러에 팔았다. 근검절약 정신은 원조우 사람들로 하여금 유태인을 이기게 했다.

창업 초기나 성숙 단계에서 원조우 사람은 "절약하면 성공하고 사치하면 망한다."라는 태도로 필요할 때는 돈을 아끼지 않지만 동전 하나라도 낭비는 절대 하지 않는다.

경제가 발달한 원조우에는 5성급 호텔이 없다. 이에 대해 원조우 사람들은 "현지 기업들은 모두 자수성가했기 때문에 한 푼 한 푼이 사장들의 피와 땀으로 바꾼 것입니다. 때문에 돈을 쓸 때 매우 절약합니다."고 했다.

원조우에는 이런 일도 있다. 연봉 50만 위안을 받는 한 기업 간부가 몇 백 위안의 지출에 대한 결정권이 없다. 그 원인은 사장 부인이 회사의 재무 심사권을 가지고 있기 때문이다. 이렇게 하면 인정상으로는 통하지 않지만 도리로는 크게 잘못된 것이 없다.

원조우 상인들은 근검절약과 인색을 구분할 줄 안다. 그들은 평소 식사를 할 때 제일 평범한 식당에서 먹지만 거래처와 식사를 할 때는 작은 식당을 택하지 않는다. 평범한 사람이 한 끼 3,000위안짜리 식사를 하면 그냥 먹고 없어지지만 사장이 거래처 손님과 식사를 하게 되면 3만 위안 또는 그 이상의 거래가 이루어진다는 것을 의미한다.

한마디로 아껴야 할 곳에는 한 푼이라도 아껴야 하고 써야 하는 곳에는 인색해서는 절대 안 된다. 이것이 바로 원조우 사람이 금전에 대한 태도이다.

2. 멀리 보아야 멀리 간다.

"만일 현 하나를 볼 만큼의 안목이 있으면 현에서 장사를 하고 성 하나를 볼 만큼이 안목이 있으면 성에서 장사하고 천하를 볼 수 있는 안목이 있으면 천하에서 장사를 하라." 말이 있다. 이 말은 우리들에게 시장에서 경영 안목의 깊이에 따라 사업의 확장이 결정되며 돈을 버는 방식이 결정된다는 뜻이다. 시장을 섭렵하는데 "발견"이라는 안목이 얼마나 중요한지를 알 수 있다.

우물 안 개구리의 눈에 하늘은 영원히 우물 입구만 하다. 하지만 하늘을 자유자재로 날아다니는 독수리의 시야는 전 세계를 내려다 볼 수 있다. 남방인의 안목 또한 남들과 다르다.

리카싱이 플라스틱 꽃을 만드는 작은 작업장을 온 천하에 명성을 떨친 "창지앙(長江)실업그룹"을 발전시킬 수 있었던 것은 여러 가지 비결이 있었을 것이다. 하지만 큰 포부와 넓은 안목이 제일 중요한 비결 중 하나이다. 예를 들면, 1967년 홍콩은 매우 불안정했기에 많은 투자자들은 자신감을 잃어 부동산 시장은 침체 국면에 처하였다. 남들이 가지고 있는 부동산을 처분하려고 할 때 리카싱은 남다른 안목으로 낮은 가격으로 대량의 주택과 땅을 사들였다. 70년대 홍콩의 건물 수요가 많아지면서 리카싱은 넘칠 만큼 많은 돈을 벌게 되었다. 몇 십 년간의 사업 과정에 리카싱의 이러한 사례들은 매우 많다. 그의 남들보다 뛰어난 안목은 그가 사업 기회를 발견할 수 있는 보증이며 원대한 포부를 가진 필연적인 결과이다.

창업자가 꿈이 없고 안목이 짧다면 그 창업자는 "그냥 한 번의 거래로 돈을 벌자."라는 생각을 가지게 되며 장기적인 발전의 과학적인 계획이 부족하고 신용과 브랜드 의식 또한 자연적으로 미비하다. 때문에 장기적인 발전을 가져 올 수 없다. 많은 기업들이 성장하지 못하는 이유가 바로 이것이다.

같은 사업 기회라도 안목이 탁월한 사람은 볼 수 있고 근시안적인 사람들은 보지 못할 뿐만 아니라 심지어 손에 쥐고 있는 기회마저 놓쳐 남들이 기회를 가로 채 돈을 벌고 나면 그 기회가 자신의 것이었음을 깨닫는다.

정타이(正泰)그룹은 원조우에서 영향력이 있는 민영기업이며 또한 중국에서 제일 큰 전자제품 기업 중 하나이다. 19년전 이 기업의 생산액은 1만 위안도 되지 않았지만 지금은 80억 위안에 달하여 종합적인 실력이 중국 민영기업 중 4위를 차지한다. 성공의 비결은 무엇일까? 그것은 바로 큰 야망을 품고 미래를 바라보며 연구개발에 대한 투자를 중요시하여 매년 매출액의 5%를 연구개발에 투자했기 때문이다.

장기적인 안목을 가진 기업은 장기적인 목표가 있으며 그 목표에 따라 열심히 노력해야만 방향을 잃거나 중도에 그만두지 않는다. 목표는 기업이 혁신과 발전을 모색하는 원동력이며 기업이 끊임없이 개척, 발전할 수 있도록 한다. 하지만 현재 많은 기업들은 단순 돈을 벌려는 목표로 오늘은 부동산 투기를 하고 내일은 주식에 투자하는 등 도박의 심리를 가지고 있다.

정확한 목표는 산업과 자신의 능력에 따라 어떤 산업을 취급하여 어떠한 기업이 되려는 것이다. 만약 돈을 벌려는 목표만 가지고 있다면 기업의 단기적인 행위를 초래할 수 있다. 목표는 장기적인 계획이다. 예를 들면, 쓰촨 씨왕그룹의 목표는 중국 최대의 사료기업이 되는 것이다. 마이크로소프트회사의 목표는 모든 사람, 모든 사무실이 자기 회사의 소프트웨어를 사용하는 것이다. 때문에 목표는 산업의 특징과 자신의 자금 등의 능력으로 결정해야하는 것이지 돈 버는 것을 유일한 목표로 하면 안 된다.

"목표가 있으면 100미터 경주이고 목표가 없으면 식사 후 산보이다." 금전, 지위 등을 막론하고 추구하는 목표가 없다면 무엇을 얻을 수 있겠는가?

성공한 기업은 모두 장기적인 목표가 있다. 즉 원대한 포부가 있다고 할 수 있다. 미국의 마이크로소프트, GE, 일본의 소니, 파나소닉 및 독일의 벤츠와 폭스바겐 등 유명한 회사들은 모두 장기적인 목표를 가지고 있다. 심지어 일부 중소기업의 창업자들도 자신만의 독특한 경영이념과 전략을 가지고 있다. 즉, 명확하고 장기적인 발전목표가 없으면 기업은 성공하지 못한다. 장기적인 목표가 있으면 잠시의 작은 이익에 눈이 멀지 않을 것이며 먼저 기초를 잘 닦아 제품의 품질, 시장 경쟁력을 향상시킨다. 이 모든 것이 완벽해지면 돈은 자연적으로 벌게 된다.

원조우 사람은 어떻게 장기적은 안목을 가지고 있을까? 그들은 환경 변화에 민감하고 주위 사물에 대해 강한 통찰력을 가지고 있다.

우리는 혼란스럽고 변화무쌍한 세계에서 살고 있다. 때문에 정확한 길을 택하려면 겹겹이 감싸고 있는 안개를 투과하여 본질을 파악할 수 있는 통찰력이 필요하다. 거시조정이나 전체의 경제환경이 파도칠 때 원조우 상인들은 마치 "봄에 대동강 물이 풀리는 것을 개구리가 먼저 아는 것"처럼 새로운 움직임을 예견했다.

이는 원조우 사람들이 뛰어난 통찰력으로 거시적 형세의 변화를 정확히 판단할 수 있었기 때문이다.

한 연구자가 거시 측면에서 분석한 결과 원조우 상인은 80년대에 창업을 하여 90년대에 발전하였다. 이 기간이 바로 계획경제에서 시장경제로 바뀌는 시기였다. 원조우 사람들은 이런 변화 속에 잠재된 거대한 기회를 잘 포착하여 오늘날 부자가 된 것이다.

많은 상인들은 정치의 존재를 소홀이 한다. 많은 상인들은 "나는 내 사업을 하고 너는 네 정치를 하면 되며 서로 간섭하지 않는다."라는 심리를 가지고 있다. 이런 생각이 마음을 지배하고 있다면 어떻게 정치 분야에서 사업기회를 발굴할 수 있겠는가?

한 평범한 원조우 상인이 천안문을 자나다가 불현 듯 이런 영감이 생겨났다. "만약 여기에 마르크스 레닌 서점을 열고 위인들의 작품을 팔면 어떨까?" 서점이 개업하자마자 큰 호응을 얻었다.

원조우의 한 신문사의 조사에 따르면 91%의 원조우상인이 정치에 관심이 있으며 60%의 경영자가 어떤 정책이 공포된 후 사업을 포기하거나, 자신감을 가지고 장사를 하거나 투자를 한 적이 있고 답했다.

루관치우(魯冠球)는 처음에 인민공사 농기계 수리공장의 책임자로 일하면서 쟁기, 써래, 밸브 등을 생산했다. 10년 후 자동차 유니버설 조인트 생산에 주력했으며 1983년 유니버설 조인트공장을 인수하고 1988년에는 1,500만 위안을 투입하여 정부로부터 공장지분을 모두 사들여 민영기업을 설립하였다. 1993년 "완쌍치앤차오" 주식이 선쩐에 상장되었고 2000년에서 2001년 사이 루관치우(魯冠球)는 단숨에 상장회사 3개를 인수하여 중국 증권시장에 완쌍시리즈를 만들어 냈다. 1997년 완쌍 그룹은 GM사에 납품하는 최초의 중국 기업이 되었다. 2001년 8월 루관치우(魯冠球)는 미국 나스닥 상장회사 UAI를 인수하여 중국민간기업이 해외 상장회사를 인수하는 선례를 열었다.

한 농민이 20여년의 시간에 자신을 성공한 사업가로, 농기계 수리공장을 대기업그룹으로 발전시킬 수 있었던 원인은 바로 희귀자원을 날카롭게 발견하고 기회를 정확히 포착하는 능력이다.

성공한 수많은 상인들은 시장 변화를 주시하고 발전 사례를 연구하여 이를 기초로 목표와 발전 방향을 정확히 파악한다. 이러한 방식으로 시장의 흐름을 이끌어 선두 자리를 선점하여 불패의 지위에 올라서는 것이다.

원조우 사람의 창업 성공률이 높은 원인은 바로 시장에 대한 통찰력과 분석능력이 예리하기 때문이다. 그들은 눈앞의 이익을 추구할 뿐만 아니라 장기적은 안목을 가지고 향후의 발전 추세도 예측한다. 때문에 늘 다른 사람보다 앞장서며 성공에서 다른 성공을 창조한다.

쩡창피아오(曾昌飆)는 원조우 용지아현 출신이다. 1992년 7월 22살 되던 해 그는 선양으로 가서 친척의 방직 회사를 인수하여 1년 후 100만 위안을 벌었다. 현재 그는 이미 선양시 중쉬(中旭)그룹의 회장, 선양원조우상회의 부회장이 되었다.

1997년 쩡창피아오(曾昌飆)는 중국과 북한의 무역기회를 의식하기 시작했고 시장 조사를 위해 매년 북한을 세 번 정도 방문하였다. 그는 평양 제일백화점이 평양시 중심에 위치해 있고 북한의 제일 큰 백화점이며 영업 면적이 3.6만 평방미터에 달하는데 총액이 50만 위안에 불과하다는 것을 알게 되었다.

쩡창피아오(曾昌飆)는 예리한 안목으로 이는 절대적인 사업 기회임을 발견하였다. 북한은 현재 경공업 제품이 매우 부족한 현실에 처해 있다. 예를 들면 치약, 연필 등 생필품들이 중국과 5~10배의 가격차이가 있었다. 원조우는 또한 유명한 경공업 제품의 제조 기지이다. 원조우의 의류, 소상품, 가전제품 등은 싸고 품질이 좋기에 북한에게 제일 적합하다고 판단했다. 또한 북한은 전 세계의 관심을 끌고 있는 개방되지 않은 마지막 사회주의 국가였기에 아직 개발되지 않은 지역이었다. 20여 년 전의 중국처럼 무엇을 팔든 돈을 벌 수 있었고 이윤 또한 높았다.

쩡창피아오(曾昌飆)의 중쉬(中旭)그룹은 요서지역에서 제일 큰 소상품시장인 화롱(華隆)상업광장을 소유하고 있었으며 주로 의류와 소상품을 취급하였다. 이곳은 북한에 물품을 공급할 수 있는 주요 기지가 될 수 있었다.

비록 사업 기회가 존재했지만 그 당시 해외 민간자본이 북한에 투자될 조건이 성숙되지 않았다.

2003년 9월 북한의 최고인민위원회 상무위원회는 회의를 열어 국가의 경제정책을 조정하기로 결정하였다. 환율뿐만 아니라 관세정책도 변화가 있었으며 물가, 월급 등 소비요소도 개선되었고 북한은 각지에 종합시장이 설립되었고 일부 상점의 매장은 임대경영을 허락하였다. 그해 중국과 북한의 무역총액은 처음으로 10억 달러를 넘어 2002년 보다 38.7% 증가하였다. 그리고 북한의 김정일이 중국을 방문할 때 중국 기업이 북한에 투자하는 것을 환영한다고 했다.

이 기회를 7년 동안 기다렸던 쩡창피아오(曾昌飙)는 북한 시장의 대문을 활짝 열고 평양제일백화점의 10년 임대권을 획득하였다.

또한 북한 정부는 중쉬(中旭)그룹에 세수우대정책을 부여하였다. 5%의 수입관세와 5%의 소득세만을 징수하기로 했다. 그리고 중쉬(中旭)그룹이 외화 사용하는 것을 허용하여 출입국시 인민폐를 마음대로 가지고 다닐 수 있고 물물교환을 할 수 있어 동광석, 비단 등 중국시장에 부족한 물건들을 교환 구매할 수 있었다.

쩡창피아오(曾昌飙)는 북한에서 사업을 크게 한번 해보려고 5,000만 위안을 투자하여 백화점을 리모델링하고 국내에서 상품을 직접 조달하여 북한에서 팔았다. 그리고 평양에 4개의 백화점을 더 설립하려는 목표를 세웠다. 쩡창피아오(曾昌飙)의 꿈은 평양의 가정마다 원조우의 소상품을 사용하는 것이다.

원조우 사람의 사업 수완의 포인트는 바로 사람들이 칭찬을 아끼지 않는 세 가지 비결이다.

- 망원경 - 비가 오기 전에 창문을 수선하듯이 사회발전의 추세를 잘 파악한다.
- 현미경 - 불을 보듯이 명확하고 예리한 관찰력으로 시장의 수요를 세심하게 잘 살핀다.
- 확대경 - 사소한 한 가지를 보고 장래에 있을 일을 미리 알고 가까운 것을 보고 먼 것을 알며 장막에서 계략을 짜서 천리 밖에서 승리를 거둔다.

3. 정세에 순응

중국에서 국부로 추앙되는 쑨원은 "세계조류 호호탕탕, 순즉지생 역즉지사"라고 했고 마오저동은 "어느 산에 오르느냐에 따라 다른 노래를 불러야 한다."고 했다 이 두 사람의 말은 사업에 그대로 적용된다.

세(勢), 바로 사물의 발전경향이다. 선물을 취급해본 사람들은 누구나 알고 있다. 돈을 벌려면 방향을 잘 잡아야 하며 이 방향이 바로 세(勢)이다. 대세를 따르지 않으면 무조건 손해를 보고 대세를 따르면 돈을 벌지 않을 수 없다.

세(勢)는 크고 작음이 있다. 세계 구조의 재 구성, 국가 정국의 변화 등은 크다고 할 수 있고 시장의 수요, 자신의 우위 등은 작다고 할 수 있다. 국가 지도자의 교체, 한 작은 지방정부의 장 등의 교체도 자신의 사업에 영향을 끼칠 수 있다. 국가의 장려업종, 제한업종 등 관련 정책은 사업에 더욱 직접적인 영향을 미친다. 방향을 잘 잡아 국가의 장려정책을 잘 따르면 절반은 성공한 것이다. 예를 들어 위민홍(兪敏洪)의 성공은 전국적인 영어 열기와 유학 열풍의 대세와 잘 맞물려 이루어진 것이다. 만약 정부가 모 업종의 제한, 도태 정책을 진행하려고 하는데 막무가내로 그 업종에 뛰어들면 "천국에 가는 길을 보고도 안가고, 지옥에는 문도 없는데 비집고 들어가는 꼴"이 되어 게도 구럭도 다 잃게 된다. 현재 유행어에 따르면 전형적인 무지를 용맹으로 아는 꼴이다.

1995년 저지앙성의 농업대학을 졸업한 청년 몇 명은 저지앙성 시골의 산 언덕을 임대하여 속성 묘목과 생화, 잔디 등을 심었다.

그들은 몇 년간의 경제발전이 새로운 수요를 창출할 것이며 저지 양성 경제력이 전국에서 상위에 속한다는 것을 알고 있었다. 1990년부터 1995년까지 GDP와 GNP가 매년 평균 19%와 18% 증가하여 상하이보다도 높은 수치를 기록했다. 이에 따른 형세는 몇 개 현이 도로를 개설하여 시로 승격되어야 하고 중소기업들이 합병하여 대기업그룹으로 바뀔 것이고 많은 학교를 확장해야 한다. 이 모든 사업은 환경녹화가 따라야 한다. 현재 화초 묘목에 대해 별 관심을 안 보이지만 경제가 어느 정도 발전하면 무조건 인기상품이 될 것이다.

옛사람은 "달무리가 지면 바람이 불고 주춧돌이 물기에 젖으면 비가 온다."고 했다. 이 몇 명의 청년들은 바로 사소한 조짐으로 향후의 발전 형세를 파악하였으며 또한 형세의 발전이 그들의 생각과 일치하여 이 청년들은 기회를 잘 잡아 돈을 벌었다. 그들은 앞으로 내다보는 안목이 있었다. 오늘의 시장은 변화무쌍하여 그대로 기다리다가 기적이 발생할 가능성은 없다. 때문에 대세를 정확히 파악하여 고정 관념을 깨고 미래를 향한 사고방식으로 날로 새로워지는 현 시대를 파악해야 한다.

추세를 따르는 것은 바람 따라 돛을 다는 것이다. 이백은 시에서 "조사백제채운간(朝辭白帝彩云間), 천리강릉일일환(千里江陵一日還)"라고 했다. 하루가 걸렸다는 것은 바람 따라 돛을 달았기 때문이다. 소동파가 배를 타고 집으로 돌아가는데 이태백과 같은 수로를 선택하였지만 3개월이 걸렸다. 그 원인은 바로 이태백은 물살을 따라 갔고 소동파는 물살을 거스르며 갔기 때문이다.

창업초기 형세를 잘 판단하는 것이 무엇보다 중요하다. 대세는 조금만 시사에 관심을 가지면 파악하기 쉽지만 소세(小勢)는 파악하기 힘들다. 오늘의 시장경제는 여러 가지 사업형식이 존재하고 모든 사람들의 입장이 틀리기에 같은 기회라도 결과는 다르다.

추세를 잘 살피는 사람은 형세의 유리함으로 돈 버는 기회를 잘 포착한다. 때문에 언제나 돈을 벌 수 있으며 많이 번다.

어느 한 시골 동네에서 사람들이 산을 개척하여 돌을 팔 때 한 청년은 기이하게 생긴 돌을 골라 원예를 취급하거나 새를 키우는 상인들에게 팔았다. 3년 후 이 청년은 동네에서 처음으로 2층집을 지었다.

얼마 후 산을 개척하지 못하고 나무만 심게 하자 이 지역은 과수원으로 변해 배나무들로 가득했다. 이 지역의 토질이 좋기에 배는 즙이 많고 달아 과일 상인들의 호평을 받았다. 이에 가을이 되면 수 많은 과일 상인들이 이곳으로 왔다.

남들이 배나무로 많은 돈을 벌 때 이 청년은 배나무를 베어버리고 버드나무를 심었다. 그는 이 지역에 배나무가 많아 상인들은 얼마든지 좋은 배를 살 수 있지만 배를 담을 수 있는 광주리는 사기 힘들다고 생각했기 때문이다. 예상대로 그는 버드나무를 심어 남들보다 더 많은 돈을 벌어 몇 년 후 현지에서 제일 처음으로 도시에 집을 산 농민이 되었다.

90년대 후반, 남과 북을 잇는 철로가 개통되어 이 지역의 교통이 매우 편리해졌다. 이 동네 사람들은 단지 과일 판매뿐만 아니라 과일로 여러 가지 제품을 만들어 판매했다. 남들이 자금을 모아 공장을 짓고 회사를 설립할 때 이 청년은 자기 땅에 높이가 3미터 길이가 100미터인 담을 쌓았다. 이 담은 철로를 향했고 양

쪽과 주위는 끝없이 넓은 과수원이었다. 기차를 탄 사람들은 봄에는 화려하게 핀 배꽃을 볼 수 있고 여름에는 산을 뒤덮은 배를 볼 수 있었다. 동시에 코카콜라라는 4개의 큰 글을 볼 수 있었다. 이 청년은 담벼락을 광고회사에 광고를 할 수있도록 임대하여 매년 남들보다 4만 위안을 더 벌었다.

"세(勢)"는 위에서 말한 "형세"라는 추상적인 개념 외에 다른 뜻을 가지고 있다. 바로 "기세"이다.

위 청년의 이야기를 계속 하도록 하자. 그 후 이 청년은 도시에서 양복 가게를 열었는데 장사가 잘 되지 않았다. 알고 보니 맞은편 가게에서 같은 양복을 몇 십 위안 싼 가격에 팔고 있었던 것이다. 하여 이 두 가게는 늘 말다툼이 벌어져 행인들의 관심을 끌었다. 이렇게 이 청년은 많은 돈을 벌었다. 그 원인은 무엇일까? 그 맞은편의 가게 주인도 이 청년이었기 때문이다.

이 청년은 추세를 잘 파악할 뿐만 아니라 자신이 만들어 내기도 하기에 돈을 벌지 않을 수 없었다.

원조우 사람들도 형세를 만드는 고수이다. 그들은 제품들을 모두 가게 안에 진열하거나 심지어는 빈 박스를 일부러 버리지 않고 높게 쌓아둔다. 지저분하게 보일지 모르지만 사람들은 이 가게가 장사가 잘 되고 인기가 많다고 생각한다. 돈을 들이지 않고 광고를 하는 것이다.

원조우 사람들은 형세를 만들뿐만 아니라 빌리기도 한다.

자료에 따르면 중국의 소비자는 290개 종류의 냉장고중 하나를 고르고, 455가지 맥주 중에서 선택하며, 478가지 화장품에서 고르고, 499가지 담배 중에서 고르고, 575개 셔츠 중에서, 609개

생수 중에서 자신이 필요한 것을 고른다.

만일 능력이 부족하고 힘이 연약하여 소비자들이 나의 제품을 선택하지 않는다면 남의 세력을 이용해야 한다. 즉 다른 사람의 힘, 금전, 지혜, 명예 심지어는 사회관계를 빌려 자신의 대뇌를 확충시키고 제품의 인지도를 높이고 자신의 능력을 향상시켜야 한다. 즉 타인의 빛으로 자신의 앞길을 밝혀야 한다.

영국의 한 여성이 남편의 외도를 이유로 법정에 소송을 제기했다. 법관은 외도의 상대가 누구냐고 물었더니 이 여성은 축구라고 대답했다. 더욱 어처구니없는 것은 법관은 축구를 고소할 수는 없으니 축구공 생산업체를 고소하라고 이 여성에게 권하였다.

이 여성의 소송은 도리가 없어 보이지만 놀랍게도 축구공 제조업체는 이 여성에게 "고독배상금"으로 10만 파운드를 손해 배상했다. 당시 이 엽기적인 소송 사건은 영국 언론매체의 최대 관심사가 되었다.

겉으로 보기에는 이 축구공 제조업체는 패소하여 경제적 손실을 입었지만 이 소송사건은 실제 훌륭한 광고역할을 했다. 이 사건 후 공장의 명성은 널리 알려졌고 상품 수요가 급증하면서 공급 부족의 상황까지 연출되었다. 사실 이 업체의 사장은 매우 영리하여 어떻게 추세를 빌려 이름을 날릴 것인지를 알고 있었다. 때로는 이러한 은폐적인 홍보 방식이 소비자들에게 더 잘 먹힌다.

사업을 할 때 "거인"과 거래를 하는 것이 사업 무대에서의 제일 빠른 길이다. 옛말에 큰 나무 밑에서 바람을 쐬기가 좋다고 대기업과의 협력으로 빠른 속도로 자신의 인지도를 높일 수 있어 시장에서의 리스크를 최소화할 수 있다. 또 한 가지 좋은 점은 대기업과의 협력을 통해 선진적인 기술과 성숙된 관리경험을 배워 기업의 발전을 가속화 하고 기업의 종합 경쟁력을 향상시킬 수 있다. 돈을 잘 버는 사람은 남들과의 거래 능력도 뛰어나며 남을 잘 도우며 남을 돕는 동시에 자기 자신도 돕는다.

원조우 사람들은 대세의 흐름을 잘 이용한다. 그들은 이를 호가호위(狐假虎威)라고 한다. 호랑이는 실력도 있고 인지도도 있어 성공했다고 할 수 있고 여우는 호랑이를 뒤에 데리고 다니면서 하룻밤 사이에 이름을 날렸다.

파파이푸스(法派服飾)회사는 백악관에 200만 달러로 클린턴대통령이 홍보대사가 되어주기를 요청한다고 메일을 보냈다. 이는 당연히 현실과 어긋나는 일이다. 하지만 언론매체의 질문에 사실을 더 과장하여 얘기 했다. "클린턴이 르윈스키의 사건 때문에 돈이 필요하여 1,100만 달러의 변호사 비용을 빚지고 있습니다. 현재 클린턴 부인은 우리의 요청을 고려해 본다고 했습니다. 우리는 클린턴이 원조우에 와서 일하는 것을 매우 환영합니다."라고 했다. 이는 원조우 사람의 풍부한 상상력으로 세력의 힘을 이용하여 이름을 날리는 방법이다.

대세의 힘을 이용하거나 만드는 것은 외적인 힘으로 소비자의 심리를 움직여 구매동기를 자극하는 것이다. 소비자들이 돈을 쓰는 것은 전문가와 다르며 늘 맹목적인 소비 심리를 가지고 있다. 많은 사람들의 구매 행위가 개인 소비자의 심리에 일정한 압력을 가하여 구매 욕구를 자극한다. 우리는 이런 현상들을 많이 볼 수 있다. 손님이 없는 가게는 늘 한가하고 손님들이 줄을 서 있으면 그 줄이 점점 길어진다.

대세의 힘을 이용하려면 "천시(天時), 지리(地利), 인화(人和)"의 요건이 적절해야 한다. 아닐 경우 호랑이를 그리려다 개가 되는 꼴이 된다.

개혁 개방 이후 10년 동안 사업가들은 꿈같은 시간을 보냈다. 그 당시 사람들은 돈을 손에 들고 앞을 다투어 상품을 구매했기에 장사를 하는 사람은 누구나 다 부자가 되었다. 이것이 바로 천시(天時) 즉 하늘이 준 시기였기 때문에 사업에 뛰어들기만 하면 돈을 벌었고 돈을 못 벌기가 어려울 정도였다. 90년대 중반에 들어서면서 형세가 바뀌기 시작했다. 80년대의 수법으로 장사를 하던 일부 사업가들은 상황이 날로 나빠져 끝내는 시장에서 퇴출당했다. 그들은 천시(天時)를 이용해 돈을 벌었지만 시대의 변화를 따라가지 못했다.

천시(天時)는 선택하기 힘들지만 지리(地利)는 사람의 힘으로 변할 수 있다. 비싼 임대료 때문에 놀라지 말자. 베이징 왕푸징, 상하이 난징루, 뉴욕의 맨해튼 등 지역의 집값이 비싼 것은 다 그만한 이유가 있다. 못 믿겠다면 남사군도 또는 시베리아 고원이나 사하라 사막에 가서 확인해 보라.

원조우의 한 장사꾼은 왕바보라는 별명을 가지고 있다. 가격이 분명히 6위안인데 손님이 10위안을 주면 5위안을 거슬러준다. 때문에 사람들은 왕바보의 가게에서 물건을 사는 것을 좋아한다. 이렇게 왕바보의 가게는 장사가 날로 잘되었다.

천시(天時)는 그 시기를 잘 타고 나야 하고 지리(地利)는 한번 밖에 선택하지 못하지만 인화(人和)는 끊임없이 새로 창조할 수 있다. 왕바보는 바보가 아닐 뿐만 아니라 매우 영리하다. 그는 바보라는 이 단어를 이용해서 자신이 원하는 것을 가졌다. 그는 작은 이익을 탐하는 사람들의 심리를 잘 이용한 것이다.

창업을 시작한 사장이 매일 한가로운 시간을 보내면서 자신의 사업을 순조롭게 발전시키려면 반드시 인화(人和)에 많은 노력을 기울여야 한다. 손님의 요구에 따라 제품과 서비스를 제공하여 고객과 시장을 점유해야만 경제적 효율과 이익이 발생할 수 있다.

현대 시장은 변화무쌍하다. 유행의 추세를 잘 파악한다는 것은 쉬운 일이 아니다. 때문에 모든 사업가들은 어떤 대책을 내놓기 전 반드시 시장을 자세히 분석하고 연구하여 시대의 흐름을 따라야 할뿐만 아니라 그 흐름을 앞서나가기도 해야 한다. 끊임없이 변하는 수요에 따라 시장도 변화되기 때문이다. 오늘 잘 팔리던 제품이 내일은 아무도 관심을 가져주지 않을 수 있다. 시대의 흐름을 따라가지 못하면 춤을 출 때 박자를 제대로 맞추지 못하는 것과 같은 도리다.

4. 제일 적합한 길을 선택

서양의 현대 기업 관리의 가치관으로 볼 때 원조우경제의 성공은 어쩌면 상식적인 원리에 어긋난다. 원조우의 기업은 창업 시 자본금이 적고, 인지도가 낮고, 교육 수준이 낮고, 기업조직과 관리가 뒤떨어지고 기술 수준이 낮기 때문이다. 자금, 기술, 인력, 관리 등 생산요소의 평균 수준이 뒤떨어진 저지앙성 민영기업들이 국영기업, 외자기업보다도 더 활력을 가지고 생산성도 높았다. 원조우 상인들은 수차례의 신화를 창조하여 "동방의 유태인"이라는 찬사를 얻게 되었다.

이 문제에 대하여 경제학자 양이칭(楊軼淸)은 "조화"라는 두 글자로 해석하였다. 그는 가장 좋은 것은 없고 가장 적합한 것만 있다고 말했다. 기업조직은 우열이 없고 산업수준도 높고 낮음을 구분하기 힘들다. 중요한 것은 조화다. 성숙되지 않은 시장 체계에서 성숙한 방식이 가장 높은 효율을 가지고 있는 것은 아니다. 그 원인은 이 두 가지가 조화를 이루지 못하기 때문이다.

예쁜 신발이 신었을 때 꼭 편하지는 않다. 똑같이 서양의 현대화 경영관리 방식이 중국 실제의 시장 체계에 제일 적합하다고 할 수 없다. 한 전형적인 원조우 민영기업은 소기업, 소상품, 가족화를 선택한 것은 다른 선택의 여지가 없었고 또 제일 탁월한 선택이었다. 또한 이런 방식이 중국 시장의 문화에 제일 적합하였다.

원조우에는 백 억 이상의 규모를 가진 기업이 매우 적다. 생산하는 제품도 신발, 의류, 안경, 라이터, 저압전자제품 등 한손으로도 들 수 있는 것들이다. 기술수준이 낮으며 초기 자금이 많지 않아도 된다. 하지만 경쟁력을 가지고 있어 아무도 원조우 상인들을 이겨내지 못한다.

기업 규모가 작은 것과 경제규모가 작은 것은 별개의 문제다. 원조우 더 나아가서 저지앙성에서 소기업은 시장 교환으로 서로 상호 작용을 하여 외부와의 거래를 통해 규모의 경제를 유지한다. 또는 전문화 협력의 방식으로 선두 기업의 제조공장이 된다. 선두 기업은 현지의 풍부한 부대자원으로 생산원가를 줄여 경쟁력을 확보하여 대기업병을 예방한다.

예를 들어 정타이(正泰)그룹의 95% 이상의 부품은 현지에서 조달한다. 정타이그룹의 1,200여개의 협력공장들은 완벽한 현대산업 시스템을 형성하여 "하나가 성공하면 같이 성공하고, 하나가 손해를 보면 같이 손해를 보는" 이해관계 속에서 연이은 교환과 사회분업을 원활하게 진행하였다. 닝보어에서 90%의 에어컨 부품이 현지에서 조달이 가능하다. 때문에 현재 20여개의 에어컨 생산회사, 심지어 하이얼(海儿), 하이신(海信)도 닝보어에서 부품을 구매한다.

원조우의 이런 협력방식은 매우 독특하다. 산하의 몇 백 개 공장의 경쟁력을 기초를 이루기 때문에 일본 기업들보다도 활력을 가지고 있다. 중국 가족기업은 독립성이 강하기 때문에 협력 공장과 완성품 공장은 서로 의지하는 관계가 아니다. 때문에 한 부품 공장의 기술이 향상되면 500여개의 기업들이 그 부품을 사용할 수도 있다. 이렇게 하나의 협력체는 작은 새들로 이루어진 새 떼처럼 먹구름 같은 형체가 있을 뿐만 아니라 작은 새 같은 민첩성도 가지고 있다. 일본의 경영 방식에서 기업의 작업 현장들은 서로 경쟁 관계가 형성되지 않는다. 하지만 원조우의 라이터 공장들은 일본기업의 작업 현장과 같은 역할을 하고 있지만 서로 경쟁을 하여 대기업병을 예방한다.

츠씨다탕(慈溪大堂)의 양말 업종을 예를 들자. 한 개 진에 8,000여개의 가내 기업이 있으며 한 가정마다 평균 8대의 직기를 가지고 있어 완전한 기업이라고 할 수 없다. 하지만 양말을 만드는데 10개의 작업절차로 나누어져 원료에서부터 제품 마무리까지 각자의 분업을 담당하기에 다 합치면 대기업만큼의 규모를 형성하기에 주문량이 아무리 많아도 다 소화해 낸다. 연 48억 켤레의 양말을 생산하며 총 생산액은 90억 위안에 달한다. 또한 이런 기업들은 시장 반응이 느린 대기업과는 달리 시장의 변화에 신속한 반응을 보인다.

큰 새는 공격을 당해 무너지지만 새떼는 유형 또는 무형이기에 아무리 공격을 당해도 무너지지 않는다. 예를 들면 진썅(金鄕) 뱃지 공장은 압력기 100대, 건조기 50대로 완제품 조립에 필요한 기계만 있고 주문이 들어오면 그 지역의 백여 개의 기업에 작업을 맡기고 완제품 마지막 단계만을 자신이 공장에서 조립한다. 주문이 적어지면 100명의 직원들을 해직시키고 이 100여명의 직원들은 기술을 가지고 있기에 다른 소규모의 뱃지공장에서 일자리를 찾는다. 여기는 어느 공장이나 다 규모가 큰 주문을 받을 수 있다. 자신의 공장에서 소화하기 힘든 물량은 다른 공장으로 넘기면 되기 때문이다. 이런 방식으로 원조우 사람들은 거시경제가 제일 나쁜 상황에서도 고속 발전하였다.

원조우의 경제는 다음과 같은 새로운 방식이 나타났다. 우위산업, 관련업종, 원자재 생산에서 완제품까지 업주들은 서로 공생하는 내부 협력 관계를 형성하고 외부적으로 특색이 있는 산업단지를 형성하였다. 교과서에서 볼 수 없는 이런 산업방식은 현실에서 크게 흥하고 있다. 이러한 특징은 "낙후하고 수준이 낮은" 풀뿌리기업, 가족 기업이 글로벌 기업보다 더 큰 효율을 나타내는 원인이다.

글로벌 경제시대, 지역 특색이 강할수록 세계적이 된다. 지역 특색이 강할수록 우세를 차지한다. 가장 훌륭한 교사는 GE도 아니고 잭 웰치도 아닌 바로 자기 자신이다.

원조우 상인 더 나아가서 저지앙 상인을 성공으로 이끈 제일 큰 비결은 바로 중국이라는 시장의 문화와 국가상황에 근접하려 노력, 그리고 신흥 시장의 특색과 수요를 잘 이해했기 때문이다. 비록 풀이지만 뿌리가 있기에 본토에 깊숙이 뿌리를 박을 수 있었다. 그들이 중시하는 것은 가장 좋은 것이 아니라 가작 적합한 경영 방식이다.

창업 초기 단계에 원조우 사람들은 중국의 현대 대표적인 작가 루쉰(魯迅)이 말한 "주동적인 수용주의"를 잘 실천해 나갔다.

원조우 사람은 초기에 모방과 모조로 시작하였다. 자금과 기술이 없었기에 이런 방법을 선택했으며 또한 이는 현명한 선택이었다.

그 당시 파리나 이탈리아의 패션쇼에서 선보인 패션들은 얼마 지나지 않아 원조우 시장에서 비슷한 디자인으로 만들어져 전국으로 판매된다. 그들은 해외에 있는 친구들의 도움을 받아 고가에 신상품을 사들인 다음 밤을 새면서 중국인의 취향에 맞는 상품으로 개량한다. 이렇게 새로운 디자인이 얼마 지나지 않아 시장에 나온다.

  뿐만 아니라 단추, 라이터, 안경, 구두 등 상품을 제작할 때도 원조우 사람들은 "주동적인 수용주의"를 고집한다. 안경을 예로 들어보면 90년대 말 원조우의 안경제조업체는 100개로 발전하여 모두 참신하고 품질이 좋고 가격이 저렴하여 해외 상인들의 시선을 끌었다. 통계에 따르면 1997년 원조우의 안경 산업의 총 생산액은 10억 위안을 넘었고 1999년에는 15억 위안으로 성장하여 전 세계 소비량의 1/3을 차지하여 20여개의 국가와 지역에 판매되었다. 그 중에서도 위앤양(遠洋)안경회사의 에쯔지앤(叶子健) 사장은 모조를 통하여 "안경대왕"이 되었다. 1982년 고등학교를 졸업한 에쯔지앤(叶子健)이 정과공장에서 일하던 당시 시장에는 밀수된 금테 안경이 많이 유통되었다. 그는 한 달 월급을 털어 금테 안경 하나를 사서 안경다리를 해체했다. 그리고는 자신이 알고 있는 금속 가공 기술을 기반으로 부품별 가공공장을 찾아 생산하고 혼자서 조립하였다. 이렇게 그는 자신만의 금테 안경다리를 만들어 냈다. 원조우의 다롱(大隆)기계유한공사는 외국 상인, 대만 상인과의 협력을 통해 대만 및 이탈리아 기계 생산 공장의 기술을 모방, 도입하여 그 기초에서 기술혁신을 추구하는 경영방식을 채택하였다. 그들은 이런 경영방식을 "거인과의 동행"이라고 한다. 1994년 그들은 대만의 이홍(益鴻)회사의 부품을 생산하다가 2년 후 자체적으로 연구하여 생산한 기계를 시장에 출시하였다. 그 후 다롱(大隆)기계유한공사는 이탈리아의 기술을 타깃으로 정했다. 그들은 이탈리아의 샤파, BC사와 협력 파트너 관계를 구축하여 이탈리아 측이 국제 수준의 기계 도면을 제공하고 다롱(大隆)회사가 생산과 판매를 책임지기로 합의했다. 이러한 협력방식으로 다롱(大隆)회사는 세계 일류 기계 생산 업체의 대열에 진입했다.

어떤 학자는 이런 단체적인 모방방식을 벌떼현상이라고 했다. 예를 들어 원조우 라이터는 세계 시장을 장악한 성공적인 사례라고 할 수 있다. 1995년 초, 해외에 살고 있던 원조우 사람들이 가족을 만나러 고향에 오면서 일제 라이터를 선물로 주었다. 아담하고 깜찍하며 켤 때마다 파란불이 나오는 이 라이터는 3~4백 위안에 팔리고 있었다. 머리가 영리한 몇 사람들이 라이터를 분해해서 모든 부품들을 자세히 연구하기 시작했다. 하지만 전자 라이터의 핵심품은 쉽게 모방할 수 있는 것이 아니었다. 결국 그들은 당시 전자 산업이 가장 발달했던 상하이로 가서 활로를 모색하기 시작했다. 하늘이 원조우 사람을 도와주었다. 때마침 동평 전기공장이 기술적 난관을 해결하였다. 또한 4.7볼트 콘덴서가 중국에서 생산되고 있어 세계시장에서 인기를 누리고 있는 "캣아이"라이터가 원조우 시장에서도 선보일 수 있었다.

얼마 지나지 않아서 일본에서 불이 보이지 않는 지포 라이터를 만들기 시작했다. 이런 라이터의 외형은 수작업으로도 힘들만큼 정교했다. 원조우 제2대 라이터로 불리는 "킹 오브 더 킹" 지포 라이터는 원조우 사람 리지앤(李堅)이 모방한 작품이다. 리지앤은 이 라이터를 분해하여 연구한 끝에 라이터의 외형이 아연 합금을 다이캐스팅해서 만들었다는 것을 발견했다. 그와 그의 친구들은 관련 설비와 자재를 사들여 몇 개월간의 고생 끝에 라이터를 만들어 냈다. 모방으로 시작한 원조우의 숙련공들은 서서히 분업이 확실한 생산 가공 시스템을 형성하였다. 현재 원조우에는 매일 3가지의 새로운 라이터가 선보이며 년간 생산량은 5.5억 개에 달하고 크고 작은 수출 공장이 3,000여개, 라이터 디자인이 만여 종을 넘는다.

　재미있는 사실을 우리는 발견하게 된다. 미국인들의 그들의 첨단 과학기술로 전 세계인들이 미국을 위해 일을 하게 할 때 그들은 원조우 사람들이 만든 셔츠를 입고, 원조우 사람들이 만든 라디오를 듣고 원조우 사람들이 만든 알람 시계소리에 눈을 뜨고 원조우 사람들이 만든 라이터에 불을 붙여 담배를 피우며 원조우 사람들이 만든 안경을 쓰고 있다.

　1991년 1월 쉬용수이(徐勇水)는 자신이 8위안에 한국 모 회사에 수출한 라이터가 서울의 한 가게에서 그 회사의 상표를 붙여 280위안에 팔리고 있는 것을 보았다.

　이것은 아무것도 아니다. 2000년 미국의 한 라이터 회사의 대표는 쉬용수이에게 "당신의 라이터를 내가 23.25위안에 사지만 우리 회사의 상표를 붙이면 중국의 고급 백화점 매장에서 170달러에 팔 수 있습니다."고 했다.

　이 두 차례의 자극을 받아 쉬용수이(徐勇水)는 자신의 브랜드를 만들기로 결심하였으며 오늘날 "웨이쫑(威衆)"이라는 브랜드가 탄생하였다.

　모방과 모조로 창업을 시작한 원조우 사람들은 브랜드 의식이 날로 강해졌다. 그들은 자신만의 브랜드를 창출하기 위해 온갖 노력을 다 하고 있다. 브랜드가 자신들에게 다음과 같은 이익을 가져다준다는 것을 알고 있었기 때문이다.

- 인재를 모을 수 있다. 인재들은 성취감이 있고 많은 것을 배울 수 있는 대기업에서 일하기를 원한다. 또한 대기업에서의 경력은 일종의 재산이기도 하다.
- 판로개척이 쉽다. 비싸게, 많이, 빨리, 장기간 팔 수 있다. 보통 이 세 가지가 동시에 적용되지는 않는다. 빈리(賓利)자동차는 비싼 가격, 코카콜라는 많이 빨리, 장기간 팔 수 있다. 우량예(五粮液)처럼 네 가지가 다 적용되는 기업은 매우 드물다.
- 무형자산을 증가시킨다. 2004년 5월 베이징의 유명한 자산평가유한공사가 발표한 평가에서 "아오캉(奧康)"이라는 브랜드의 가치는 16.98억 위안에 달했다. 1994년 아오캉(奧康)그룹 회장이 다른 주주들과 분할할 때 브랜드평가가치는 45.1만 위안이었다. 10년간이 브랜드가치는 하루에 50여만 원씩 증가하였다.
- 많은 이득을 본다. 유명한 기업이 부도가 난 회사를 인수할 때 대부분 한 푼도 쓰지 않는다. 관리 인원, 기술 인원 몇 명을 파견하기만 하면 된다.
- 물자공급이 안정적이다. 1998년 홍수가 나자 식량이 귀한 물품이 되었다. 많은 술 공장들은 돈이 있어도 양식을 구할 길이 없었지만 마오타이(茅台), 우량예(五粮液) 이 두 회사는 양식이 넘쳐났다.
- 한결같이 푸른 신호등이다. 브랜드 기업은 많은 면에서 정부의 지원, 은행 대출 혜택 등을 받을 수 있다.

현재 원조우 사람은 모방, 모조 단계에서 벗어나 브랜드를 창출하고 있다. 신발 도시, 전자제품 도시, 금속 라이터 생산기지, 면도기 생산기지, 인쇄성, 펜 생산도시, 합성피혁 도시, 비닐막 생산기지 등이 원조우에 자리를 잡았다. 이렇게 원조우는 국제적 경공업 도시로 발전하였다.

제7장
승부 근성이 강한 원조우 상인

康師傅라면 생산공장 및 라면

1. 미리 깨닫고 신중한 행동

사업은 학문이다. 경솔해서도 안 되고 거칠게 행동해서도 안 된다. 시장에 대한 예리한 판단과 이성적인 분석이 따라야 하며 미리 알고 깨달아야 한다.

미리 알고 깨닫다는 다는 것은 어떤 사물 또는 시대의 흐름을 미리 예측하여 그에 대한 준비를 하는 것을 말한다. 이는 적극적이고 주동적인 사고방식이며 가치관이다.

미리 알고 깨닫는 것은 신비한 것이 아니라 사물변화의 조짐에 따라 판단을 하는 것이다. 미리 깨닫는 것의 기초는 미리 아는 것이다.

미리 안다는 것은 지식이 있어야 한다. 지식으로 예리한 안목, 탁월한 판단력을 키울 수 있다. 어떤 사람들은 직각에 따라 행동을 한다. 하지만 직각은 미리 알고 깨닫는 것이 아니기에 확실하지 않다. 시대는 날로 변화한다. 우리는 그 변화를 잘 따라야 할 뿐만 아니라 몇 발 더 빨리 걸어가야 한다. 제일 빠르고 정확한 소식을 파악하고 판단해야 한다. 변화를 싫어하는 사람은 운이 따르기만을 기다리고, 시기를 잘 포착하는 사람은 기회를 창조한다. 행운은 세계관이 정확하고 용기가 있고 세심하고 도전정신이 있으며 신중하게 행동하는 사람에게 따른다.

한 원조우 상인이 기차에서 졸고 있는데 문득 뉴스에서 공안국이 과로 운전을 엄격히 단속하여 연속 운전 3시간 이상이면 안 되고 1일 실제 운전 시간이 8시간을 초과해서는 안 된다는 법령을 발표했다는 소식을 듣게 되였다. 이 소식을 듣고 그는 고속도로 옆에 여관을 차렸는데 장사가 잘되었다. 만약 평범한 사람이 이런 내용의 뉴스를 들으면 그냥 지나쳤을 것이다. 원조우 사람은 이렇듯 머리카락 하나 하나가 안테나가 되어 정보를 수집한다.

주식 투자도 마찬가지다. 주식이 떨어졌을 때 투자를 하면 돈을 벌 가능성이 많다. 하지만 많은 사람들은 일단 주식 시장이 침체가 되면 일단 내다 팔기 바쁘지 재투자는 생각지도 않는다. 그들은 최저한도로 떨어졌을 때가 기회라는 것을 모른다.

주식뿐만 아니라 다른 분야도 마찬가지다. 지혜가 많고 계략이 뛰어나고 과감히 기회를 잡을 줄 아는 사람만이 영원한 승리자가 될 것이다. 하지만 기회를 잡는다는 것이 쉬운 일이라면 누구나 다 백만 장자가 되었을 것이다. 평소 자신의 주변을 잘 살피고 분석하는 자만이 순식간에 사라져 버릴 수 있는 기회를 포착하여 남들의 부러움을 사는 성과를 달성할 수 있다.

난창(南昌)에서 액자 가게를 하는 원조우 사람이 수 많은 서예가들이 홍수 피해 지역에서 구호금을 모으기 위하여 바자회를 열어 자신들의 작품을 10위안씩 팔았다. 그는 주저하지 않고 300폭을 샀다. 몇 년 후 100폭을 팔았는데 십여 만원을 벌었다.

이 원조우 사람이 그 당시 과감하게 그렇게 많이 사들였던 것은 그가 시세를 잘 알고 있었기 때문이다. 그 서예가들의 작품이 시장에서 100위안 정도에 팔리고 있었던 것이다. 또한 현장에서 직접 그린 것이라 작품의 진실성도 확실했던 것이다.

사업 기회는 끊임없이 변화하고 순식간에 사라진다. 조금만 늦으면 영원히 후회할지도 모른다. 사업 기회를 정확히 포착하려면 두 가지 조건이 필요하다. 첫째, 기회 인지를 판단할 줄 아는 지모가 뛰어나야 한다. 둘째, 판단이 정확해야 한다. 적절한 시기에 결정을 내릴 수 있어야 한다. 즉 지모가 뛰어나고 판단이 정확해야 한다.

'미리 알고 깨닫다'라는 것은 과학적인 결정이다. "과감함"이 "무모함"으로 되지 않으려면 과학적인 결정이 더욱 중요하다.

과학적인 결정은 여러 사람들의 의견에 귀를 기울어야 하며 여러 가지 정보를 수집하고 자신의 명확한 목표에 근거하여 결정을 내려야 한다. 하지만 실패자의 공통점은 귀가 얇고 주관이 없다는 것이다. 모든 사람들은 자신만의 틀에 박힌 관념을 가지고 있다. 만약 자신의 결심이 다른 사람의 의견에 마음이 흔들린다면 어떤 일을 하든 성공할 수 없다.

또한 결정은 한번 정해져 변할 수 없는 것이 아니다. 새로운 정보와 환경의 변화에 따라 수정 및 조정이 필요하다. 180도로 전환해야 할 가능성도 있다.

신사복 생산기업인 쫭지(庄吉)그룹은 완벽한 정책결정 제도로 성공한 사례이다. 쫭지(庄吉)그룹의 중요한 정책결정은 반드시 이사회의 동의를 거쳐야 한다. 이렇게 함으로써 기업이 이성적으로 발전할 수 있었다.

쫭지(庄吉)그룹이 창립된 후 시장은 불경기상태였다. 이사회는 시장을 자세히 분석하여 "3대 전술"을 과감하게 실시하였다.

◐ 브랜드창출. "장중한 일신, 운이 좋은 일생", 현재 쫭지(庄吉) 광고는 중국에서 모르는 사람이 없을 정도이다. 본래 "쫭지(庄吉)" 이 두 글자는 아무런 의미가 없었다. 하지만 상표를 다시 디자인 하면서 시각적인 이미지를 개선하고 의미 없던 두 글

자에 문화적 의미를 부여하면서 새로운 브랜드가 탄생했다.

◐ **제품 품질 개선.** 좡지(庄吉) 양복은 본래 일반 수준의 도매가격을 위주로 했다. 그 당시 원조우시의 90%이상의 양복 기업이 모두 같은 상황이었다. 이러한 때에 좡지(庄吉)는 돌연히 방향을 바꾸어 원조우 의류 업계의 최고봉을 목표로 기존의 시장을 완전히 포기하고 고급 양복 체인점 경영방식을 선택했다.

◐ **유통업체 리스크를 제로로 낮추다.** 이런 경영방식에 동종 업계는 놀라움을 금치 못했다. 제조업체가 유통영역의 리스크를 부담하지 않는 것이 동종 업계의 관례였다. 하지만 좡지(庄吉)그룹은 유통업체가 회사의 요구에 따라 경영을 통일해 준다면 이월 상품이나 재고 상품을 100% 반품해주겠다고 제안했다. 이로써 유통업체는 리스크를 제로로 줄일 수 있었다.

2년이 채 안 되어 좡지(庄吉)는 원조우 의류 업계의 선두 기업이 되어 저지앙성 유명상표, 저지앙성 유명제품, 중국 10대 남성복 브랜드 등의 명성을 얻게 되었으며 또한 전국 100대 의류 기업 대열에 합류하여 전국에 200여개의 전문 매장을 설립하였고 또한 5,000만 위안을 투자하여 평양(平陽)에 공업단지를 설립하였다.

좡지(庄吉)그룹의 성공은 "기회+지모+과감성=성공"이라는 사업 방정식을 증명해 주었다.

미리 알고 깨닫다는 것은 감각에 따라 가는 것이 아니라 정보의 역할을 중요시해야 한다.

고대의 병법에는 "人馬未動, 糧草先行(병마가 이동하기 전에 군량을 먼저 이동시킨다)"고 했다. 오늘날은 정보를 먼저 수집해야 한다. 전쟁터든 사업터든 정보는 적을 물리치고 승리를 거두는 제일 중요한 요소이다.

정보는 전투의 승부를 결정하고 또한 모든 전략 계획의 방향에 영향을 미친다.

시장 경쟁은 전쟁터의 실전과도 같다. 기업 경영 또는 개인이 돈을 버는 방법, 계획에서 사업 정보는 중요한 역할을 하며 결정적인 요소가 되기도 한다. 이는 정보에는 기회가 포함되고 있기 때문이다. 중요한 정보 하나가 거액의 효율과 이익을 창출하거나 한 기업을 살려낸 사례가 여러 차례 언론을 통해 보도된 적이 있다. 이는 "정보가 이윤을 창출하며 정보가 돈이다."라는 것을 증명해 준다.

큰 사업을 하려면 먼저 국가 국제 사회에서 정보를 찾아야 한다. 국가의 경제, 정치, 외교, 새 정책의 발표 등은 모두 돈을 벌 수 있는 기회를 함축하고 있다.

리카싱(李嘉誠)이 중국계의 최대 갑부가 될 수 있었던 것은 사업정보를 중요시하고 시기와 형세를 잘 판단했기 때문이다. 60년대 중국 대륙의 내부 정세는 매우 혼란스러워지면서 홍콩 도피 열풍이 불었고 이로 인해 홍콩의 인심이 술렁이기 시작했다. 홍콩 주민들은 해외로 도피처를 찾았고 부동산 시장은 침체되었다. 리카싱은 중국 대륙의 한 공사 서기로 부터 문화대혁명의 여파가 홍콩까지는 번지지 않을 것이며 해방군도 홍콩까지 공격하지 않을 것이라는 정보를 전해 들었다. 그리하여 리카싱(李嘉誠)은 홍콩의 주택과 땅을 사들였다.

소규모 사업이라도 정보는 반드시 필요하다. 만일 정보가 뒷받침해 주지 않는다면 이는 칠흑 같은 어둠속에서 항해하는 것과 같으며 언젠가는 실패할 것이다.

1980년 여름, 원조우의 조우씨 성을 가진 의사가 상하이 출장을 갔다가 상하이에 많은 사람들이 크고 작은 문서나 장부 수첩을 들고 다니는 것을 보게 되었다. 사무용품점에 들러 알아본 결과 상하이의 기업들이 장부 서식을 모두 바꾸고 있다는 것이었다. 회사들은 문서나 장부 수첩을 사다가 다시 약간의 편집을 해야만 했다. 이때 의사는 불현 듯 이런 생각이 떠올랐다. "각 회사에서 사용하는 서식, 장부들을 만들어 팔면 돈을 많이 벌지 않을까?"

그는 여러 가지 다른 서식의 장부와 "상하이시 공업기업 명록대전"을 샀다. 집으로 돌아온 그는 재무, 설비, 물자 등 14가지 분류의 기업 관리 서식을 만들어 약 백여 가지가 되는 양식을 인쇄소에 맡겼다. 동시에 가족과 친구를 동원하여 "상하이시 공업기업 명록대전"에 나와 있는 지도와 회사명을 참고하여 주문서와 견본을 부쳤다. 이렇게 8,700개의 기업에 주문서와 견본을 다 보내고 나니 투자비만 수천 위안이 들었다. 이 돈은 그가 몇 년간 모은 전 재산이었다. 절박한 기다림 끝에 1,000여개의 기업에서 주문이 들어왔다. 2개월 동안 그는 7만여 개의 문서첩, 장부를 판매하여 6만 위안을 벌게 되었다.

그 당시 6만 위안은 천문학적인 액수였다. 하지만 그는 여기서 만족하지 않고 인쇄기, 종이 재단기, 제본기 등 설비들을 마련하여 사무용품 공장을 설립하였다. 1982년 봄 상하이시에서 "문명기업"을 선출한다는 소식을 듣고 상하이로 건너가 자신이 독점 생산한 "문명기업시리즈상품"을 선보였다. 1983년 말, 중국정부는 공업기업에 대해 "국가1급", "국가2급" 등 등급을 나누기로 하자, 그는 상하이 기업의 등급을 올려주기 위해 세트용품을 제공했다. 1992년 국무원이 국유기업자주경영조례가 하달되기 전 그는 상하이 국유기업에게 "국제 경제와의 연결"이라는 기업관리장부를 제공했다. 이러한 노력 끝에 조우씨 회사의 년 매출액이 수백만 위안을 넘고 고정 자산도 500만 위안이나 된다.

80년대 초, 10만 대군의 판매원이라 불리는 원조우 사람들은 "정보수집원"이라는 별명도 가지고 있었다.

이들은 원조우 초기자본 축적 단계에서 절대적인 역할을 담당했다. 이들은 전국 각지에서 상품을 판매하는 과정에 많은 정보를 수집하였다. "어느 지역은 어떤 제품이 필요하고 어느 지역은 어떤 물건에 제일 싸다. 어느 지역 사람들은 이러이러한 성향이 있다." 고향으로 돌아와 정보를 서로 공유했고 이런 과정에서 장사 기회가 쏟아져 나왔다. 이렇게 정보 교류가 주기적으로 반복이 되면서 선순환이 이루어지니 돈을 벌지 못할 이유가 어디 있겠는가?

단추시장에 가장 먼저 뛰어든 예시아요린(叶堯林), 예시아오칭(叶堯青) 형제는 황앤현(黃岩縣)의 한 단추 공장에서 단추를 도매로 사다가 치아오토우진(橋頭鎭)에서 팔아보기로 했다. 그 결과 하루도 채 지나지 않아 400위안의 단추를 하나도 남김없이 다 팔았다. 이 소식이 퍼지자 너도 나도 단추 장사를 시작했고 단추 가게도 100여개로 늘어났다. 1982년 단추시장이 개방되자 급속도로 발전하면서 전국에 유명한 단추 거래 중심이 되었다. 홍콩의 "원후이바오(文匯報)"는 "동방의 제1단추시장"이라고 평가하였다.

원조우 사람은 사업 수완이 뛰어나고 영리하다. 그들의 눈에는 어디나 다 돈으로 보이고 어떻게 발견하고 그 돈을 버는지가 관건이다. 원조우 사람은 남들이 소홀히 여기는 일에서 돈을 벌 수 있는 기회를 찾는다.

북방의 한 기자가 원조우의 사장을 취재할 때 그 사장이 "中國新聞出版報"를 열람하고 있는 것을 보았다. 기자는 웃으면서 "여기에도 사업 기회가 있습니까?"라고 물었다. 그러자 그 사장은 신문에 실린 뉴스를 가리키면서 "국가신문출반총서에서 전국의 기자증을 교체한다고 합니다. 이것이 기회가 아니고 무엇입니까?"라고 했다.

오늘날 세계는 정보화 시대로 진입했다. 정보는 전략적 자원으로 에너지, 원자재 등과 함께 이미 현대 사회 생산력의 3대 버팀목이 되어 가치 있는 정보는 곧 재산이다. 정보는 도처에 있다. 신문, 잡지, 뉴스 등에 많은 정보가 있으며 심지어 길거리 골목골목에도 정보가 숨겨져 있다. 그중에는 사업적 기회가 잠재되어 있는데 문제는 이것을 발굴할 수 있는 예리한 안목이 있느냐이다.

상인 3명이 3년을 감옥살이를 해야 했다. 간수는 그들의 요구를 하나씩 들어주기로 했다. 미국 상인은 시가를 즐겨 피웠기에 시가 3박스를 요구했고 프랑스 상인은 로맨틱을 즐겼기에 아름다운 여자를 요구했다. 하지만 유태인은 외부와 통화가 가능한 전화기 한 대를 요구했다.

3년 후 제일 먼저 감옥에서 나온 미국 상인은 큰소리로 "라이터 주세요. 라이터 주세요."라고 외쳤다. 그가 감옥에서 나오면서 라이터를 빠트렸던 것이다.

다음은 프랑스 상인이 나왔다. 그는 어린애 한명을 안고 있었고 옆에 아름다운 여성도 한명을 안고 있었고 또한 임신 중이었다.

마지막으로 나온 유태인은 간수의 손을 꼭 잡고 "비록 3년을 감옥에서 보냈지만 매일 외부와 연락이 가능해서 나는 사업을 접은 것이 아니라 오히려 2배로 성장하였습니다. 감사의 뜻을 표하기 위하여 당신에게 고급 승용차를 선물할 것입니다."라고 했다.

선택에 따라 결과도 달라진다. 정보를 잃지 않았다면 아무것도 잃지 않은 것이다.

어떤 정보를 갑이 알고 을이 모른다면 을은 자신이 모르는 것에 대해 대가를 지불해야 한다. 시장 경제에서 거래하는 쌍방은 상대방에게 진실 된 정보와 그 정보의 출처를 알려줄 의무가 없다.

정보는 공기처럼 어디나 다 존재한다. 천지를 뒤덮는 정보를 어떻게 잘 이용하는 지가 돈을 벌 수 있는 중요한 요소이다. 누가 정보 수집을 잘 하고 또한 가치 있는 정보를 잘 개발하고 정보를 이용하여 사업으로 잘 활용하느냐에 따라 시장의 주도권은 움직이게 되어 있다. 사업가는 세상사를 훤히 꿰뚫을 줄 아는 눈과 귀를 가져야 하고 시세를 잘 살피며 변화에 민감하게 움직일 줄 아는 유연성을 가져야만 사업의 전쟁터에서 승리를 이끈 장군이 될 수 있다. 남방 상인은 대부분 남들이 소홀히 생각하는 정보에서 사업 기회를 발견하고 그 정보를 이용하여 돈을 버는데 능하다.

원조우 사람은 정보에 매우 민감하다. 일상생활에서 업무 중에서 접할 수 있는 많은 정보를 그냥 지나치지 않고 서로 다른 정보와 분야, 시장의 수요에 따라 분석하여 사업 기회로 전환시킨다. 자신의 조건에 맞은 정보에서 기회를 찾아야 시장의 연동 현상을 포착하여 뛰어나고 성과가 있는 전략을 세울 수 있다.

 1992년 한중수교 직전 한중 고위급인사들의 접촉이 자주 이루어졌다. 원조우의 한 상인은 얼마 지나지 않아 한중수교가 이루어질 것이라 예상하여 한국과 가까운 산동반도에 땅을 대량으로 구입하였다. 한중수교 후 그는 토지사용권을 양도하여 많은 돈을 벌었다. 몇 년 전 중국은 환경 보호의 중요성을 널리 선전하였다. 많은 사람들은 곧 환경보호법이 발표될 것이라 생각하면서 여기에도 사업기회가 있다는 것은 깨닫지 못했다. 원조우의 한 기업가는 공장의 제품구조를 조정하여 환경관련제품을 개발하기 시작했다. 얼마 후 환경보호법이 실시되어 많은 공장에서 제품구조를 조정하려고 할 때 원조우의 이 공장에서는 이미 정수기, 수돗물 압력필터 등 신제품을 개발하여 시장에 선보였다.

2. 예리한 안목과 민첩한 행동

자전거를 탈 때 앞으로 나아가지 못하면 넘어지게 된다. 사업도 이와 마찬가지다. 반드시 행동이 뒤따라야 한다.

"말보다 행동이 앞서야 한다." 어떠한 희망이나 성공은 반드시 행동에서 이루어진다. 세상에는 실천에 옮기는 것보다 더 중요하고 효과적인 것이 없다.

아프가니스탄의 전쟁이 끝나지 않았을 때 파키스탄의 국경 지대에는 2만여 명의 원조우 사람들이 장사를 하고 있었다. 원조우 사람들은 전쟁이 언젠가는 끝날 것이고 지금 자리를 잡아서 나중에 전쟁이 끝나면 시장에서 우위를 차지할 수 있다고 생각했다.

이라크전쟁이 한창일 때 전쟁이 끝나면 이라크와 주변국에 거대한 사업 기회가 있을 것이라 생각하고 수많은 원조우 사람들이 중동지역으로 떠났다. 서양인들이 이라크 재건사업에 큰 관심을 가질 때 원조우 사람들은 이미 두 팔을 걷어붙이고 장사를 하기 시작하였다.

무슨 일이든 쉽게 생각하면 쉽고 어렵게 생각하면 어렵다. 쉽거나 어려운 것은 자신의 선택에 달렸다. 쩡궈판(曾國藩)은 "나이가 많든 적든, 일이 쉽든 어렵든 끝가지 최선을 다 하면 수확을 얻게 된다."고 했다. 만약 우리가 해야 할 일을 생각하면서 부정적인 결론을 먼저 내놓지만 않는다면 많은 일들을 쉽게 해낼 수 있을 것이다.

사람들은 누구나 사업과 재물에 대한 꿈을 가지고 있다. 하지만 대부분 사람들에게는 단지 꿈에만 그친다. 사람들은 거대한 재산을 소유한 사업가들의 성공을 배경, 행운, 기회, 지혜 또는 학력 등과 연결시키고 자신의 가난함과 비교하면서 한숨을 쉬고 하늘을 원망한다.

하지만 사실이 증명하듯, 부자들 중 90%는 자수성가했다. 힐튼, 리카싱, 빌 게이츠 그리고 수많은 원조우 사람들은 모두 빈손으로 거액의 재산을 일구어 냈다.

가난한 사람이 가난한 이유는 꿈이 없어서가 아니라 그 꿈을 현실로 이루려고 하지 않았기 때문이다. 많은 사람들은 정부의 보조금을 받을지언정 고생이나 모험은 하려고 하지 않는다. 그러니 어떻게 부자가 될 수 있겠는가?

자선 사업을 많이 하는 한 사업가가 모 산간 지역의 마을이 최저 생활도 유지하지 못할 만큼 가난하다는 소식을 듣고 그들이 가난에서 벗어나게 하기 위하여 모금을 하기로 결심했다. 모금 전에 이 사업가는 직접 마을 주민의 집을 방문했다. 어둠 컴컴한 방에서 온 가족이 둘러앉아 밥을 먹고 있었다. 식탁도, 의자도 심지어 젓가락도 없었다. 밥그릇을 들고 바닥에 앉아 손으로 밥을 먹고 있었다. 이 광경을 본 사업가는 이 마을을 하루 빨리 구호하고 싶었다.

하지만 집으로 돌아온 그는 갑자기 모금할 뜻을 접었다. 그의 이런 뜻밖의 행동에 많은 사람들이 이해 하지 못했다. 그는 "그 집 문 앞에 넓은 대나무 숲이 있었습니다. 대나무 숲이 있는데도 탁자나 의자, 젓가락 하나 만들지 않는 그들에게 돈을 줘봐야 무슨 소용이 있겠습니까?"라고 했다.

사업가로 태어나는 사람은 아무도 없다. 자신의 능력을 최대한 발휘한다면 설령 노점상이라도 고생을 두려워하지 않고 열심히 노력하면 큰 사업으로 발전시킬지도 모른다.

가난뱅이는 가진 것이 없으니 두려워할 것도 없다. 하지만 실제로 가난한 사람이 달걀을 얻으면 혹여 떨어뜨릴까봐 조심스레 들고만 다닌다. 달걀이 자신의 전부라고 생각하면서 모순에 빠진다. 가난할수록 두려워하고 두려워할 수록 더 가난해진다. 달걀이 깨진 후에야 비로소 새로운 삶을 시작한다. 하지만 그때는 이미 많은 기회들이 다른 사람에게 넘어간 후다. 언젠가는 깨질 달걀인데 움켜쥐고만 있을 필요가 없다. 탈출구는 행동에 있으며 행동은 빠를수록 이롭다.

개혁개방 이래 중국인들은 세 번의 돈을 벌 수 있는 기회가 있었다. 첫 번째는 사업을 하는 것이었고 두 번째는 주식 투자를 하는 것이었으며 세 번째는 부동산 투자였다. 하지만 대부분 사람들은 이 기회를 모두 놓쳤다. 사업은 투기라는 생각에 감히 엄두를 못 냈고, 주식은 눈속임을 하는 것이라 생각하여 선뜻 나서지 못했고 부동산에 투자를 하고 싶어도 모아 놓은 돈이 없고 대출할 용기는 더더욱 없었다.

과감한 행동은 사업이나 기업에 꼭 필요하다. 기회는 언제 어디서나 존재하지만 변화무쌍하며 순식간에 사라지기도 한다. 행동이 조금만 따라가지 않으면 그 기회를 놓쳐 평생 후회하게 된다.

한 사냥꾼은 풀밭에 앉아 있는 토끼를 보고 사냥총을 꺼내서 토끼를 겨냥했다. 이때 그는 속으로 "이 토끼를 잡아서 고기는 삶아서 먹고 가죽은 팔아서 그 돈으로 닭 한 마리를 사야지. 그 닭이 커서 달걀을 낳고 달걀이 병아리로 부화되고..... 이렇게 돈을 벌어서 장가들고 애를 낳고 애가 커서 말을 안 들으면 '이놈' 하고 혼내줘야지."라고 생각했다. 사냥꾼이 이런 생각을 하는 동안에 토끼는 도망가 버렸고 사냥꾼의 모든 계획은 수포로 돌아갔다.

이 사냥꾼을 비웃지 말자. 지금도 수많은 사람들이 기회가 다가와도 행동이 따라가지 못해 돈이 다른 사람 주머니로 흘러들어가는 것을 그냥 보고만 있다.

리카싱의 과감하고 빠른 판단은 그의 성공에 결정적인 역할을 했다. 그는 자신의 성공을 이렇게 정의했다. "민첩하게 반응하고, 과감하게 처리한다. 진격할 수 있으면 진격하고 아니면 후퇴한다."

50년대 중반 유럽과 미국시장에서 수지로 만든 장식품이 유행이었다. 가정집이나 사무실에는 수지로 만든 꽃, 과일, 초목을 몇 개씩 진열했다. 리카싱은 즉시 플라스틱공장을 설립하였다. 60년대 초 플라스틱 장식품이 여전히 전망이 있었지만 그는 과감하게 이 사업을 접고 전동 완구 등의 업종에 투자하였다.

60년대 후반기, 홍콩의 경제가 급속도로 성장하여 땅값이 치솟기 시작하자 리카싱은 대거 땅을 사들였다. 70년대 홍콩에 주식 열풍이 불자 그는 신속하게 주식에 투자하였다.

과감하다는 것은 행동이 빠르다는 뜻으로 성공한 상인이 가진 공통적인 자질이다. 이는 정보의 공신력과 시효성에 따라 결정된다. 기회는 언제 어디든지 존재한다. 하지만 기회가 다가올 때 잡을 수 있느냐는 얼마나 과감한지에 달렸다.

계획을 세우는 것이 기업에게는 매우 중요하다. 시장 경쟁에서 민첩하게 반응하여 다가온 기회를 효과와 이익으로 전환시키지 못하면 열심히 만든 사업 계획은 아무런 가치가 없어진다.

덴마크의 한 화랑에서 미국의 한 상인이 유태인이 판매하는 그림 3개를 한 개에 200달러에 사려고 했지만 유태인은 250달러를 요구했다. 미국상인이 너무 비싸다고 거절하자 유태인은 미국인이 보는 앞에서 그림 하나를 태워버렸다. 이를 지켜본 미국 상인은 성급한 마음에 나머지 두 개를 500달러에 살 것이라고 했다. 하지만 유태인은 하나에 300달러를 요구했다. 미국상인이 난처한 듯 고개를 설레설레 젓자 유태인은 그림 하나를 또 불태워 버렸다. 결국 미국상인은 1000달러라는 고가에 남은 그림 한 개를 사게 되었다.

원조우 상인들의 학력, 지식은 그다지 높지 않다. 심지어 문맹도 있다. 하지만 그들의 공통점은 담력과 결단력이 강하다는 것이다. 다른 사람들이 장사에 뛰어들 것인지 고민하고 있을 때 그들은 용감하게 뛰어들어 사업에서 성공을 거듭하였다.

옳고 그름을 즉시 결단 하지 못하면 매우 위험하다. 생각이 많아질수록, 걱정할수록 자기주장이 서지 않는다. 그만한 가치가 있고 자신에게 유익하다고 생각하면 과감하게 결단을 내리고 행동으로 옮겨야 한다. 자신의 이익에 어긋난다고 생각되면 우유부단하지 말고 그만두어야 한다.

수영을 처음 배울 때 물 밖에서 머뭇거리는 시간이 길수록 공포심도 증가되어 입수했을 때의 압박감도 더 심해진다. 이럴 때는 수영 코치가 가르쳐주는 어떠한 동작도 소용이 없기에 억지로 물에 던져버리는 것이 더 낫다.

돈을 버는 것도 같은 도리다. 과감하게 결정을 내리지 못하면 발이 작은 여자가 길을 걷는 것처럼 앞으로 한 발작 걷고 세 번

휘청거리고 또 한숨을 쉬어야 한다. 이런 식으로 나아가면 큰일을 해낼 수가 없다. 만약 어떤 일에 부딪쳤을 때 생각을 하고 또 하여 시간을 너무 길게 끌면 모든 기회는 물 건너가 버린다.

사람들은 돈을 벌 수 있는 기회를 보고도 이런 저런 걱정에 휩싸이고 투자 기회가 생기더라도 습관적으로 조금 더 두고 보자며 결정을 내리지 못한다. 돈을 벌고 싶은 마음은 있는데 위험 요소가 많다고 두려워 하다가 다른 사람이 돈을 번 후에야 한 발 늦었다며 후회한다. 어떠한 투자이든 리스크와 기회가 동시에 존재한다. 집에 앉아만 있으면 돈은 하늘에서 떨어지지 않는다. 원조우 상인이 돈을 벌 수 있었던 원인중의 하나가 바로 생각하는 대로 행동으로 옮겼기 때문이다.

2,500명의 실패자에 대한 조사 결과에 따르면 수 많은 실패 원인 중 유부단하고 과감하게 결정을 내리지 못하는 것이 제일 많은 비율을 차지했다. 백만장자에 대한 조사 결과에 따르면 그들은 모두 신속하고 과감하게 결정을 내리는 공통점을 가지고 있었다.

사업을 하려면 임기응변의 능력이 있어야 하고, 안목이 예리하고, 과감하게 결정을 내릴 줄 알아야 하고, 의지가 강해야 하고, 백절불굴의 정신이 있어야 하고, 모든 고난을 이겨낼 수 있어야 한다. 만약 앞뒤를 걱정하며 우유부단하여 제때에 기회를 잡지 못하면 패배할 것이다.

파리는 누구나 다 싫어한다. 하지만 탕바이쫑(湯百忠)은 파리 양식으로 큰돈을 벌게 되었다. 한 바구니 파리가 논 10마지기의 수입을 가져다주었기 때문이다.

2001년 어느 날 탕바이쫑(湯百忠)은 <<농촌정보신문>>에 실린 광고 하나를 보게 되었다. 파리를 양식하면 적은 자본으로 큰 이익을 얻을 수 있다는 내용이었다. 그는 순식간에 파리를 양식하는 사람이 아직 없으니 무조건 돈을 벌수 있겠다는 생각이 들었다.

탕바이쭝(湯百忠)은 한 교수에게 자문을 구했다. 교수는 파리에는 풍부한 단백질, 비타민과 인체에 필요로 하는 미량 원소를 함유하고 있기에 향후 인류의 일종의 식품이 될 것이라고 했다. 구더기도 많은 영양 성분을 함유하고 있어 의약, 식품, 화장품, 방직과 환경보호 등에 많이 쓰여 질것이라고 했다. 또한 파리는 다른 양식업에 비해 주기가 짧고 생산량이 많고 내병성이 강하기에 위험 부담이 거의 없는 투자 업종이며 시장 전망이 밝다고 했다. 이 모든 것을 알게 된 탕바이쭝(湯百忠)은 바로 파리 양식을 시작했다.

좋은 아이디어가 떠오르게 되면 바로 행동으로 옮겨야 한다. 남들의 조언 따위는 아랑곳하지 말고 직접 실천으로 옮겨서 부딪쳐야만 옳고 그름을 판단할 수 있다. 실천으로 옮기는 과정에서 많은 것을 배우게 되기 때문에 실패하더라도 잃은 것보다 얻는 것이 더 많다. 결과가 중요하지만 더 중요한 것은 행동으로 옮겼다는 것이다. 그 과정에서 배운 것이 바로 자본이고 재물이다.

3. 남보다 한 발 빠른 행동

현대 시장 경제의 경쟁은 큰 물고기가 작은 물고기를 잡아먹는 것이 아니라 빠른 물고기가 느린 물고기를 잡아먹는다.

한 상인이 마늘 두 자루를 들고 아랍 지역에 갔다. 그곳의 사람들은 마늘을 한 번도 본 적이 없었다. 세상에 이렇게 맛있는 것이 있을 줄을 몰랐다면서 이 상인을 아주 정성스럽게 대접하였으며 떠날 때 황금 두 자루를 선물로 주면서 고마운 마음을 표했다.

다른 한 상인은 이 이야기를 전해 듣고 이번에는 대파를 가지고 그곳을 찾아갔다. 그곳 사람들은 파도 난생처음 보았으며 마늘보다 파가 더 맛있다고 생각했다. 그들은 더욱 정성스럽게 이 상인을 대접하였다. 상인이 떠나는 날 그들은 황금으로는 자신들의 고마운 마음을 다 표현하지 못한다고 생각하여 의논 끝에 마늘을 선물하기로 했다.

시장 경제도 마찬가지다. 기회를 발견해야 할 뿐만 아니라 더 중요한 것은 선두를 장악하는 것이다. 그래야 "황금"을 얻을 수 있다. 만약 시간을 끌어 선두를 남에게 빼앗기게 되면 "황금"이 아닌 "마늘"을 얻게 될 것이다.

우리는 변수와 경쟁으로 가득 찬 세계에 살고 있다. 빨리 달리느냐가 성공과 실패를 결정하는 핵심이다. 정보 시대에 진입하면서 시장 반응 속도가 기업의 운명을 결정하고 있다. 시장에 빠르게 적응하는 자만이 시장 경쟁에서의 승자가 될 것이다.

미국 전략기획연구소의 통계에 따르면 500개의 성숙한 기업 중, 가장 먼저 시장에 진입한 기업이 시장 점유율의 29%를 차지한다. 재빨리 뒤따르는 기업의 시장 점유율은 21%이고 그 외 기업은 평균 점유율이 겨우 15%에 불과하다. 천하 만물의 도리는 다 똑같다. 이 통계는 "첫 번째는 천재이고, 두 번째는 인재이고, 세 번째는 용재이고, 네 번째는 바보이다."라는 말과 어울린다.

90년대 초, 대만의 식품업체들이 중국으로 진출하기 시작했다. 그들은 베이징과 티앤진을 주요 타겟으로 삼았다. 당시 중국의 라면 업계는 제품의 질이 떨어지고 수준이 낮았으며 다수를 제압할 수 있는 브랜드가 없었다. 적지 않은 대만 상인과 홍콩 상인이 시장 진출을 준비하던 찰나, 때마침 대만 딩신(頂新)그룹이 선수를 써서 캉스푸(康師傅) 라면을 출시했다. 결과 그들은 대부분의 시장을 점령했고 진출 준비 중이던 다른 기업들은 돌아서야만 했다. 하지만 대만 식품업의 선두기업인 "통이(統一)"는 패배를 인정하지 않고 정면으로 맞서 시장을 빼앗으려 했지만 한 발 늦게 진출하였기에 줄곧 열세를 면치 못했다.

다음과 같은 연구 결과가 있다. 제품이 제조단계에서 소비자의 손에 들어가기까지 가치를 창출하는 결정적인 시기는 생산을 위해 소비한 전 시간의 5%가 채 되지 않는다. 나머지 시간은 아무런 가치 증대가 없다. 하지만 이 효과 없는 시간은 시간 전략에 잠재력을 발굴할 수 있는 틈새를 제공한다. 시장을 성공적으로 점령하는 것은 경쟁 상대가 모방할 수도, 저항할 수도 없기에 돈을 벌 수 있다. 때문에 돈을 벌려면 우선 시장을 선점해야 한다.

시장을 선점하는 전략을 실시하려면 앞을 다투어야 한다. 사업 기회는 순식간에 지나가 버리기 때문이다. 먼저 행동을 취하여 잡지 않으면 바로 사라져 버리거나 다른 사람들이 빼앗아 간다.

즉 "시기를 놓치지 말라. 때는 다시 오지 않는다."는 말이다.

많은 고객들이 광조우의 한 상점에 와서 최신 인기 상품을 찾았다. 사장은 그 인기 상품을 구입하러 직접 베이징에 갔다. 그런데 베이징에 가보니 다른 많은 광조우 상인들도 그 인기 상품을 사고 있었다. 조급해진 사장은 재빨리 물건을 사서 비행기로 보냈다. 집으로 돌아와 보니 비행기로 부쳤던 상품은 벌써 다 팔리고 하나도 남지 않았다. 다른 상인들이 뒤늦게 물건을 팔아 보려고 했지만 아무도 사가지 않았다.

한 발 앞서면 넓은 땅과 하늘이 기다리고 있지만 한 발 늦으면 반 발자국도 내딛기 힘들다는 말이 있다. "앞서 가는 전략"이 피할 수 없는 추세라는 것은 모두가 알고 있는 바이다. 중요한 것은 얼마나 빨라 앞서가는가에 더 많은 노력을 기울여야 사업 기회가 돈으로 전환된다.

원조우 사람이 시장을 점령하는 속도는 놀랠 만큼 빠르다. 종종 어제 알아낸 사업 기회가 오늘은 제품으로 생산되고 내일은 주문을 받아 돈을 번다. 이것이 바로 원조우 사람의 사업 스타일이다.

1985년 정시우캉(鄭秀康)은 정부가 자영업자의 공장 설립을 허가한다는 소식을 전해 듣고 당일 오후 홍성 피혁공장과 홍성 상표를 등록하였다. 홍성구두는 곧바로 항조우, 상하이 등 대도시에 진입하였다.

"앞서가는 전략"은 누구나 다 아는 사실이지만 실천으로 옮기려면 그에 따른 용기가 필요하다.

80년대 초 노점상들도 돈을 벌 수 있었지만 많은 사람들은 용기가 나지 않았다. 90년대 초 주식 하나만 사도 돈을 벌 수 있었지만 사람들은 대부분 이를 반신반의했다. 기회는 이렇게 물 건너가 버렸다.

왕용칭(王永慶)은 1950년대 공상부문이 제한 업종으로 지정한 플라스틱 업종에 뛰어들어 "플라스틱 왕국"을 설립하였다.

사업 기회는 모든 사람들에게 공평하게 찾아온다. 또한 시효성이 강하다. 기회가 찾아 왔을 때 잡을 수 있는지는 개인의 용기에 달렸다. "작은 연(蓮)이 뾰족한 잎의 한쪽 끝을 슬쩍 나타내자마자, 재빨리 잠자리가 그 위에 앉다." 사업가는 잠자리의 이런 남들보다 앞서는 용기가 있어야 한다.

시장 경쟁이 치열하고 빠르게 변화하는 오늘날, 시장 정보는 빠른 속도로 전파된다. 다른 사람보다 빨리 정보를 획득하고 다른 사람보다 빠른 속도로 실천에 옮겨야 선두를 장악하여 사업 기회를 진정으로 독점할 수 있다. 때문에 "앞서는 사람이 왕"인 이 시대에 속도는 이미 기업의 기본 생존법칙이 되었다. 기업은 시장 변화에 빠르게 반응하여야 실패하지 않는다.

미국 시스코의 존 챔버스 회장은 신경제의 규칙을 거론하면서 "현대 경쟁은 큰 물고기가 작은 물고기를 잡아먹는 것이 아니라 빠른 물고기가 느린 물고기를 잡아먹는다."고 말했다.

전통적 비즈니스는 큰 물고기가 작은 물고기를, 작은 물고기가 새우를 잡아먹는다. 규모가 어느 정도 크게 되면 경제, 자금, 인력, 신용 등 방면에서 우위를 차지하여 자신의 시장 영역이 매우 강한 장벽을 형성하여 남들이 들어올 수 없기 때문이다. 하지만 이러한 전통적 비즈니스는 규모가 크기 때문에 반응이 느리고 운영 비용도 많이 든다. 큰 물고기가 가지 않은 곳은 사냥의 사각

지대가 되었을 뿐만 아니라 중소기업이 생존하는 마당이 되었다. 만약 운 좋게 이 사각 지대에 영양이 많은 새우가 많이 있다면 작은 물고기는 부단히 규모를 키우면서 결국 큰 물고기로 성장한다. 그런 후 사각 지대를 헤엄쳐 나와 큰 물고기와 경쟁을 벌일 수도 있다. 이것이 바로 현대 비즈니스의 독특한 생존법칙이다. "빠른 물고기가 느린 물고기를 잡아먹고, 빠른 물고기가 큰 물고기로 성장해 작은 물고기를 잡아먹는다."

빠른 물고기는 왜 느린 물고기를 잡아먹을 수 있을까? 만약 전통적인 농업경제, 공업경제가 "중량경제"라면 신경제, 지식경제의 특징은 "무중량경제"이다. 이 "무중량"의 정보경제, 지식경제 속에서 속도, 가속도는 매우 중요한 기준이 된다. 이로써 한 개의 경제 운영체, 크게는 국가와 지역, 작게는 기업, 상품, 서비스까지 모두 속도, 가속도를 중요한 문제로 인식하고 있다.

매일 해가 뜨기 시작하면 아프리카의 초원에서 어미 사자가 새끼에게 이렇게 가르친다. "무조건 빨리 달려야 한다. 영양보다 느리면 너는 영원히 굶어죽게 된다." 한편 어미 영양은 새끼에게 이렇게 말한다. "무조건 빨리 달려야 한다. 사자보다 늦게 달리면 사자에게 잡아먹히고 말 것이다."

현대 사업 경쟁은 매우 냉정하다. 우리가 살고 있는 세계는 변화가 심하고 경쟁이 치열하다. 때문에 빨리 달리는 것이 성공과 실패를 결정하는 핵심이 된다.

모두가 다 알다시피 시장 전략으로 시간은 자금, 생산효율, 품질, 혁신, 가치관 등에 실효성이 있다. 때문에 "빠른 물고기가 느린 물고기를 잡아먹다."는 시장에서 승리를 거둘 수 있는 가장 중요한 조건이다. 다른 조건이 동일하거나 비슷한 상황에서 기회를 먼저 잡는 자만이 최후의 승리를 거둘 수 있다. 남들보다 앞서는 속도가 경쟁에서 승리를 거두는 관건이 되었다. 번개같이 빠른 행동으로 동작이 느린 상대를 제압하여 승리를 거두어야 한다.

나폴레옹은 "우리 군대가 이길 수 있었던 이유는 적군보다 5분 일찍 도착했기 때문이다."라고 말했다. 전쟁이란 그렇다. 5분 일찍 도착하면 적군보다 지형을 익히는 데 유리하기에 승리를 거두기 쉽다. 사업도 전쟁과 같다. 다른 사람보다 기회를 빨리 잡는다면 승리자가 될 것이다. 남의 뒤를 따른다면 큰돈을 벌기 힘들다. 많이 벌고 적게 밑지고 싶으면 돈을 벌 수 있는 후각의 예민성을 높여 여러 가지 수단을 이용하여 남들보다 빨리 기회를 잡아야 한다.

오늘의 시장은 빠른 자가 성공한다. 먼저 신제품을 개발하고 먼저 시장수요를 만족시키고 먼저 시장을 점령하고 먼저 시장의 주도권을 잡아야 한다. 동일한 제품, 동일한 품질, 동일한 가격일 경우 남들보다 먼저 시장에 선보이면 시장의 주도권을 잡을 수 있으며 다른 기업들이 그 주도권을 빼앗으려면 몇 배, 몇 십 배의 노력과 비용을 투입하여야 한다.

원조우 사람이 시장을 선점하여 점령하는 속도는 탄복할 정도이다. 1983년 원조우의 화교가 미국에서 전화를 걸어왔다. "미국경찰청의 소식에 따르면 경찰복의 디자인을 바꾸려 한다. 34만 명이며 1인당 두벌씩이고 130만개의 휘장도 필요하다. 만들 수 있겠는가?" 이 소식을 접한 원조우 사람 두 명은 미국경찰청을 방문하여 총장에게 찾아온 이유를 밝혔다. 미국인은 중국이 일류의 휘장을 만들지 못할 것이라 여겼다. 이에 원조우 사람은 그에게 "그렇게 못 믿으시면 미국경찰청의 전문 요원 2명을 원조우로 파견하면 될 것이 아닙니까? 모든 비용은 우리가 책임지겠습니다."라고 했다. 미국경찰청의 전문 요원 2명은 그들을 따라 원조우로 갔고 원조우 사람은 그들에게 휘장 생산 과정을 보여주었다. 며칠 후 그들은 견본 백 개를 들고 미국으로 돌아갔다. 미국 경찰 총장은 견본을 보더니 품질이 마음에 들었다. 그리고 가격도 현지의 절반밖에 안되고 또한 계약금도 필요 없다고 하여 원조우 사람에게 주문하기로 하였다. 유엔의 평화유지 부대와 홍콩에 상주하는 군인들의 휘장도 원조우 사람들은 같은 방식으로 먼저 수주를 따냈다.

원조우 사람은 돈을 벌 수 있는 기회를 보게 되면 그 다음날 자기 집이나 다른 집을 임대하여 기계 몇 대를 놓고 시작한다. 그리고 어느 정도 성장하면 공장을 짓고 필요 인원을 채용한다. 원조우가 아닌 다른 지역이라면 시장조사, 신청, 허가 등 절차 때문에 6개월이 지나도 실천하지 못할 것이다.

사업 기회의 경쟁은 대체적으로 공평하다. 모두들 기회를 찾고 있고, 정보는 누구나 가지고 있으며, 경쟁자는 어디에든 존재한다. 경쟁의 결과와 이를 위해 쏟는 대가의 차이는 종종 한 발 앞서느냐 뒤처지느냐에 따라 달라진다. 만약 자신의 조건이 경쟁 상대의 조건보다 우월하지 않다면 속도의 중요성은 더 커진다. 기업은 만능 운동선수와 같다. 때로는 잔혹한 경쟁 속에서 끝까지 버텨낼 수 있는 인내력이 필요하고, 때로는 시장을 선점할 수 있는 폭발력이 필요하다. 남보다 사고, 혁신이 앞선다면 승리의 기쁨을 만끽할 수 있을 뿐만 아니라 돈도 벌 수 있다.

4. 이인자의 철학

아프가니스탄에서 차를 운행할 때 정비되지 않은 울퉁불퉁한 길은 그래도 견딜만하다. 정말 등골을 오싹하게 만드는 것은 바로 지뢰와 무장단체들이다. 아프가니스탄의 몇몇 전쟁터는 탈레반, 북방 연맹에게 함락 당했다. 그리고 그때마다 부근에 지뢰를 매설해 놓았는데 누구도 지뢰가 어느 지역에 매설되었는지 모른다. 운전기사들은 이인자의 철학을 고수하며 다른 차량의 뒤를 조심스럽게 따라갈 뿐 절대 선두에 나서지 않으려 한다.

기사들의 이러한 "이인자 철학"은 사업에도 그대로 적용할 수 있다. 대만 기업의 경영 이념에는 "이인자 철학"이라는 말이 있다. 그 뜻은 일인자도 삼인자도 하지 않고 항상 일인자 뒤만 바싹 쫓다가 기회를 포착해 일인자의 자리를 빼앗는다는 것이다. 잠시 우두머리가 되고 싶지 않을 때도 있고 뒤에서 달리면서 선두에 섰을 때의 압박감에서 벗어나고 싶을 때도 있다. 하지만 항상 이인자에 만족할 기업은 없다. 이인자는 단지 일인자가 되기 위한 과정일 뿐이다. 창업 초기에 이러한 이인지 정신을 배워야 한다.

남들보다 앞선다고 무조건 시장을 선점할 수 있는 것은 아니다. 가장 먼저 혁신적인 제품이나 경영 방식으로 선두 지위를 장악하고 또한 앞으로의 시장을 좌우할 수 있는 것은 아니다. 제일 먼저 시장에 진입하였다고 해서 최후의 승리자가 되는 것은 아니다. "이인자의 전술"은 더욱 현명한 경영 전략일 수도 있다. 투자 평가는 주로 잠재된 시장의 규모의 크기와 시장 이윤이 발생하는 시기, 보유한 핵심 자원 능력과 혁신 능력으로 가늠한다. 일인자는 시간적으로 남들보다 앞섰을 뿐이다. 일인자는 제품이 고 난이도의 기술력, 지적재산권을 가지고 있거나 끊임없는 혁신을 지속하거나 해야 한다. 아니면 방어벽을 형성하기 힘들어 다른 기업들이 뒤쫓아 와서 시장을 나누게 될 것이며 심지어는 거인의 어깨를 빌려 더 많은 이윤을 빼앗을 수도 있다.

원조우의 한 소형 농업용 기계회사는 신제품을 개발하는데 있어 늘 다른 기업보다 반 발자국 늦어 시장에 신기술제품을 먼저 선보인 적이 한 번도 없다. 그들은 늘 다른 기업의 성공과 실패의 경험을 참고로 하여 그 기업의 기계성능, 판매망, 애프터서비스 등에서의 단점을 보완하여 자신만의 완벽한 제품을 시장에 출시한다. 때문에 이 회사가 생산한 농업용 기계는 품질 등이 뛰어나 큰 성공을 거두었다.

신제품이나 신경영방식이 시장의 주류 세력이 되려면 어느 정도의 시간이 필요하다. 이 시간은 후발자가 역전의 기회를 노리기에 충분하다. 신상품이 시장에 주류를 형성한다 할지라도 일인자가 가장 높은 시장 점유율을 차지하는 것은 아니다. 이인자도 역시 시장의 큰손이 될 기회가 있고 때로는 일인자보다 더 효과적으로 위험 부담을 줄일 수 있다. 특히 창업 초기의 기업에게 생존은 발전보다 중요하다.

한 기업이 일인자가 된다면 더 없이 좋지만 뒤따르는 기업들도 일인자의 자리를 호시탐탐 노리고 있다. 창업 초기의 중소기업은 자금, 기술, 시장 등 여러 가지 제약으로 신제품 개발이 힘들고 빠른 시간 내에 규모가 형성되어 효과와 이익을 보기 힘들다. 이러한 문제점을 해결하는 제일 좋은 방법은 바로 일인자 뒤를 바싹 뒤쫓는 것이다. 자신의 실력과 상관없이 무조건 앞으로 나아가기만 한다면 신제품 개발도 큰 성과를 거두지 못할 뿐만 아니라 제품이 시장에 진출하더라도 많은 단점이 발견되어 기업은 곤경에 빠지게 될 것이다.

생존이 제일 중요하다. 소규모 기업에게 "이인자의 전술"이야말로 성공을 향한 지름길이다. 예를 들어 천 만원 내외로 식당을 한다고 하자. 각종 설비가 완비되고 서비스도 최상이며 이미지 향상을 위한 각종 이벤트 등 이런 최고급 수준의 식당은 적합하지 않다. 만약 년매출이 천 여만원 창업 초기 기업이 기술 연구 개발 부서를 설립하고 ISO국제품질인증을 신청한다는 것은 전혀 어울리지 않는 일이다. 이는 기업 발전의 장기적인 목표가 될 수는 있지만 현 상황에서 제일 중요한 문제점은 바로 창업 후의 3년을 어떻게 잘 생존하느냐 이다.

남들보다 앞서려면 일정한 실력을 구비해야 한다. 반 발자국 느리다고 무능한 것은 아니다. 특히 기술력이 낮고 자금이 부족하며 시장 점유율이 낮은 기업은 신중하게 고려하고 실천으로 옮겨야 한다. 하물며 경제적 효율을 높이는 관건은 속도에만 있는 것이 아니다. 더 중요한 것은 시장에 진입하는 시기이다. 많은 경우 다음과 같은 상황들이 발생한다. 시장에 너무 빨리 진입하면 시장이 완전히 형성되지 않아 진입자들은 진퇴양난을 겪게 된다. 얼마 후 시장이 형성되면 다른 기업들이 시장에 진입하여 큰돈을 번다.

예를 들어 완앤(万燕)은 제일 먼저 VCD사업을 시작했지만 나중에는 부부까오(步步高)와 아이두워(愛多)가 시장을 거의 빼앗아 갔다. 그 당시 완앤(万燕)은 대량의 자금을 투입하여 소비자들에게 VCD가 좋은 제품이라는 것을 알려주었다. 시장이 어느 정도 형성되고 소비자들도 VCD를 인정하자 부부까오(步步高)와 아이두워(愛多)가 시장에 진입하였다. 자신들의 브랜드를 앞세우고 판매망을 완벽히 하는 한편 단가를 낮추어 성공하였다. 하지만 완앤(万燕)은 모르는 사이에 사라져 버렸다.

때문에 신제품 개발의 시간 차이를 잘 이용하여 다른 사람의 제품의 장점과 강점을 흡수하고 자신의 단점과 약점을 보완해 나간다면 시장경쟁에서 일인자를 제치고 그 자리를 차지할 수 있다.

많은 중소기업들은 고생스럽게 시장을 개척하여 매출이 조금 좋아지면 다른 기업들이 시장을 쳐들어올 가 걱정한다. 그 원인은 시장이 어느 정도 형성이 되면 대기업이 뒤쫓아 올 것이며 실력 또한 만만치 않을 것이다. 대기업들은 위험부담이 크거나 시간적 여유가 없어 관심을 가지지 못한 사업은 일단 기회를 엿보며 실천에 옮기지 않는다. 중소기업이 개발하여 시장을 어느 정도 형성되었을 때 신속하게 그 사업에 뛰어든다. 비록 정정당당하게 이긴 것은 아니지만 시장 경쟁에서의 일종의 수단으로 일정한 법적 테두리 안에서는 문제가 되지 않는다.

과거 소니는 연구 개발에 막대한 자금을 투자했다. 하지만 신제품이 출시되면 타사가 손쉽게 관련 기술을 장악해버렸다. 죽 쑤어서 개 준 꼴이었다. 그 후 소니는 전략을 바꾸어 일인자가 되지 않고 타사가 신제품으로 시장을 개척하면 그 제품의 단점을 보완하고 더욱 향상된 기술로 제2세대 상품을 출시했다. 이렇게 출시된 제품은 성능, 가격, 디자인 등 모든 면에서 상대방의 제1

세대보다 월등했다. 결과 더 나은 기술 혁신과 시장경쟁력을 확보할 수 있었다. 이런 뒤를 따르는 기술혁신전략은 매우 교묘하여 시장경쟁에서 우위를 차지할 수 있다.

뒤를 쫓는 전략은 반드시 정확한 정보를 얻고 빠르게 실천으로 옮겨야 한다. 또한 무조건 이인자가 되어야 한다. 중국의 휴대전화도 선진국 동종업계의 뒤를 밟는 전략을 구사한 적이 있다. 하지만 뒤를 쫓는 과정에서 "대기업병"이 생기면서 시장반응이 무뎌지고 행동이 느려졌다. 결국 제품을 시장에 출시했을 때 시장은 이미 포화상태였고 계획은 물거품이 되어 버렸다.

창업자에게 기술혁신뿐만 아니라 브랜드전략도 이인자 철학이 필요하다. 이인자가 브랜드 전략을 설정하고 발전시키기 위해서는 자신의 실력을 종합적으로 평가하고 경쟁사의 상황 및 시장 변화를 정확히 파악하고 있어야 한다.

이인자는 먼저 자신의 브랜드가 시장에서의 위치와 고객들에 대한 인식을 잘 파악하고 있어야 하며 차별화된 브랜드 전략을 구사해야 한다. 동시에 상품 서비스, 경영에 있어 생산 비용을 낮추고 상품의 질을 높이면서 브랜드 파워를 향상시켜야 한다. 일정한 실력을 갖춘 후 브랜드 전략 목표를 확정하고 일인자의 상대적인 약점을 파악해 상응하는 공격 전략을 세운다. 공격성이 있는 제품을 개발하고 서비스를 향상시키고 판로를 개척하면서 고객을 사로잡고 일인자 브랜드의 인지도, 기여도, 고객 충성도를 조금씩 추월해야 한다. 코카콜라에 도전한 펩시콜라, 후지제록스를 앞질렀던 캐논, 컴퓨터 업계에 두각을 드러낸 델, 우리는 이들에게서 이인자 전략의 패기를 발견할 수 있다.

이인자가 되는 것이 목표가 아니라 일종의 수단이다. 목표는 일인자가 되는 것이다. 한 발자국을 내딛지 않으면 천리를 갈 수 없고, 계곡물이 없으면 하천이 생길 수 없다. 이인자가 되는 것은 현실적인 선택이며, 또한 생존에 필요한 방법이다. 한계가 있는 자금, 실력, 기술 및 인적 자원으로 창업자들이 이인자가 되려고 하지 않고 웅대한 뜻만 가진다면 이는 제 분수도 모르고 달걀로 바위를 치는 행위이다. 이인자가 되는 것은 경영 전략의 하나이며 또한 현명한 선택이다.

제8장
하나로 뭉쳐 천하 제패를 목표로 하는 원조우 상인

초기 저지앙촌   현재 저지앙촌

1. 돈은 같이 벌어야

　기러기는 조류의 일종이다. 관리학의 각도에서 조사해 본 결과, 기러기는 강한 단체의식이 있다는 사실을 발견했다. 우두머리 기러기가 앞서서 날개를 퍼덕여 뒤에 있는 무리들이 편하게 날 수 있도록 상승 기류를 형성해 준다. 그러면 뒤에서 날고 있는 기러기들은 끊임없이 소리를 내며 선두 행렬의 기운을 북돋아 준다. 이런 협동심은 비행효율을 70% 향상시켜 준다.

　뿐만 아니라 기러기들은 서로를 돕는다. 만약 한 마리가 사냥꾼의 총에 맞아 상처를 입으면 무리 중 덩치가 큰 기러기 두 마리가 대열을 이탈해 부상당한 기러기 옆에서 그의 착륙을 돕는다. 이들은 동료 기러기가 다시 대열에 합류할 만큼 휴식을 취하거나 혹은 죽은 후에야 그 곁을 떠난다.

　원조우 사람의 단결정신은 기러기와 같다. 다른 지역의 상인들이 파트너를 찾는 가장 큰 이유는 자금 부족이나 리스크를 줄이기 위해서이다. 하지만 원조우 사람은 "사업을 같이 하고 돈을 같이 번다."라는 의식이 뼛속 깊이 박혀 있다.

　사업가에게 자금은 없어서는 안 될 필수 조건이며 은행에 대출을 신청하는 것이 가장 보편적인 방식이다. 하지만 은행은 대부분 대출 경험이 있는 사람에게 재대출을 주는 경향이 있어 창업 단계에서는 대출받기가 매우 까다롭다. 이런 상황에서 원조우 사람들은 자신들만의 융자 방식을 개발해 냈다.

　각지에서 장사 하고 있는 원조우 사장들은 서로간의 작은 연락망을 형성하여 이를 통해 서로의 사업 방식을 잘 알고 있다. 이 연락망 안에 있는 사람들은 개인의 신용만으로 어떠한 담보도 없이 자금을 빌릴 수 있다. 이러한 자금지원 시스템은 복잡한 절차가 필요하지 않을 뿐만 아니라 수일 내에 수십만 위안 심지어 수백만 위안의 자금을 보장해준다. 적지 않은 원조우 사장들은 초기에 이러한 방식을 통해 사업을 순식간에 불려 나갔다. 차입자가 자금 회전 문제로 10~20만 위안을 빌리고 한두 달 사이에 상환하게 되면 이자를 지불할 필요가 없다. 장기간 돈을 빌릴 경우 차입자는 내부 규정에 따라 자발적으로 이자를 지불한다. 만약 투자 실패로 대출을 재차 원한다 하더라도 차입자는 처음과 다름없이 연락망의 도움을 받을 수 있다.

통계에 따르면 원조우 지역의 민간융자는 이미 기업자금의 절반을 차지하고 있다. "할머니 은행"은 이미 원조우 지역의 보편적인 현상이 되었다. 원조우 지역은 동네마다 그 지역에서 인정받는 자금을 관리하는 책임자가 있다. 사람들은 남는 돈이 있으면 그 책임자에게 등록 한다. 만약 누군가가 장사를 하는데 자금이 필요해 책임자를 찾아가 돈을 빌리려고 하면 큰 위험 부담만 없다고 판단되면 바로 빌려준다. 액수가 수백만 위안이라도 몇 시간 내에 돈을 마련할 수가 있다. 이런 책임자는 대다수가 문화 수준이 낮은 중년 여성들이며 50~60세 되는 할머니도 있다.

이런 독특한 융자방식은 수백만, 수천만 심지어 억대의 부호들을 탄생시켰고 친척, 친구, 동향으로 구성된 생존망을 구축하였다. 이러한 생존망은 사업자들에게 활력을 심어주었을 뿐만 아니라 자금처를 찾을 때도 편리함을 한층 더해 주었다. 서부 지역 유전을 개발한 왕롱썬(王榮森)은 자금 480만 위안 중 230만 위안은 친구에게서 빌렸다. 1.5억 위안을 투자하여 상하이에 건교대학을 설립한 조우씽쩡(周星增)도 이런 방식으로 수천만 위안이라는 거금을 마련하였다. 현재 은행 대출이 비록 많이 편리해졌지만 대부분의 원조우 사람들은 여전히 자신들의 편리하고 융통성이 있는 융자방식을 더 선호한다.

  현금을 빌려주는 것 외에 동향끼리는 물품을 외상으로 대주며 서로 도와준다. 원조우상인 뤄윈위앤(羅云遠)이 우한에 왔을 때 3일이나 밥을 굶을 지경 이였지만 동향과의 외상거래로 사업을 조금씩 키워나갔다. 그가 사업에 성공한 후 같은 방식으로 동향을 도운 적이 있었다. 그가 우한의 전기 계량기 공장을 맡아서 경영할 때 동향 한명이 쓰촨에서 전기 계량기 사업을 하고 있었는데 자금이 없어서 뤄윈위앤(羅云遠)을 찾아왔다. 뤄윈위앤(羅云遠)은 서슴지 않고 20만 위안 어치의 물품을 외상으로 대주었다. 하지만 시장변화 때문에 그 동향은 사업에 실패하였고 뤄윈위앤(羅云遠)에게 찾아와 무슨 수를 써서라도 그 돈을 꼭 갚겠다고 약속했다. 그런데 뜻밖에도 원조우로 돌아온 그 동향은 암 진단을 받게 되었고 이를 알게 된 뤄윈위앤(羅云遠)은 그를 찾아와 차용증을 그의 손에 쥐어주고 또한 몇 천 위안을 주면서 건강을 잘 챙기라고 당부했다. 또한 애들도 잘 키워 줄 테니 걱정하지 말라고 했다. 이것이 바로 원조우 사람의 단체정신이다.

  이러한 단체정신은 또 한 가지 좋은 점이 있다. 거대한 투자 프로젝트가 있을 경우 한 사람으로는 자금이 부족하기에 여러 명이 협력하여 자금을 모아 이 프로젝트를 진행할 수 있다. 몇 년 전 한 저지앙 상인이 쓰촨에 시장 조사를 갔다가 그곳에 원조우

쇼핑몰을 건설하기로 했는데 자금이 3억 위안이 필요했다. 그는 60여명의 저지앙 동향인들을 동원하고 자금을 모아 쇼핑몰을 건설하였다. 그런 민간자본금 협력의 방식으로 그는 쓰촨성에 "러산(樂山)원조우쇼핑몰", "싼타이(三台)원조우쇼핑몰", "잉산(營山)원조우쇼핑몰"을 건설하였으며 수천 명의 저지앙 상인들이 이곳에서 각종 경영활동을 하고 있다. 그들은 서로 협조하면서 쓰촨 지역에서 기세가 만만치 않는 역량을 형성하였다.

단체정신을 이용하여 시장을 제패하는 사례는 다른 지역의 상인들에게는 보기 드물다. 북방인을 예로 들면 그들은 베이징의 전자시장에서 장사를 한다. 하지만 단체의식이 없고 서고 각자의 돈만을 벌기에 바쁘고 서로 도와주지도 않는다. 때문에 북방인은 돈을 빨리 벌 수 있는 장사를 하려고 한다. 그중 하나가 바로 매장을 전매하는 것이다. 먼저 몇 십 개의 매장을 임대하고 다시 전대하여 돈을 번다. 하지만 원조우 사람들은 친척, 친구, 동향들과 함께 몇 십 개의 매장을 운영하여 한 개 업종을 독점해버린다. 때문에 다른 지역 사람이 그 업종에 뛰어들어도 생존하기 힘들다.

경제학적으로 원조우 사람들의 이러한 "동향단체"전략을 분석해 본다면 그들의 영리함 이렇게 도출할 수 있다. 국내의 전반적인 신용환경이 성숙되지 않은 상황에서 동향 간에 돈을 빌려주고 갚는 행위는 거래비용을 절감시켜 준다. 또한 동향들은 대부분 고향을 그리워하는 마음을 기초로 하는 단결력을 가지고 있어 소기업이 창업 초기에 겪기 쉬운 추진력 부족, 도산 등 장애물을 피할 수 있다.

원조우 사람은 바로 하나로 뭉치는 단결정신으로 경쟁상대를 물리치고 시장을 선점한다. 때문의 원조우 사람들은 중국의 곳곳에서 돈을 벌어간다.

원조우 사람들은 독식을 하지 않는다. 한 사람이 자신의 가족을, 가족은 친척을 불러 모아 부자, 부부, 형제, 자매가 공동으로 창업한 후 친척들을 불러 모아 가족형 기업을 형성한다. 이 가족형 기업의 보편적인 발전 유형은 일종의 효율적인 선택이다. 한 제도의 우월감은 그 제도가 원가를 낮추는데 있기 때문이다. 가족형 기업은 혈연으로 연결되었기에 복잡한 규제로 개인의 권리나 책임, 이익과 모험의 비대칭을 방지할 필요가 없다.

현재 세계적으로 가족경영은 아주 좋지 못한 경영 모델이라고 치부하고 있다. 1980년대 많은 경제학자들이 원조우를 시찰한 후 원조우 사람에게 이렇게 충고를 하였다. "빠른 시일 내에 가족형 기업을 개선하여 대기업 그룹을 설립하라. 그렇지 않으면 경제는 성장을 멈출 것이다."

하지만 전문가들의 예상과는 달리 원조우의 경제성장률은 연 20%에 달했으며 그중 99%의 기업이 가족형 기업과 중소기업이었다.

사실은 웅변보다 강하다. 기업 관리는 좋고 나쁨이란 없다. 단지 적합한가, 그렇지 않은가가 있을 뿐이다. 창업초기의 원조우 사람들에게는 가족경영이 제일 합리적이고 가능성이 있고 효율이 높은 경영방식이었다.

듀퐁, 록펠러 그룹과 같은 세계적인 그룹은 모두 가족형 기업이다. 월마트는 특히 두각을 드러내면서 세계 최고의 유통기업으로 성장했다. 전 세계 500대 기업 중 가족형 기업은 40%를 차지

한다. 제도나 규칙들도 중요하긴 하지만 때로는 혈연, 혈육 간의 정과 같은 비제도적인 문화요소가 상호 교류, 공감대 형성에 정식적인 제도로는 이룰 수 없는 독특한 힘을 발휘할 수 있다. 국제적으로 권위 있는 한 기관이 전 세계 화상 기업을 대상으로 실시한 조사에 따르면 성공기업의 90%가 가족형 기업이었다. 중국에서 경제가 제일 활발하게 진행되고 있는 저지앙성의 경우도 대부분이 가족형의 중소기업이다.

중국인은 가족관이 매우 강하다. 조상을 빛내는 것은 중국인들이 뼛속 깊이 우러나는 소망이다. 한 사람이 출세하면 온 가족이 덕을 보는 것도 당연하다고 생각하는 것도 변함없는 사실이다. 때문에 중국에서 가족경영이 제일 쉽게 생겨나며 대만이 가장 대표적인 예이다. 중국 대륙의 경우도 민영기업은 창업초기에 대부분 혈연, 친구 관계로 구성되었다. 유럽에도 가족형 기업이 비교적 보편적으로 존재하며 그 비율이 70%에 달한다.

특히 창업초기에는 가족의 협력이 있어야 기업을 발전시킬 수 있다. 충분한 자금이 없고 선진화된 설비도 없는 상황에서 유일하게 기댈 수 있는 것은 혈연 관계의 가족들이기 때문이다. 가족이라는 특별한 관계로 모두들 진심으로 사업에 동참하고 경영자에게 충성하기 때문이다.

가족제도는 모두를 하나의 끈으로 묶어 준다. 배신을 하고 외부와 내통할까봐 걱정할 필요가 없고 경영에 책임을 지고 동시에 경영비용이 적게 들고 시장반응이 빠른 특징을 가지고 있어 창업초기의 기업에게 가족제도는 효과적인 자원 배분일 수 있다.

가족기업의 좋은 점은 다음과 같다.

◐ 창업이 쉽다. 가족이라는 혈연 관계와 그와 관련된 사회관계를 이용하여 빠른 시간 내에 자금을 마련할 수 있다. 또한 전 투력을 응집시키고 짧은 시간 내에 경쟁우위를 확보하여 초 기자본을 빨리 축적할 수 있다. 특히 개혁개방 초기 민영기업의 법률제도가 매우 미비할 때 불필요한 분쟁을 피하기 위하여 원조우 사람들은 가족구성원과의 협력을 선택하였다.
전 원조우 서기는 이렇게 말했다. 1980년 그는 시골의 할머니가 집에 고무줄을 만드는 기계를 5대 돌리면서 매년 순이익이 5,000위안에 달했다. 그는 할머니 한명이 작업장 하나이며, 할머니 100명이면 큰 공장이 된다고 했다. 이를 계기로 그해 원조우시 정부는 "가정공업 강력발전"이라는 정책을 제정하였다.
◐ 반응이 신속하다. 가족전체의 이익이 개인의 이익이기 때문에 외부환경의 변화에 매우 민감하다. 특히 시장 변화의 정보는 빠른 속도로 기업의 구성원들에게 전달되며 그에 따른 결단도 매우 빠른 속도로 진행되며 구성원 사이에 공감대가 쉽게 형성된다.
◐ 관리 원가가 낮다. 가족이라는 혈연관계로 서로 믿고 이해하기에 강한 응집력을 형성하고 경영권과 소유권의 일치성 때문에 가족기업의 관리 원가는 비가족기업보다 훨씬 낮다.
◐ 실무적이다. 가족형 기업은 단기간에 이익을 추구하기에 모든 제품은 현지에서 먼저 시판을 시작한 후 전망이 좋다고 판단되면 규모를 확장한다. 원조우 사람들은 구두, 의류, 안경 등 일반인들이 제일 많이 사용하는 제품을 선택했고 가격 또한 도시와 농촌에 모두 적합하다. 이는 원조우 사람이 소상품으로 사업에 성공한 원인이다.

◐ **상품의 세대교체가 빠르다.** 가족형 기업의 융통성으로 그들은 신제품을 개발하는 즉시 행동으로 옮긴다. 인원, 물자, 재력을 모두 동원하여 신제품 출시에 최선을 다한다. 이 모든 과정은 대기업에서와 같이 수 많은 규칙과 절차가 없기에 시간을 단축시킨다. 예를 들어 베이징의 한 마크 공장은 5개월이 되어야 신제품 개발을 완성하지만 원조우의 모 마크공장은 12일밖에 안 걸린다.

2. 단결이 곧 힘

　단결이 곧 힘이다. 이 법칙은 장사에서도 똑같이 적용된다. 주식 시장을 예로 들어 볼 때 주식 시장에서 개미주들의 돈을 전부 합치면 기관투자자들보다 훨씬 많지만 모두가 돈을 한데 모으려 하지 않기 때문에 기관투자자들은 결국 개인들의 흩어져 있는 돈을 벌어들인다.

　유태인들은 서로 협력하여 어려움을 극복하고 똘똘 뭉치는 단체정신을 가지고 있다. 중세기부터 유태상인들은 같은 민족을 돕는 것을 자랑스럽게 생각하며 남을 돕는 것을 자신의 의무와 책임으로 생각한다. 현재 세계 각지에 흩어진 유태상인들은 국적에 상관없이 아는 사이가 아니더라도 마음속에서 우러나는 일종의 동포애를 가지고 있다. 그들은 각종 경로로 서로의 연락을 유지하고 이런 연락망이 어느새 유태인의 글로벌 보호망이 되었다.

　이런 점이 원조우 사람은 유태인과 흡사하다. 원조우 사람들은 혈연, 친인척, 동향인 등 관계를 유대로 하나 또 하나의 단체를 연결시켰으며 이 단체의 사람들은 단결심이 강하고 서로 믿고 또한 전투력도 강하다.

　이렇게 단체로 똘똘 뭉쳐 시장을 공략하는 것이 단독으로 하는 것보다 훨씬 유리한 이유는 응집력이 강해 시장 경영 과정에서의 리스크를 최대한 낮출 수 있기 때문이다.

　원조우 사람들은 사업을 할 때 이익을 독차지 하려고 하지 않는다. 개인은 집식구, 한 집식구는 한 집안, 한 집안은 한 동네, 한 동네는 한 개 현을 사업 파트너로 정한다. 이런 협력방식으로 규모가 점점 커지고, 효율이 높고 경쟁력도 강해진다. 전국 각지에 흩어져 있는 원조우 사람들은 3명이 모여도 서로 힘을 합쳐 공동으로 돈을 번다.

원조우 사람들이 다른 지역에서 단체로 모여 사업을 하는 과정은 아래와 같다. 원조우의 한 사람 또는 한 가족이 어느 지역에서 장사 기회를 발굴하면 고향의 친척 또는 친구들에게 "이곳에 돈이 널렸으니 빨리 오세요."라고 소식을 전한다. 이 소식은 한명이 열 명에게 열 명이 100명에게 전해져 눈덩이처럼 불어난다.

남으로는 싼야(三亞), 북으로는 모어허(漠河), 서쪽에는 라사(拉薩), 동으로는 칭다오(青島)까지 원조우 사람의 발자취를 찾아낼 수 있다. 최초 그들은 수공업을 위주로 생계를 유지하였다. 이발, 구두 수선, 재봉 등이다. 그 후 원조우 사람들은 각 지역 정부에서 발표하는 여러 가지 지원 정책을 발견하고 그 지역에 상점 또는 상품 집산지를 설립하였다.

원조우 사람들은 고향에서 끊임없는 "병정"들을 동원하며 이들이 모여 강력한 경쟁력을 구비한 단체를 형성하여 한 개의 시장을 집중 공략한 후 자리를 잡고 시장을 굳건히 지킨다. 시장이 사라지지 않는 한 후퇴 하지 않는다. 예를 들어 중국의 수 많은 도시와 농촌에서 원조우 사람들이 경영하는 상점 또는 원조우 타운이 존재한다. 이는 기동전과 진지전의 절묘한 조화라고 할 수 있다. 원조우 사람의 성공에 있어서 혈연, 지연이 매우 중요한 역할을 담당하고 있다.

1986년 중국경공업총회는 수 많은 신고를 접수하였다. 신고 내용은 원조우의 농민들이 전국의 양모 니트의 가격을 독점하였다는 것이다. 총회에 조사원을 파견하여 조사를 한 결과 그들은 깜짝 놀랐다. 국내 대도시의 대, 중형 상점 절반 이상의 양모 니트 매장을 원조우 사람들이 경영하고 있었던 것이다.

이러한 단체정신이 있기에 다른 상인들이 원조우 상인들과 정면충돌을 하려고 할 때면 예상치 못한 사업전쟁 이라는 망망대해에 빠지게 되는 것이다. 많은 지역에서 현지 상인들도 원조우 상인들을 당해내지 못하는 이유가 바로 원조우 사람들의 단결 때문이다.

원조우 사람들의 협력정신은 매우 뛰어나 최선을 다해 서로를 도와준다. 예를 들어 어느 상점에 손님이 찾는 스위치가 없으면 그 상점 주인은 다른 상점에 전화를 한다. 그러면 얼마 지나지 않아 스위치를 보내오며 이윤은 두 상점이 공평하게 나눈다. 이런 경영 방식은 자금을 절약할 뿐만 아니라 또한 융통성이 있어 발전을 가속화 한다.

원조우 사람들이 다른 지역에서 사업을 시작하는 것이 어려움이 매우 많을 것이라는 생각이 든다. 하지만 대부분은 이미 그 지역에서 자리를 잡은 친척이나 동향인이 데리고 온 경우가 많다. 하여 창업에 많은 자금이 필요하지 않으며 일 이만 위안이나 몇 천 위안으로 작은 가게를 열면 된다. 상품이 많을 필요가 없이 구색만 갖추면 모두 원조우 사람들이 제공한다.

고향을 떠나면 서로 도움이 필요하다. 혼자서 시장을 개척하기는 매우 힘들다. 만약 동향인의 도움이 없었다면 수 많은 어려움을 헤쳐 나가지 못했을 것이며 시장에 발을 들여놓는 것조차도 힘들었을 것이다. 중국내에서나 외국에서 한 원조우 사람이 먹을 것이 없고 잘 곳이 없을 경우 다른 원조우 사람을 찾아 가면 무조건 따뜻하게 맞이할 것이다.

각 지역의 원조우상회는 다음과 같은 규정이 있다. 어느 지역의 사람이 오면 어느 지역의 회원이 책임지고 맞이하는 것이다. 만약 사업 실패로 수중에 한 푼도 없다면 상회의 회원들은 따뜻하게 접대할 뿐만 아니라 집으로 돌아갈 여비까지 마련해준다. 또는 서로 대책을 강구하여 돈을 빌려주거나 물품을 외상으로 대주어 사업을 계속 하도록 도와준다.

원조우 사람이 이처럼 단결정신이 강한 것은 원조우 사람들이 강한 향토의식을 가지고 있기 때문이다. 그들은 자신이 원조우 사람이라는 것을 자랑스럽게 생각한다.

원조우시 정부가 주최한 제1차 세계원조우인대회에 국내에서 창업한 200여만 명의 원조우 사람들은 이 대회에 참석하는 것을 최고의 영광으로 생각하였다. 처음에는 900명의 대표들을 초청하고 경비는 일체 자기부담으로 하였다. 하지만 수 많은 사람들이 대회에 참석할 것을 요구하여 결국에는 1,500명이 참석하였다. 참석 대표 중 한명은 시간을 지키기 위하여 10만 위안을 들여 비행기를 임대하였다.

현재 원조우 사람들이 단체로 유럽시장을 겨냥하는 과정은 유태인들 조차도 패배를 인정했다. 어떤 이는 유태인을 "유럽식 원조우 사람"이라고 바꾸어 불러야 한다고까지 말했다.

원조우 사람의 상점은 이미 파리의 교외까지 널리 분포되어 있으며 수천 개의 원조우 식당이 파리 시 외곽을 큰 원형으로 둘러싸고 있다. 파리 시내 또는 로마 기차역 출구를 지나칠 때 원조우 식당들이 빼곡히 길게 늘어서 있는 광경을 쉽게 발견할 수 있다.

파리에는 원조우에서 온 사람이 15만 명에 달한다. 요즘 유럽을 여행할 때 원조우 말을 쓰는 것이 더 편리할지도 모르는 일이다.

물불을 가리지 않고 뛰어드는 원조우 사람들로 유태인들의 지위가 흔들리기 시작했다. 유태인들 조차 특정한 사상이나 이념도 없이 저돌적으로 전진하는 원조우 사람들을 이해할 수가 없다고 했다. 원조우 사람들의 사업 정신은 어떤 경제 사전에서도 찾아 볼 수 없는 전략이기 때문이다.

유태인들은 차츰 점포를 원조우 사람들에게 팔기 시작했고 원조우 상품이 각광받기 시작하면서 유태인의 상점에도 중국어를 표기해야 할 지경이 되었다.

원조우 사람의 상점이 급속도로 늘어나면서 현지 시민들이 집단 파업 시위를 벌인 적도 있었다. 이유는 원조우 사람들이 좁은 길에서 큰 길로, 외진 곳에서 번화가로 산발적으로 시장을 형성하고 있다는 것이었다. 게다가 원조우 사람들이 주변의 커피숍, 제과점, 세탁소 등을 높은 가격으로 사들여 의류 도매업을 한 것도 현지인의 불만을 샀다. 이러다 보니 아침에 빵을 먹고 오후에 커피를 마시는 프랑스인들의 일상적인 생활습관을 깨뜨렸다. 프랑스인들은 반발하기 시작했다. 원조우 사람들이 상점을 다 사들여 옷가게를 차렸으니 도대체 어디에 가서 커피를 마셔야 한단 말인가?

원조우 사람들의 초기 "단결"은 단지 생존을 위한 필수 불가결한 선택으로서 전략성이 부족하고 불확정 요소가 많았으며 범위가 친지나 친구에 제한되어 있었다면, 오늘날의 원조우 사람들은 전략적인 연맹을 구축하여 단결 수준을 한층 더 강화했다고 말할 수 있다.

전국 각지를 공략하고 있는 원조우의 부동산 업자들이 바로 좋은 예다. 초기에 10만여 명의 원조우 사람들이 전국 시장에 뛰어들었을 때 그들은 주로 구두 판매에 의존했다. 하지만 현재 똑같은 10만 명이 1,000억 위안에 달하는 거액을 들고 북으로는 칭다오, 남으로는 쑤조우와 항조우에 돈을 뿌리며 부동산에 투자한다. 원조우 사람들은 자신들의 숨은 실력을 여지없이 드러내기 시작했고 그들의 일거수일투족은 전국 각지의 사장과 은행의 촉각을 곤두서게 만들었으며 심지어는 정부관원들이 정부의 힘으로 압력을 가하기 시작했다. 부동산 가격이 폭등하자 정부가 부동산 가격 안정을 위하여 원조우에 있는 은행들로 하여금 대출을 규제하는 정책을 쓰기도 했다.

이런 단결정신으로 원조우 사람들은 어딜 가든 백전백승한다. 최초 소규모의 모임에 불과했던 단합이 이제는 단체정신으로 승화했으니 원조우 사람들의 향후 사업 활동은 날개를 단 듯 승승장구할 것이다. 이러한 원조우 사람들의 단결정신을 보면서 한 북방 상인은 이렇게 말했다. "손가락으로 주먹을 상대하니 당연히 패할 것이 아닙니까?"

원조우 사람의 단결정신을 거론하려면 베이징의 "저지앙촌" 이야기를 빼놓을 수 없다. "저지앙촌"은 원조우 사람들이 최초로 베이징에 설립한 "교두보"이기 때문이다. 또한 "저지앙촌"에는 수많은 원조우 사람들이 있다. 그 당시 구정부가 베이징시에 보낸 공문 내용은 다음과 같다. "현지 인구가 1.4만 명이고 유동인구가 1만 명에 달하는데 대부분이 저지앙 원조우 사람입니다."

"저지앙촌"은 베이징에 장사하러 온 저지앙 사람들에 의해 형성된 집단거주지역으로 베이징의 남쪽에 위치한 난위앤(南苑) 다홍먼(大紅門) 일대에 위치하고 있다. 이곳은 2개의 자연촌이 퍼져 있으며 면적은 500헥타르에 달했다. 이 지역은 현지인이 1.5만 명에 불과하고 외지인은 10명에 달했다. 그들은 집을 임대하여 살며 의류생산과 판매를 주산업으로 하였다. 내부에는 체계가 잡힌 자금시장, 인력시장, 원자재시장이 있으며 생산된 제품은 전국 각 지역의 시장에서 판매되며 국제시장까지 진출하였다. 사람들이 "외부인은 들어 갈 수 없다."고 여기는 이 "저지앙촌"은 중, 저급 양복의 주요 생산 및 판매 지역이며 베이징 도시 생활에서 없어서는 안 되는 존재가 되었다.

1993년 원조우 농민 루삐저(盧畢澤)와 루삐량(盧畢良) 형제는 내몽골 빠오토우(包頭)에서 의류사업을 하다가 손해를 보게 되어 사업을 접고 고향으로 돌아가는 길에 베이징에 들리게 되었다. 이 두 형제는 장사 때문에 전국을 거의 누비다 시피 했지만 베이징 시내는 가본 적이 없었다. 그들은 천안문 광장이라도 구경하고 싶은 마음에 베이징 역에서 내렸다. 시내를 돌다가 두 형제는 우연히 베이징이 생각처럼 관리가 엄격한 것은 아니라는 것을 발견했다. 거리마다 노점상들을 볼 수 있었다. 두 형제는 아예 자신들의 보따리 속에 든 백여 장의 옷을 꺼내서 길거리에서 팔기 시작했다. 예상 밖으로 빠오토우에서 팔리지 않던 옷이 여기에서는 인기가 많아 순식간에 다 팔렸다.

두 형제는 "베이징은 장사하기 좋은 곳이다."라는 결론을 냈다. 다음날 그들은 펑타이(丰台)구의 한 농가주택을 임대하고 재봉틀 한 대를 사서 자그마한 작업장을 마련하여 옷을 만들어 팔았다.

이 소식이 널리 퍼지면서 점점 많은 원조우 사람들이 이곳에 자리를 잡기 시작했다.

베이징은 원래 서에서 동쪽으로 가고 북에서 남쪽으로 가는 기차를 갈아타는 곳이었다. 이곳의 장사가 잘되니 다른 지역으로 갈 필요가 없게 된 것이다. 얼마 지나지 않아 난위앤(南苑) 다훙먼(大紅門) 일대에 수 만명의 원조우 사람들이 몰려 의류를 만들어 팔기 시작했다.

아무도 모르는 사이 규모가 작지 않지만 "출산허가증"이 없는 "저지앙촌"이 태어났다.

현재 실체가 존재하는 이 "저지앙촌"의 경제능력은 아무도 무시할 수 없는 것이다. "저지앙촌"에 등록한 기업은 36,000여개이고 1일 물동량은 16만 톤에 달하고 연간 거래액은 300억 위안에 달하여 베이징 의류거래액의 50%를 차지한다. "저지앙촌"은 베이징의 제일 큰 외지 인구 집산지이며 제일 큰 의류도매 집산지이다. 통계에 따르면 이곳 의류시장의 연간 거래액은 왕푸징백화점의 판매총액과 비슷하다.

"저지앙촌"이 발전한 원인은 베이징의 의류, 가죽제품의 수요가 매우 크기 때문이다. 또한 친척이나 친구 동향끼리 서로 도와주는 원조우 사람의 습관이 자신의 존재, 유동, 취업, 융자, 감정교류 등의 든든한 뒷받침이 되어 주었다. 때문에 점점 많은 원조우 사람들이 이곳으로 모이게 되었다.

이들이 이곳을 택한 이유는 1980년대 베이징 남쪽이 주택 임대료가 싸고 시외버스터미널이 있고 베이징 남부 기차역이 있어 교통이 편리했기 때문이다. 때문에 "저지앙촌"은 빠른 속도로 이곳 일대에서 발전하기 시작했다.

현재 "저지앙촌" "주민"들은 행복한 생활을 보내고 있다. "저지앙촌"을 벗어나지 않아도 생활에 필요한 모든 것에 만족을 느낀다. "저지앙촌"에는 유치원, 병원, 이발소, 신발수선 등이 있어 전혀 불편함을 느끼지 못한다.

재활용 수거를 위주로 하는 "허난촌", 농특산물 판매를 위주로 하는 "허베이촌", 가정부 위주로 이루어진 "안후이촌", 회교음식점 위주로 하는 "신지앙촌" 등의 생활수준은 저지앙촌과는 비교도 안 된다. 그들은 주된 산업이 없으며 응집력도 약하다. 그리고 도시개발과 도로확장으로 "신지앙촌"은 이미 사라져버렸다.

"저지앙촌"에서는 "우리"라는 존재를 느낄 수 있다. 저지앙촌의 주민들이 어떤 사물에 대해 평가를 할 때 늘 이렇게 말한다. "당신도 알다시피 이 일에 대해서 "저지앙촌" 사람들은 다 이렇게 생각합니다." 그들은 모든 사물에 대한 판단은 개인이 아니라 "저지앙촌"이라는 단체가 한다고 생각하여 그들의 강한 귀속감을 구현한다.

고난과 압박에 부딪쳤을 경우 "저지앙촌"의 사람들은 더더욱 일치단결하여 단체의 이익을 보호한다. 1992년 현지 정부는 경공업품 도매시장을 설립하였다. 하지만 정부에서는 관리비를 30위안에서 200~400위안으로 올렸다. 이에 저지앙촌 주민들이 반발하고 관리비 납부를 거절하였다. 정부는 시장을 봉쇄하고 관리비를 내지 않는 사람들의 시장 출입을 금지시켰다. 이는 저지앙 사람들의 분노를 일으켰다. 그들은 동맹파업을 하였고 결국 정부는 자신들의 잘못을 인정하고 관리비를 하향 조정하였다. 이 사례는 저지앙촌 주민들의 단체정신을 여실히 보여준다.

3. 협력하고 이윤을 공유

　마음을 모으면 태산도 옮긴다. 협력은 성공을 위한 가장 좋은 창업방식이다. 돈을 벌고 싶으면 남들과의 협력에 능숙해야 한다. 협력을 모르는 창업자는 사업을 크게 발전시킬 수 없다.

　사업 전쟁에서 유태인은 협력을 매우 중요시했다. 그들은 실력이 있는 파트너를 만나는 것이 반의 성공이라고 생각한다. 협력으로 자신의 단점을 보완할 수 있을 뿐만 아니라 리스크도 공동으로 부담하여 쌍방의 경쟁력을 강화시킬 수 있다.

　원조우 사람들은 협력 창업과 공동 투자를 하는 습관이 있다. 80년대 말 수 많은 원조우 사람들은 초기자금을 모으면 자금, 인재, 기술을 모아 공동으로 투자해 그들은 더 빨리 자본을 마련할 수 있었다.

　원조우 사람은 협력 정신이 강하며 공동 투자하는 습관을 가지고 있다. 예를 들어 어떤 프로젝트를 한 사람이 시작했으면 다른 한 사람은 자금 투자만 한다. 나머지 일은 신경 쓰지 않고 돈을 벌 때까지 기다려 이윤을 나누기만 한다. 자금 투자를 했다고 해서 시시콜콜 간섭하지 않으며 상대방의 일거수일투족을 지켜보지 않는다.

　원조우 사람들이 공동 투자를 하는 가장 주요한 원인은 자금 부족 때문이 아니다. 그들은 독자적으로 투자할 수 있을 만큼 자금을 가지고 있지만 협력 투자의 습관을 가지고 있어 공동으로 사업하기를 즐긴다.

　원조우 사람은 이를 "기쁨은 나누면 배가 되고, 부담은 나누면

반이 된다"고 생각한다. 이윤을 공유하여 서로 돈을 벌고 좋은 아이템이 있으면 친구를 부르고 친구가 좋은 기회를 발굴하면 나를 부르는 것이다. 또한 지혜, 정보, 인재 및 사회관계 등 모든 자원도 공유한다. 이사회에서 여러 사람의 의견을 모아 큰 효과를 거두고 거듭 토론하여 문제점을 분석한다. 한 아이템이 이사회 전원이 긍정적으로 생각하고 적극 밀어준다면 성공하지 못할 이유가 없다.

단체의 지혜와 판단과 전국 곳곳의 정보를 모은다. 어느 분야의 인재가 부족하면 사람들의 추천을 받아 선택하면 된다. 그리고 서로의 인맥을 이용한다. 이것이 바로 자원의 "최적화 조합"이다.

또한 리스크를 분담할 수 있다. 모든 투자에는 리스크가 따르기 마련이다. 만약 실패하여 모든 위험 부담을 혼자서 부담하면 이 사람은 아마도 영원히 재기하지 못할 것이다. 동업자들이 리스크를 함께 분담하면 개인에게 미치는 영향은 크지 않을 것이다.

원조우 사람은 10만 위안이 있으면 여러 사람들과 공동경영으로 10개의 아이템에 투자할지언정 혼자서 한 개의 아이템에 10만 위안을 투자하지 않는다. 투자한 10개의 아이템 중에서 두 개 정도 실패하더라도 나머지는 돈을 벌 수 있어 수익이 안정적으로 지속되기 때문이다.

협력 창업은 서로 다른 자원을 모을 수 있다. 이런 자원들은 창업자에게는 쉽게 얻을 수 없는 재물이다. 동시에 창업자는 이러한 요소들을 충분히 이용하여 경영 활동에 최대한 지원을 제공해야 한다.

협력 창업의 장점은 다음과 같다. 자금 압박이 적고, 창업 초기의 복잡한 상황 속에서 분업이 가능하여 경영 활동을 순조롭게 진행할 수 있고, 각자의 장점을 살리고 단점을 보완하고, 각자 특정의 업무를 책임지고, 시장 압력과 위험 요소를 공동으로 책임진다.

어떤 일이든 득도 있고 실도 있다. 협력 또한 예외가 아니다. 공동 경영의 단점은 이윤을 나누기에 흡인력이 떨어지고, 분할이 균등하지 않아 업무의 적극성에 영향을 미치며, 동업자끼리 가끔은 분쟁이 생길 수 있고, 파트너가 중도에 포기한다면 이것도 큰 위험부담이다.

돈을 잘 버는 사람은 남들과의 협력에도 뛰어나며 서로 나누고 서로 도와준다. 남을 도와주는 것이 바로 나 자신을 도와주는 것이기 때문이다. 협력 창업 성공의 기준은 바로 1 더하기 1이 2보다 크거나 아니면 2보다 작거나 이다.

근래에 원조우 민영 기업가들은 너도 나도 할 것 없이 국내외에 투자를 하여 사람들의 주목을 끌고 있다. 사람들은 원조우 민영 기업가들의 담력, 지혜 및 고생을 두려워하지 않는 정신을 분석하는 동시에 그들이 보유하고 있는 자금력에 감탄을 금치 못한다. 사실 원조우 사람의 자금동원 비결은 바로 공동으로 출자하는 것이다. 몇 십억 위안의 대형 프로젝트를 한 사람이 투자하려면 힘들지만 많은 사람이 투자하면 자금을 모으기가 쉽다.

이런 "연합" 투자는 원조우 사람들의 전통이다. 최초의 "대연합"은 80년대 말이었다. 그 때 많은 원조우 사람들은 최초의 자금을 이미 마련했고 국가에서는 제품의 국가표준, 국제표준을 제정할 때였다. 원조우 사람들은 그 표준을 달성하기 위하여 자금, 인재, 기술을 모아 공동 투자를 시작하여 소규모 작업장 형식의 생산에서 벗어났다. 그 결과 자금의 축적을 가속화 했다.

하지만 몇 년 후 이런 공동 경영이 새로운 문제점이 생기기 시작했다. 이윤을 어떻게 나눌 것인가? 어떤 사람은 계속 투자를 원하고 어떤 사람은 집을 사고 차를 사고 싶어 하는 등 서로 갈등이 생기기 시작했다. 그리하여 90년대 초 공동 경영이 잇달아 해체되어 단독 투자가 늘어났다. 현재 산동성에 투자한 정타이(正泰)그룹, 더리시(德力西)그룹은 바로 그 당시 소규모 스위치공장의 공동 경영이 해체되면서 새로 투자하여 현재 전국 민영 기업의 선두 기업 이 되었다.

원조우 사람의 두 번째 "대연합"은 2000년부터 시작되었다. 중국이 WTO에 가입하자 원조우 사람들은 위기감을 느꼈다. 경쟁력이 더욱 심해질 것이고 경쟁 상대도 국내 기업 뿐만아니라 외국 기업 까지 가세할 것 이므로 원조우 민영 기업들은 연합이 절실히 필요했다.

사람들은 "남에게 기회를 주는 것이 나 자신에게 기회를 주는 것이다."라는 도리를 알고 있다.

수호지의 송강(宋江)은 비록 용모도 변변치 못하고 문무가 출중하지 못했지만 양산박의 통제 불능 장수와 병졸들을 고분고분하게 만들었다. 그 원인은 송강(宋江)이 공유가 무엇인지를 알고 있었기 때문이다. 그는 병사들에게 밥과 고기, 술을 베풀고 돈을 나누어 주었다. 무슨 일이든 성사가 되면 이윤을 공평하게 나누었고 부하들의 눈을 속이며 자신의 주머니를 채운다는 원망을 한 번도 들은 적이 없었다. 송강(宋江)과 같은 사장은 직원들이 손해를 보지 않게 한다. 어떤 부하들은 송강(宋江)에게 복종하고 싶지 않지만 자신의 개인 이익을 위하여 송강(宋江)이 두목을 담당하는 것이 제일 탁월한 선택이었다.

수 많은 창업자들은 창업 초기 우여곡절이 많고 어려움도 많으며 실패도 많이 경험하게 된다. 이런 고난과 실패의 원인은 시장 형세를 잘 파악하지 못하고 자금이 부족하고 관리, 기술 등 관련 지식이 부족하기 때문이다. 창업 계획이 매우 치밀하고 전망이 좋아도 뜻밖의 우발적인 어려움에 부딪치면 사람들은 늘 방향을 잃는다.

때문에 새로운 경영 방식이 떠오른다. 예를 들면 프랜차이즈, 체인점 등 형식이 창업의 지름길이다. 이런 창업방식이 우후죽순처럼 신속하게 발전되어 맥도날드, KFC같은 수 많은 거대 기업이 탄생했다. 프랜차이즈의 장점은 바로 이미 성숙되고 지명도가 있는 기업이 자신의 브랜드 전략, 관리, 기술, 시장 선택 방법 등을 팔아 자금과 함께 고속 성장을 보장받는다는 것이다. 가맹자는 자금과 이익의 일부분으로 성숙한 기업의 기본적인 요소 즉 브랜드, 관리, 기술, 안정된 시장을 획득하여 상생관계를 이루게 된다. 프랜차이즈 경영은 수 많은 작은 배들을 한곳으로 집중시켜 시장경쟁에서 거대한 기업이 되어 배들이 뒤집힐 확률이 매우 낮아진다.

"독불장군"식의 경영방식은 현대사회에서 이미 뒤떨어졌다. 중국이 WTO에 가입한 후의 경쟁이 날로 치열해지는 가혹한 현실 속에서 민영기업은 더욱 서로 협력을 하여 브랜드를 널리 알려 국제시장에서의 경쟁력을 강화하여 승리의 기쁨을 공유하여야 한다.

공유한다는 것은 서로의 장점을 충분히 활용하고 단점을 보완하여 발전을 모색하는 것이다. 기업의 성공적인 발전에는 자금, 전략, 관리, 기술 등 많은 조건이 필요하다. 창업자가 정확한 전략, 관리, 재무, 기술등을 기획하고 실시한다는 것은 매우 어려운 일이다. 경력과 경험 및 브랜드가 모자라기 때문이다. 성숙된 기업이 신속히 확장을 할 때도 자금 및 인력자원 부족을 겪게 된다. 자금과 우수한 인재는 영원히 결핍된 존재이기 때문이다. 공유는 각자의 이러한 수요를 만족시키고 발전 과정에서 겪게 되는 애로사항을 해결할 수 있다. 때문에 서로 협력하고 공유하는 것은 돈을 벌 수 있는 효과적인 방식이다.

사업을 하려면 이익을 공평하게 나누어야 한다. 이익을 공평하게 나눈다는 것은 다른 사람의 몫을 빼앗지 않는다는 뜻이며 심지어는 자신의 것을 포기하는 법도 배워야 한다. 이익을 독차지하려 욕심을 부리면 결과는 그 한 끼만 배부르게 먹는 것에 불과할 것이다.

창업자들은 바보가 아니다. 만약 10명의 창업자 가운데 9명이 이익을 독차지하려거나 배신을 하려는 마음을 가지고 있으면 이 창업은 발전성이 없고 얼마 지나지 않아 망하게 될 것이다.

근래 중국에는 이런 경제현상이 나타나고 있다. 신흥업종이 하나가 활성화 되면 연달아 수 많은 유사 기업들이 나타나게 되며 처음의 그 기업은 종적을 감춘다. 그 원인은 바로 처음 신흥업종을 개발한 그 기업의 사장이 서로 공유할 줄을 몰랐기 때문이다. 사장은 돈을 벌면서 회사 중요 직원들에게 베풀 줄을 몰랐고 그 직원들은 불공평하다고 생각하여 창업을 하여 사장이 된 것이다. 그 직원들은 기술, 시장, 관리 등에 익숙하여 쉽게 성공할 수 있었다.

직원들은 인재가 되면 회사를 바꾸기 십상이다. 이런 현상은 직원만의 잘못이 아니다. 사장은 직원들에게 얼마나 베풀었을까? 때문에 기업가는 파트너, 고객, 직원과 공유할 줄 알아야 하며 또한 진심으로 공유하고 공평하게 이익을 나누어야 한다. 이렇게 함으로써 강한 응집력이 생긴다. 이는 자신을 보호하는 동시에 자신의 기업을 보다 강한 경쟁력을 갖게 한다.

홍칭팅(紅蜻蜓)은 대리상을 장기적인 이익 동맹으로 여기고 언제나 대리상의 이익을 먼저 생각하였다. 서남지역의 한 여성이 홍칭팅(紅蜻蜓)전문매장을 열었는데 자금부족으로 대리점 면적도 매우 작았고 인테리어도 기준에 미치지 못했다. 이는 원래 대리점 설립 표준에 도달하지 못하지만 홍칭팅(紅蜻蜓)의 사장은 선례를 깨뜨려 대리점 설립을 허락하였을 뿐만 아니라 시장 조사와 물류 지원으로 이윤을 보게 하였다. 그 대리점은 짧은 시간에 기준에 맞는 조건을 갖추게 되었다.

정타이(正泰)그룹의 난춘후이(南存輝)는 "공유"가 기업의 발전에 미치는 중요성을 미리 깨달았다. 정타이(正泰)그룹이 설립된 후 그는 지분제를 추진하였다.

1990년 그는 4명의 친척을 정타이(正泰)그룹에 출자하게 하여 정타이그룹의 주춧돌이 되었다. 그가 60%, 4명의 친척이 나머지 40%의 지분을 보유하게 되었다.

1991년에서 1993년 사이 그는 회사의 지분으로 30여개의 다른 기업을 끌어들여 정타이(正泰)의 상표를 단 제품은 천여 종에 달하였다. 1994년 2월 정타이(正泰)그룹 설립 초기 지분소유 기업은 38개에 달했고 주주는 40명에 달했다. 그 당시 정타이(正泰)

그룹의 순자산은 5,000만 위안에 달했고 그의 지분은 40%로 줄어들었다.

하지만 몇 년간의 관행에 어긋나는 확장 과정에서 정타이(正泰)그룹은 보기 드문 혼란스러운 상황에 처하게 되었다. 같은 종류의 제품을 몇 개의 계열 기업에서 생산하여 시장에서 서로 경쟁 하였던 것이다. 정타이(正泰)그룹의 허락을 받은 제품과 허락을 받지 않은 제품이 같이 시장에 선보였다. 정타이(正泰)그룹에 주식 출자한 기업들은 발전 전략 문제로 난춘후이(南存輝)와 충돌이 생기기도 했다.

정타이(正泰)그룹은 이런 문제점을 해결하기 위하여 다시 한 번 전략을 세웠다. 중첩되는 기구를 폐쇄하고 그룹의 발전전략과 충돌이 되는 계열 기업을 퇴출시켰다. 1998년 난춘후이(南存輝)의 지분은 다시 한 번 28%로 줄어들었다.

이렇게 난춘후이(南存輝)는 지분이 최초의 100%에서 28%로 줄었다. 매번 자신의 지분을 희생하여 회사에게 고속성장을 가져다주었다. 겉으로 보기에는 난춘후이(南存輝)가 손해를 본 듯하지만 사실은 아니었다. 기업의 규모가 커지면서 자신의 수익도 따라서 증가하였기 때문이다.

4. 더불어 이겨야 진정한 승리

협력의 원칙은 서로 돈을 버는 것이다. 다른 사람을 바보로 생각하는 사람이 제일 바보이다. 이 바보는 늘 이득을 보려고 하고 상대방이 적게 벌수록 좋다고 생각한다.

현대 기업은 "윈윈"전략을 택해야 한다. 서로 돈을 버는 것이 진정으로 이기는 것이며 또한 시장경제의 진리이기 때문이다.

미국 남부의 한 지역에는 매년 호박품종대회를 개최한다. 늘 일등을 차지하는 한 농민이 있었는데 그는 대회가 끝나면 씨앗을 꼭 이웃에게 나누어준다. 사람들은 그가 애써 개발한 씨앗을 이웃에게 나누어 주는 것을 이해하지 못했다. 그는 "내가 씨앗을 나누어 주는 것은 이웃뿐만 아니라 나 자신도 돕는 것입니다."라고 했다. 꿀벌이 품종이 안 좋은 호박꽃의 꽃가루를 자신의 호박에 옮기는 것을 방지하기 위하여 씨앗을 이웃들에게 나누어 주었던 것이다.

이 이야기는 한 가지 도리를 설명해 준다. "돈을 잘 버는 사람이 상대방과 협력을 잘 하며 또한 잘 베풀며 서로 도와준다. 상대방을 돕는 것이 바로 자신을 돕는 것이기 때문이다." 이것이 바로 윈윈전략이다.

현재 시장경쟁은 날로 치열해지고 경쟁상대도 점점 다양해진다. 만일 파트너의 이익을 소홀히 하면 시장경쟁에서 발을 붙이기 힘들다. 제조업체와 판매업체의 협력 관계를 예로 들면, 제조업체는 먼저 판매업체의 이익을 보장해야 한다. 대리점의 이익까지 보장이 된다면 판매망이 형성이 되어 매출도 늘어날 것이니 제조업체도 장기적인 발전을 보장받을 수 있다.

도매를 예로 들어보자. 영리한 도매상은 "윈윈전략"의 안목이 있어야 한다. 이우(義烏)상인들은 "많이 팔면 많이 벌고, 적게 팔면 적게 벌고, 팔기만 하면 벌고, 팔지 않으면 벌지 못 한다." 즉 이윤을 소매상에게 남기고 소매상이 돈을 번 후 전국의 소매상이 모두 이우(義烏)로 물건을 도매하러 오기에 도매상들도 돈을 버는 것이다.

플라스틱 대왕 왕용칭(王永慶)은 "사람들이 나를 위하고 나도 사람들을 위한다."라는 신념을 고집해왔다. 기업이 장사를 할 때 상대방과 자신이 모두 돈을 벌어야 하며 자신만의 이익을 위해 상대방이 손해 보게 할 수는 없다고 했다. 1986년, 대만 화폐가 평가 절상되어 일부의 협력 업체가 경제적 손실을 보게 되자 왕용칭(王永慶)은 모든 손실을 부담하기로 했다. 이렇게 왕용칭(王永慶)의 기업은 하루에 300만 달러 이상의 손해를 보았다. 하지만 그해 왕용칭(王永慶)의 기업은 흑자를 달성하였을 뿐만 아니라 향후의 기업 발전의 기초인 고객과의 협력 관계도 튼튼히 하였다. 이것이 바로 남들 도우면서 자신도 이익을 얻는 방법이다.

사업뿐만 아니라 일처리를 할 때도 같은 도리다. 윈윈전략은 현대사회에서 인간관계를 규범화하는 준칙이다. 자신의 이익만을 탐하는 사람은 상대방과 친구가 될 수 없을 것이다.

유태교의 "십계"는 유태교의 주춧돌이며 유태인의 생활과 신앙을 지도한다. 이중에서 경제생활과 관련된 계율을 열거하면. 이웃을 착취하지 말자. 타인의 재물을 빼앗지 말자. 판단을 지배하는 천평이 기울지 말자. 정확한 저울, 저울추를 사용하자. 남의 생존수단인 반석과 돌절구를 점용하지 말자. 이웃이나 친구에게 돈을 빌려주되 이자를 받지 말자.

즉 정당하고 공평하게 사업을 해야 한다는 뜻이며 또한 상대방을 먼저 생각하는 인도주의를 말한다.

사업의 제일 좋은 결과는 바로 서로 이익을 획득하는 것이다. 윈윈전략은 현대사회에서 인간관계를 규범화하는 준칙이다. 때문에 원조우 사람들은 인간의 이런 특성을 이용하여 상대방의 이익을 보장하면서 순조롭게 거래를 달성한다.

원조우 사람들은 "윈윈"을 매우 중요시 한다. 두 사람이 거래를 할 때 많은 사람들은 이익을 똑같이 나누기를 원하며 상대방이 자신보다 더 많은 이익을 얻게 되면 질투를 한다. 하지만 원조우 사람들은 상대방이 얼마나 버는지는 상관하지 않고 자신이 돈을 벌 수만 있으면 된다고 생각한다. 이것이 바로 원조우 사람의 독특한 이념이다. 상대방이 십만 위안을 벌든 8만 위안을 벌든 나하고는 아무런 상관이 없다고 생각한다.

기업은 상위와 하위와의 협력을 배우고 이윤을 나눌 줄 알아야 "윈윈"의 효과를 달성한다. 공급업체와 함께 계획하고 함께 결정하는 협력 관계를 형성하여 상대방이 제공하는 제품이나 원자재의 품질을 꼼꼼히 점검하는 한편 최대한 공급 업체의 편리를 봐주어 고객 만족을 실천하는 동시에 공급 업체의 이익도 보장한다. 영국의 유명한 "막스 앤 스펜서"는 공급업체와의 협력 관계를 길게는 100년 짧게는 30년까지 유지하고 있다. 이런 안정적인 협력이 있었기에 "막스 앤 스펜서"는 100년이 넘도록 유지되고 있다.

판매 업체와는 판매망을 공유하는 동시에 일부분의 이윤을 판매 업체와 공유한다. 판매 업체는 그 이윤을 공짜로 받은 것이 아니라 판매 과정에서의 경비를 줄여주는 것이다. 또한 기업의 자금 회전율을 높이고 자체 생산, 자체 판매시의 악성 부채 등 리스크를 줄여준다. 동시에 판매 업체의 판매망은 기업으로 하여금 짧은 시간 내에 제품을 시장으로 선보이게 하여 제품의 생명 주기를 연장시킨다.

만약 원원 전략의 협력 정신 없이 이윤을 독차지 하려면 곳곳에 자신의 판매망을 구축하여야 하기에 투자가 분산되어 결국에는 자신의 종합 경쟁력을 약화시킨다.

원조우 사람은 이 도리를 잘 알고 있다. 그들은 전통적인 도덕 관념과 시장 경제를 교묘하게 결합시켜 원조우 사람만의 독특한 장사 철학을 터득하였다. 원조우 사람들은 장사를 하려면 돈을 벌어야 하고 또한 협력 상대도 돈을 벌어야 한다는 도리를 잘 알고 있다. 이윤을 타인과 나누어야만 모두가 돈을 벌 수 있으며 자신의 장기적인 발전을 유지할 수 있다.

원조우 신티앤디(新天地) 명가구박람중심의 사장 왕동성(王東升)은 "최초"라는 단어가 제일 어울린다. 최초로 가맹점 형식의 경영 방식을 시도하여 동종 업계의 인정을 받아 확실히 자리매김 하였다. 최초로 원조우에 명품가구상점을 설립하였고 최초로 정가제를 실시하였다. 최초로 가구유통업을 활성화 시키면서 가구 제조업에 뛰어 년간 생산액이 2억 위안을 넘는 업적을 이루었다. 최초로 국내외 100여개 유명 브랜드를 포함한 가구명품박람중심을 설립하였다.

1990년 왕동성(王東升)은 자신의 첫 번째 가구점을 개업하여 장사도 날로 번창하였다. 1995년 시장변화에 매우 민감한 왕동성(王東升)은 전국에서 최초로 "신티앤디(新天地)"를 가맹점 형식의 경영을 시작하여 전국의 십여 개 대중도시에 40여개의 가맹점을 설립하여 업계의 인정을 받고 "신티앤디(新天地)경영방식"도 널리 퍼지기 시작했다. 5년 후 신티앤디(新天地) 명가구박람중심이 설립되었다. 이 가구박람중심은 "經典館", "時尚館"으로 나누어졌고 총 면적이 8,000여 평방미터에 달하였으며 60여개의 국내외 유명 브랜드를 입점 시켜 원조우 동업계의 선두 기업이 되었다.

가구 업종에서는 제조와 유통을 동시에 경영하지 못한다고 했다. 수 많은 대형 가구 제조업체들이 유통에 뛰어들었다가 거듭 실패하였다. 하지만 왕동성(王東升)은 십여 년간의 가구 판매 경험을 바탕으로 2002년 광동에 "城市之窗가구유한공사"를 설립하였다. 그동안 축적해온 노하우를 바탕으로 끊임없이 연구개발을 하여 제품의 품질을 향상시켰다.

2년이라는 짧은 시간에 왕동성(王東升)은 협력 파트너와 주주제 등의 형식으로 6개의 브랜드를 발전시켰다. 이 6개의 브랜드는 전국의 가구 시장에 진입하였으며 놀랄 만큼의 빠른 속도로 전국에 400여개의 전문매장으로 확대되었다. 이는 다른 가구 제조회사가 십 년이라는 시간에도 이루기 힘든 성과였다.

하지만 왕동성(王東升)은 남들과 다른 점은 바로 30여명의 백만장자를 양성하였다.

왕동성(王東升)은 "제일 우수한 인력을 채용하여 제일 좋은 대우를 해준다."라는 관점을 가지고 있다. 때문의 그의 직원들은 동종업계에서 제일 높은 보수를 받을 수 있으며 왕동성(王東升)에 대해 사장이라는 두려움이 없이 존경심만 가지고 있다. 또한 왕동성(王東升)은 스톡옵션 형식으로 16년간 우수 직원 30여명을 백만 장자가 되게하였다. 그들은 원래는 회사의 평범한 직원 이였지만 신티앤디(新天地)는 사장과 직원들의 공통 사업을 이루어 냈다.

왕동성(王東升)은 사업성공의 비결이 "타인과의 협력으로 서로의 장점을 발휘하고 마음을 합쳐 협력을 하고 서로의 발전을 촉진시킨다."라고 했다.